≪경전석사(經傳釋詞)≫에 나타난

인성구의(因聲求義) 연구

중국언어학연구총서 1

≪경전석사(經傳釋詞)≫에 나타난
인성구의(因聲求義) 연구

신 원 철

역락

〈중국언어학연구총서〉를 펴내며

우리에게 중국에 대한 연구가 중요하다는 것은 새삼 강조할 필요가 없습니다. 그럼에도 정치외교학이나 경제학적인 연구에 비해 인문학적인 중국 연구는 아직 부족한 편입니다. 인문학의 한 분야인 중국언어학 분야 역시 아직 가야할 길이 멉니다. 중국언어학연구는 그동안 비약적으로 발전해왔습니다. 우리나라에서 중국언어학 연구가 시작된 이후 최근까지의 중국 언어에 대한 연구는, 중국어를 어떻게 가르칠 것인가에 초점을 둔 실용적이고 기능적인 측면이 강했습니다. 그러나 중국에 대한 이해의 중요성이 커지면서 중국어 교육이라는 실용적 측면 외에 중국어 자체의 특성과 그러한 특성을 만들어내는 중국인의 사유방식을 이해하려는 노력이 중요해지고 있습니다. 그래서 중국의 언어 연구는 과거의 구조분석 중심에서 출발하여 의미를 중심으로 한 탐구, 인지적 접근, 유형론적 연구 등 다양한 연구가 시도되고 있습니다.

또한 현대중국어는 물론 고대중국어에 대한 연구도 계속되고 있습니다. 현대중국어의 모습이 현대라는 시점에서만 만들어진 것이 아니며 고대로부터 이어진 문화적, 언어적 전통의 연속선상에 있다는 점에서 고대중국어에 대한 연구는 중요합니다. 결국 고대중국어에 대한 연구는 중국인의 사유를 이해하는 중요한 한 측면이며 바로 현대 중국을 이해하는 것이 되는 것입니다.

이번에 간행되는 <중국언어학연구총서>는 이와 같은 최근 중국의 언어에 대한 연구 성과를 반영하고 있습니다. 특히 국내외의 연구 성과를 잘 알 수 있는 중국언어학 분야의 박사논문이 그 주요 대상이 될 것입니다. 이 총서의 간행을 통해 중국언어학 연구가 처해있는 현실을 살펴보고 향후 어떤 연구가 이루어져야 하는지 등에 대한 학계의 논의가 더 활발해지기를 기대해봅니다.

출판계의 힘겨운 여건 속에서 이러한 연구총서를 간행한다는 것은 매우 용기있는 일입니다. 그럼에도 학문의 발전에 대한 열정으로 이 일에 나서주신 역락출판사의 이대현 사장께 고마움을 전하고자 합니다.

2014년 12월

기획위원

연세대학교 중문과 교수 김현철

서울대학교 중문과 교수 박정구

서울대학교 중문과 교수 이강재

머리말

　이 책, 『≪경전석사(經傳釋詞)≫에 나타난 인성구의(因聲求義) 연구』는 2013년 2월에 나온 박사학위 논문을 수정, 출판한 것이다. 머리말에서는 이 책, 즉 박사학위 논문이 나오기까지의 간략한 연유와 경과 등으로 대신하고자 한다.

　이 책의 전신인 박사학위 논문이 기획된 시기는 2008년, 즉 석사학위를 취득한 직후이다. 그 당시 동일한 대상인 ≪경전석사≫를 다루면서 훈고에 있어 흥미로운 현상이었던 '호훈(互訓 : 피훈석어(被訓釋語)와 훈석어(訓釋語)가 서로 번갈아 가면서 나타나는 것으로, 예를 들면 考, 老也와 老, 考也와 같은 것이다.'에 집중하여 논문을 작성하였다. 그때 계속적으로 등장하였던 의문이 있었다. 호훈이 일어나는 피훈석어와 훈석어 사이에 발음이 유사하다는 것이다. 몇몇 가지는 ≪경전석사≫의 저자인 왕인지(王引之)가 일성지전(一聲之轉) 등으로 그 유사성에 대해 설명한 부분이 있었지만, 설명이 없는 부분에서도 음성적으로 같거나 유사한 내용이 나타났다. 석사학위 논문을 마치고 이 부분에 대해 연구할 것을 결심하게 되었다. 그것이 바로 '인성구의(因聲求義)'를 주요한 키워드로 삼고 이후 연구를 진행하게 된 계기이다. 이후 학습과 연구는 훈고(訓詁)에서 나타나는 음성적 유사성을 중점적으로 보는 것을 주로 하였다.

　연강재단의 후원으로 2010년 북경대학에서 진수과정을 할 때 손

옥문(孫玉文) 선생의 음의관계(音義關係) 수업을 청강하였다. 그 당시 인성구의가 음의관계의 하위 부분이라는 점을 알게 되면서 이후 음의관계에 대한 내용을 추가하여 학습 및 연구하였다. 아울러 ≪경전석문(經典釋文)≫을 중요한 연구서로 활용해야 하는 점도 알게 되어 이를 추가적으로 살펴보았다. 이후 훈고와 음의관계 분석을 위해 ≪이아(爾雅)≫, ≪설문해자(說文解字)≫를 읽다 유희의 ≪석명(釋名)≫을 더하여 훈고서로서 분석하면서 보았다. 실상 ≪석명≫은 ≪경전석사≫와는 관련이 없다. 그렇지만 음의관계를 연구함에 있어 ≪석명≫을 배제할 수 없다. ≪석명≫에서는 훈석 관계에서 음성적 유사함이 적극적으로 개입하기 때문이다. 그 외에도 여러 연구서와 예문이 나타난 경전 위주로 학습과 연구를 계속하였다.

인성구의를 연구하기 위해서는 한자와 관련하여서는 훈고를 기저로 삼으면서도 음성과 형태를 아울러 살펴 보아야만 하였다. 또한 훈고라는 것이 해당 경전(經傳)의 문맥에서 유효한 설명으로 등장하는 것이기 때문에 경전의 내용 또한 파악해야 했다. 이것만으로도 쉽지 않은 번잡한 작업임을 알 수 있다. 거기에 청대(淸代) 고증학자의 저술은 여러 경전을 동시에 인용하고 있기에 이를 하나하나 검토하는 것 또한 번잡한 일이다. 다행히도 필자는 그러한 번잡함을 하나하나 따져가면서 정리하고 풀어나가는 것에서 일종의 희열을 느끼고 있기에 계속할 수 있었다고 생각한다.

이 책 뒷부분에서도 이야기하였지만, 이 책을 작성하면서 가장 난점이면서도 당장 해결하지 못했던 부분은 음운학이다. 음운학을 체계적으로 배우지 않았기 때문에 인성구의를 연구할 때 음성적 증명으로 내세우는 설명을 이해하는 데에 어려운 점이 많았다. 요사이 몇몇 선생님과 음운학에 대해 다방면으로 학습 중에 있다. 당장은 어렵겠지만 학습의 성과를 바탕으로 연구에 진전한 모습을 보이고자 한다.

끝으로 이 책을 내기까지 도움을 주신 여러 선생님께 감사하고자 한다.

이 난삽한 글을 심사해주시느라 글자 그대로 고생하신 허성도 선생님, 이영주 선생님, 이세동 선생님, 신용권 선생님께 감사를 드린다. 그분들의 질정과 비평이 아니었으면 이 책은 이루어지지 못하였을 것으로 생각한다.

지도교수이신 이강재 선생님께서는 학문과 생활 모든 면에서 자강불식(自强不息)과 종일건건(終日乾乾)을 솔선수범하시면서 필자를 독려하였다. 불초(不肖)라는 말이 머릿속에서 떠나지 않도록 실천으로 보여주시는 모든 가르침 덕에 논문이 가닥을 잡고 글이 되었다고 생각한다.

그 외에도 일일이 언급하지 못할 만큼 많은 선생님과 동학의 도움을 받았다. 평생을 걸쳐도 다 갚지 못할 정도이므로 평생 공부하며 차근차근 갚도록 할 것이다.

복잡한 색인 작성 등 교정 과정 중에 나타난 여러 자질구레한 부탁을 깔끔하게 처리해주어 보기 좋은 책으로 만들어 주시느라 출판에 노고를 더한 역락의 편집자 선생님께 감사를 드리고자 한다.

이 책은 왕인지의 연구에 오롯이 기대는 측면이 있다. 그가 아버지이자 스승인 왕념손과 주고받은 토론과 경전에 대한 이야기가

지금의 ≪광아소증(廣雅疏證)≫, ≪독서잡지(讀書雜志)≫, ≪경의술문(經義述聞)≫, ≪경전석사(經傳釋詞)≫가 나온 원동력이라 짐작한다. 왕인지는 왕념손이 죽은 후 다음과 같은 글을 남겼다.

아버지께서 지으신 ≪독서잡지≫ 10종은 가경(嘉慶) 17년(1812년)부터 이후로 계속 출판되어, 작년 11월[중동(仲冬)]에 마쳤다. 그 다음달에 아버지께서 병으로 돌아가셨다. 유고 10종을 경건히 검토하고 나서도 아직도 손수 고치신 260여 항목이 있었다. 그것이 오래되어 흩어져 없어지게 되면 후학들에게 남겨지지 못할 것을 걱정하여 신중하게 새겨 여편(餘編) 2권으로 ≪독서잡지≫ 뒤에 붙인다. 道光 12년(1832년) 4월 첫째날 슬픈 아들 引之가 울면서 쓰다.(先子所著讀書雜志十種, 自嘉慶十七年以後, 陸續付梓至去年仲冬甫畢, 中月而先子病沒。敬檢遺稿十種而外, 猶有手訂二百六十餘條。恐其久而散失無以遺後學, 謹刻爲餘編二卷以附於全書之後。道光十二年四月朔日哀子引之泣書。)

아버지의 원고를 정리하는 아들의 심정과 이들의 연구 내용이 풍부함을 동시에 느낄 수 있는 글이다. 멀리 이국(異國)의 한 학자로서 왕씨 부자에게 이 책을 바치고자 한다.

2014년 9월
관악산 끝자락에서
신원철

차 례

간행사 / 5
머리말 / 7

제1장 들어가며 ·· 13

　1. 문제 제기 ＿＿ 13

　2. 기존 연구 내용 검토 ＿＿ 19

　3. 연구 방법론 ＿＿ 25

제2장 ≪경전석사≫ 이전 시기 관련 연구 ································ 29

　1. 음과 의미의 관계 연구의 역사적 연원 ＿＿ 29
　　1.1. 한대 훈고서 : ≪이아≫, ≪설문해자≫, ≪석명≫ 31
　　1.2. ≪경전석문≫ 39
　　1.3. ≪경전석사≫ 이전 시기 음과 의미의 관계 연구 45

　2. 허사 연구의 역사적 연원 ＿＿ 59
　　2.1. 허사 연구의 맹아기 59
　　2.2. 본격적 허사 연구의 시기 65

제3장 ≪경전석사≫에 나타난 인성구의의 특징 ···················· 77

　1. ≪경전석사≫의 편제를 통해 본 인성구의 ＿＿ 78
　　1.1. 편장 배열에서 나타나는 음과 의미의 관계 79
　　1.2. 표제어 사이에서의 음과 의미의 관계 85

　2. 논의 대상 허사의 확대 ＿＿ 94
　　2.1. 새롭게 인식한 허사 95
　　2.2. 허사 의미의 확장 102

3. 훈석 관계에서의 음과 의미의 관계 ____ 107

　3.1. 왕인지가 음성 관계를 설명한 경우　108

　3.2. 왕인지가 음성 관계를 설명하지 않은 경우　124

4. 소결 ____ 134

제4장 ≪경전석사≫의 성과와 한계 ································· 139

1. 음과 의미의 관계를 통해 본 성과 ____ 139

　1.1. 논의 대상 허사의 증가　140

　1.2. 음과 의미의 관계에 대한 종합적, 체계적 적용　149

　1.3. 성모(聲母)에 대한 관심　159

　1.4. 경전 해석의 새로운 시도　165

2. 음과 의미의 관계를 통해 본 한계 ____ 170

　2.1. 전면적, 체계적이지 못한 설명　170

　2.2. 자의적 해석에 의한 설명의 혼동　178

　2.3. 자(字)와 사(詞)에 대한 모호한 구분　181

3. 소결 ____ 184

제5장 나가며 ··· 187

[부록] ≪경전석사≫ 음관계 분석표 ························· 201

인명 찾아보기 / 225

서명 찾아보기 / 227

용어 찾아보기 / 230

1. 문제 제기

이 책은 ≪경전석사≫가 음성으로 의미를 찾는 인성구의를 어떻게 구현하는지에 대해 논의하는 것을 목표로 한다. ≪경전석사≫는 청대(淸代) 고증학자 왕인지(王引之)의 대표작으로, 인성구의(因聲求義)라는 방법으로 허사(虛辭)를 분석한 연구서이다.

중국어 단어 체계는 크게 실사와 허사로 나눌 수 있다. 허사는 구체적인 사물을 가리키지 않고 문장 내에서 문법적인 관계나 감정적 표현 등을 나타내는 어휘이다.[1] 허사는 기본적으로 실사의 의미에서 파생되거나, 동일한 음성적 특징을 가지고

---

[1] ≪중국대백과전서(中國大百科全書)≫ 언어문자편에서는 "홀로 문장 성분으로 충당할 수 없는 것을 허사라 한다.(不能單獨充當句法成分的是虛詞.)", ≪한어대사전≫에서는 "홀로 문장을 이룰 수 없고, 의미가 비교적 추상적이면서 일정한 어법적 의미를 가지고 있는 단어를 가리킨다.(指不能單獨成句, 意義比較抽象, 而具有一定語法意義的詞.)"라 각각 정의하였다.

있는 어휘로부터 가차함으로써 사용되었다. 이 중에서 일부 어휘는 해당 글자가 만들어질 때의 의미보다는 허사로 사용하는 의미로 고대 중국어 사용자에게 익숙한 것들도 있다.2)

그러나 한자가 나타내는 의미가 때로는 여러 개일 수 있다. 이러한 현상은 실사로 쓰인다고 알고 있는 한자가 허사의 의미를 갖고 있거나 반대로 허사로 쓰인다고 알고 있는 한자가 실사의 의미를 갖는 경우도 있다. 이 때문에 한문 문장 속에서 어떤 한자로 된 단어를 만났을 때, 그것이 실사인지 아니면 허사인지를 정확히 판단하는 것은 문장 파악에 있어서 중요한 과정이다.

"실사는 뜻풀이하기 쉽지만 허사는 해석하기 어렵다."3)라는 한자의 특성에 대해 언급한 것이 있다. 실사는 한자의 형태에서 그 의미가 드러나는 경우가 많지만 허사는 앞에서 언급한 복잡한 단계를 거쳐 파악해야 하기 때문이다. 즉 한자라는 표기수단은 실사의 표기에는 유리하지만 허사의 표기에는 불리한 면을 가지고 있다. 특히 허사와 실사의 의미를 모두 가지고 있는 어휘에 대해 허사를 실사로 해석하여 문장의 뜻을 잘못 파악하는 경우가 있기 때문이다. 다음 예를 보자.

(1) 雖則佩觿, 能不我知.(≪시(詩)4)≫ 위풍·환란(衛風·芄蘭))

---

2) 예를 들어 '於'라는 자가 만들어질 때의 의미는 '까마귀'이다. ≪설문해자≫ 4권상 오부(烏部) 참조. 그렇지만 경전에서 '於' 자를 통해 '까마귀'를 나타내는 일은 거의 없다. 이 자는 이미 허사의 의미를 나타내기 때문이다.

3) "實字易訓, 虛詞難釋."(완원(阮元) ≪경전석사≫ 서)

4) 이 책에서는 ≪주역(周易)≫, ≪상서(尙書)≫, ≪시경(詩經)≫ 등에 수록된 본문에 대한 출처를 가리키는 명칭으로 각각 ≪역≫, ≪서≫, ≪시≫로 축약하여 사용할 것이

  (1)의 예문에 대해 모전(毛傳)은 "스스로 무지하다 하지 않고 다른 사람에게 교만하다."5)라 풀이하였다. 모전에서는 '能'에 대한 풀이가 명확하게 드러나지는 않지만, '以驕慢人也.(다른 사람에게 교만하다.)'라는 서술을 통해 '할 수 있음', '재능'을 나타내는 단어로 보고 있음을 추측할 수 있다.6) 정현(鄭玄)의 설명은 모전에 비해 명확하다. 정전(鄭箋)에서는 "이 어린 임금은 비록 뿔송곳을 찼지만 그 '재능'은 우리 여러 신하들이 알고 있는 것만 못하다."7)라 하여, '能'이 '재능'을 나타내는 것으로 보았음을 알 수 있다. 모전과 정전의 의견이 동일하지 않지만 '할 수 있다', '재능' 등의 실제 의미를 지닌 것으로 파악하고 있다는 점에서는 동일하다고 할 수 있다.

  이후의 학자들은 이 구절에 대해 모전 또는 정전의 견해에 따라 해석하였다. 송대(宋代)의 소철(蘇轍)은 "동자가 비록 뿔송곳을 찼지만, 그러나 우리가 많이 아는 것보다 나을 수 없다."8)라 하여 모전의 견해를 수용하였다. 주희(朱熹)는 "그 재능이 나보다 지혜롭지 못함을 말한 것이다."9)라 하여 정전에서 유래한 설명을 하였다. 이

    다. 이는 또한 청대 학자들이 ≪주역≫, ≪상서≫, ≪시경≫을 나타낼 때에 쓰던 방식으로, 이 책은 이러한 점을 계승하였다.

5) "不自謂無知, 以驕慢人也."(≪시≫ 위풍·환란의 모전)

6) 이에 대한 정의(正義), 즉 소(疏)를 보면 "그렇지만 재능은 스스로 내가 알지 못한다고 하지 않으면서 교만하다.(而才能不自謂我無知以驕慢人也.)"라 하여 확실히 주어 자리에 '재능(才能)'이 있는 것으로 밝혔다. 그렇지만 이 풀이는 정현이 설명한 '재능'을 합쳐서 풀이한 것으로, 모전의 뜻만으로는 이와 같은 풀이가 나타날 수 없다. 李學勤 (2000)에서는 이 문장의 뜻이 어색한 까닭에 ?를 추가하여 의문문으로 보고 있지만 여전히 풀이가 어색한 것을 가리지는 못하였다.

7) "此幼稺之君, 雖佩觿與, 其才能實不如我衆臣之所知爲也."(≪시≫ 위풍·환란의 정전) 번역문 내의 인용부호는 필자가 강조를 위해 추가한 것이다.

8) "童子雖佩觿也, 然不能如我之多知也."(소철 ≪시집전≫)

9) "言其才能不足以知於我也."(주희 ≪시집전≫)

둘 사이에서 나타나는 차이점은 모전과 정전의 의견을 각각 반영한 것에 연유한다. 결국 모전과 정전의 의견을 계승한 것이다.

이러한 동일한 실사로 보고 있음에도 의미적으로 차이가 나타나는 것은 '能'에 대한 해석이 명확하지 못한 것에서 나온 것으로 보인다. 모전에서는 '能不'을 '不能'으로 풀이하였는데, 이와 같이 순서를 뒤집어 풀이하는 것은 어법적으로 자연스러운 풀이라 할 수는 없다.10) 또한 정현이 '能'을 설명한 것은 수용할 수 있을 듯하지만 '不'을 '不如'로 해석한 것은 일반적으로 인정하기 어렵다.

이에 대해 왕인지는 ≪시≫에서 나타난 '不我V'와 관련한 문장을 설명하면서, 이는 '不V我'의 도치된 형태일 뿐, 이를 '不如'로 풀이하는 것은 잘못된 것으로 지적하였다. 아울러 그는 '能'을 재능의 '能'으로 해석하는 것 역시 잘못된 것이라고 주장하였다.11) 왕인지는 '能'과 '乃'가 동일한 허사에서 나온 것이므로,12) '能'을 '而'의 뜻으로 풀이해야 한다고 주장하였다. 그가 이에 대해 설명하는 과정은 다음과 같다.

첫째로 예문 (1)과 유사한 의미를 나타내고 있는 ≪시≫ 안에 있는 문장을 제시하여 '才能'의 '能'이 아닌 접속사로서 기능할 수 있는 가능성을 제시하였다.13)

---

10) ≪한어대사전≫에서 제시한 의미항목을 살펴보아도 '능불(能不)'을 '불능(不能)'으로 풀이하는 예는 찾아볼 수 없다.
11) " '재능(才能)'의 '能'도 아니다.(亦非才能之能也.)"(왕인지 ≪경의술문(經義述聞)≫ 모시 '能不我知' 항목)
12) " '能'과 '乃'는 어사(語詞)가 변한 것이다.(能、乃、語詞之轉.)"(≪경의술문≫ 모시 '能不我知' 항목)
13) "≪시≫ 정풍·교동(鄭風·狡童)의 '저 멋진 소년이여, 나와 말하지 않는구나. 저 멋진 소년이여, 나와 함께 밥 먹지 않는구나.' 등이 이 문장과 뜻이 같다.(鄭風狡童

둘째로 ≪시≫에서 '雖則'이라는 표현에 상응하는 접속사로서 '而'가 쓰이고 있는 다른 예문을 제시함으로써 예문 (1)에서의 '能'이 '而'와 대응하고 있음을 밝혔다.[14]

셋째로 '能'으로 '而'의 기능을 가차하는 고문헌상의 자료를 제시하여 이들이 허사로서 공유하고 있을 가능성을 제시하였다.[15]

또한 이처럼 '能'과 '乃', '而'가 동일하게 어사로 쓰일 수 있는 이유로는 음성적으로 유사하기 때문으로 보았다. ≪경전석사≫ 6권 '能' 항목에서는 다음과 같이 음성적 근거를 제시하였다.

'能'과 '而'는 옛날의 소리가 서로 비슷하다.(能與而古聲相近.)

'能'과 '而'의 옛날의 소리[古音]를 비교했을 때, 둘 사이에는 운모가 동일하고, 성모는 각각 泥紐와 日紐로, 이를 통해 발음 부위가 근접하고 발음 방법이 동일한 관계임을 확인할 수 있다.[16] 이와 같은 방식으로 ≪경전석사≫에서는 허사간의 기능이 유사함을 음성적으로 동일하거나 유사하기 때문이라는 근거를 통해 설명하는 것

篇 : '彼狡童兮, 不與我言兮. 彼狡童兮, 不與我食兮.' 與此同意.)"(≪경의술문≫ 모시 '能不我知' 항목의 왕인지 자주) 설명을 더하자면 왕인지는 교동편의 내용이 앞에서 제시한 예문 (1)과 유사한데 여기에서는 교동편의 본문에 '能'을 사용하지 않고서도 의미가 전달되었다고 설명하였다. 이를 통해 왕인지는 '能'을 '재능' 등의 실사가 아닌 허사로 풀이할 수 있는 근거를 제시하였다.

14) "'雖則'이라는 부분이 바로 '而' 자와 상응한다.(雖則之文, 正與而字相應.)"(≪경의술문≫ 모시 '能不我知' 항목) 자세한 설명과 예문은 이 책의 4.1장을 참조할 것.

15) "옛 자에서는 자주 '能'을 '而'로 가차하였다.(古字多借能爲而.)"(≪경의술문≫ 모시 '能不我知' 항목) 자세한 설명과 예문은 이 책의 4.1장을 참조할 것.

16) 郭錫良(1986)에 의하면 '能'에 대한 상고음은 泥紐之韻/泥紐蒸韻이고, '而'는 日紐之韻이다. 이 둘 사이의 성모 관계에 대해 王力(1982)에서는 '준쌍성(準雙聲)'으로 취급하여 둘 사이에 음성적 유사 관계가 있다고 보았다.

을 자주 발견할 수 있다.

이 '能'에 대한 설명은 앞에서 의문으로 나타났던 점을 해결할 수 있는 근거로 충분하다고 할 수 있다. 또한 이러한 분석을 통해 앞의 ≪시≫ 구절에서 말하고자 하는 내용이 명확해진다. 이 주장 이후 이 구절에 대한 논란은 일단락되었고, 이 부분에 대한 현대의 주석과 번역에서도 이를 인용하여 해석하고 있다.[17] 즉 왕인지의 이와 같은 해석을 통해 이전의 주석이 가지고 있던 문제점을 지적하고 의미적으로 명확한 새로운 해석을 제시할 수 있는 기반을 마련하였다.

그러나 음성적으로 유사한 경우 의미적으로 동일하다고 주장하는 것은 음과 의미가 자의적으로 결합된다는 것과는 상충되는 부분이 있다. 그 때문에 이와 같은 음성을 통한 의미의 분석이 일찍 정착되지 못하고 한자가 가지고 있는 본래의 의미 또는 자형에서 의미를 찾고자 하는 시도가 많았다.

이처럼 경전에서의 의미 해석에 있어 이를 기록하는 한자의 형태와 음성, 그리고 그들이 나타내는 의미간의 복잡한 상관관계가 있다. 이는 한자에 있어 형태로 드러내는 의미와 음성으로 드러내는 의미에서 차이가 나타나기 때문이다. 이 때 왕인지가 앞에서 분석할 때 사용했던 방식을 '인성구의'라고 한다. 앞의 예에서 보았듯이 인성구의의 방식을 통하면 고전을 읽고 이해하는 데에 도움을 받을 수 있다. 그러나 한자로 기록된 문헌을 해석해서 읽어야

---

17) ≪시경주석(詩經注析)≫(中華書局) : "能, 乃, 而, 可是.(이후 ≪경전석사≫를 인용함.)", ≪평석본백화십삼경(評析本白話十三經)≫(北京廣播學院出版社) : "雖佩戴成年人的象錐, 我倆沒有共同的語言." ≪시경전역(詩經全譯)≫(貴州人民出版社) : "能, 乃也."

한다는 점에서 음성은 곧바로 드러나지 않으며 오히려 형태에서 나타내는 의미가 먼저 드러나기 때문에 인성구의를 실질적으로 적용하는 일이 쉽지는 않다. 이미 언급한 모전과 정전의 예는 이러한 상황의 실제 예이다.

더불어 ≪경전석사≫에서 제시한 인성구의를 이용한 경전해석이 과연 모두 타당한지를 살펴보기 위해 왕인지가 적용하고 있는 인성구의의 특징이 무엇인지 검토할 필요가 있다. 이를 통해 청대의 소학 연구에서 음성과 의미의 관계에 대한 하나의 방법론적 타당함의 일면을 규명할 수 있을 것이라 기대한다.

이러한 문제의식에서 출발하여 이 책에서는 왕인지가 다루고 있는 허사에 대해 분석하여 구체적으로 허사 사이에서 어떤 음성적 유사함이 나타나는지를 밝혀봄으로써, ≪경전석사≫에서 나타나는 인성구의에 대한 구체적인 상황과 그 특징을 살펴보고자 한다. 그리고 인성구의를 통해 밝힌 허사에 대한 새로운 시각이 허사 연구 자체에 기여한 점과 고전의 대표격인 경전 해석에 있어 새롭게 기여한 점 등도 함께 논의하고자 한다.

2. 기존 연구 내용 검토

이 부분에서는 ≪경전석사≫와, 그리고 인성구의로 대표하는 음과 의미의 관계에 대한 기존의 논의가 어떻게 이루어졌는지를 살펴보도록 하겠다.

신원철(2007)에서 ≪경전석사≫에 대한 기존의 연구 동향을 이미 다룬 적이 있기 때문에, 여기서는 2007년 이후의 논의에 대해서만 검토하도록 하겠다.

馬玉萌(2008)은 ≪경전석사≫에서 나타나는 허사 중 접속사[連詞]로 볼 수 있는 것들에 대해 설명이 미흡하다고 보고, 이를 분석하여 현대중국어의 의미분류 방식을 차용하여 의미를 세분하였다. 또한 '承', '起', '轉' 등의 용어는 동일하지 않은 상황에서 명확히 구분하지 않고 쓰였다고 주장하면서, 이를 역사적인 한계점이라 하였다.

張瑞芳(2009)은 ≪경전석사≫ 2권에서 다루고 있는 '爰'에 대해 분석을 시도하였다. '爰'은 비교적 오래된 허사로서 춘추전국 시기 이후에는 거의 사용되지 않았기 때문에 이에 대한 의미를 파악하는 것은 쉽지 않다고 전제한 후, ≪설문해자≫의 설명을 근거로 '爰'에 대한 왕인지의 설명을 항목의 미분화한 점이나 실사적 의미를 허사로 풀이한 점 등의 문제가 있다고 설명하였다.

趙宣・單殿元(2011)은 ≪경전석사≫에서 ≪서(書)≫ 중 금문(今文) 28편만을 분석한 점, 예로 든 자료가 주(周), 진(秦), 한(漢)으로 제한되어 있다는 것을 통해 언어에 대한 시대 개념이 반영된 것이라고 분석하였다. 또한 허사를 가리키는 용어로서 '詞'를 선택한 것은 ≪조자변략(助字辨略)≫에서 '助字'라는 용어를 쓴 것보다 더 광범위하게 허사를 나타내는 것이므로 적절하다고 보고 있다. 이외에도 편차와 조목을 통해서 왕인지의 과학적인 태도를 서술하였다.

郭靈雲(2011)은 청대에 나타난 ≪허자설(虛字說)≫, ≪조자변략≫, ≪경전석사≫ 등의 허사 연구서에서 다루고 있는 허사에 대한 정의와 그 분류를 통해 실사의 허화에 있어서의 문제를 살펴보고, 이 과정에서 나타나는 어법에 대한 인식을 검토하였다. 그러나 각각의 연구서에 대한 단순한 나열에 그쳐 이들 사이에 드러나는 내용과 관점상의 차이점을 부각시키지 못하였다.

이처럼 ≪경전석사≫에 대해 부단한 연구가 이루어지고 있으며, 동시에 다른 허사 연구서와의 비교도 시도되고 있음을 알 수 있다. 그렇지만 기존 연구가 개별적 사안에 충실할 뿐 이와 같은 결과가 나타나는 기제(機制)로서의 인성구의 등 ≪경전석사≫를 이해하는 데에 참고하거나 도움을 줄만한 연구는 나타나지 않았다.

인성구의로 대표되는 음과 의미의 관계에 대한 설명과 관련된 연구로서는 크게 세 가지로 나누어 볼 수 있다.

첫째는 인성구의라는 내용이 어떻게 전개되었는지에 대한 역사적인 서술을 하는 것이다. 洪麗娣(1998), 馬君花(2005) 등은 정현(鄭玄)의 훈고 방식을 인성구의적 형식으로 보았다. 특히 洪麗娣(1998)은 ≪모시(毛詩)≫에서의 전(箋)에서, 馬君花(2005)는 ≪예기(禮記)≫의 주(注)에서 나타나는 설명 중 인성구의로 볼 수 있는 부분을 서술하였다.

朱冠明(1999), 楊建忠・賈芹(2003), 楊建忠(2004), 陳穎(2006) 등은 명말청초의 방이지(方以智)를 인성구의의 선구자로 설명하며 이에 대해 서술하였다. 朱冠明(1999), 楊建忠・賈芹(2003), 楊建忠(2004)은 방이지의 ≪통아(通雅)≫의 인성구의에 대해 논의하였다. 陳穎(2006)은 방이지와 남송(南宋)의 대동(戴侗)을 비교하고 이를 통해 대동이 선구자이기는 하지만 음과 의미의 관계에 대해 체계적이지 못한 반면에 방이지에 이르러서는 고음학에 의거한 인성구의가 본격적으로 자리 잡았다고 보았다. 이들은 모두 청대의 인성구의라는 법칙이 어디에서 연유한 것인지를 찾기 위한 작업으로서 시대적으로 바로 앞선 방이지를 제시한 것이다. 그러나 陳亞平(2005)은 비록 방이지가 이러한 원칙을 제시하기는 하였지만, 성운학적 연구가 아직 체계적으로 이루어지지 못하였기에 인성구의라는 방식을 확립한 공적은 결국 청대의 학자들에게 귀속된다고 하였다.

韓陳其·立紅(2004), 彭慧(2006), 徐玲英(2007), 李嘉翼(2008), 李韋良(2008) 등은 청대의 훈고 저작을 통해서 인성구의가 어떻게 발현되었는지를 살펴보았다. 韓陳其·立紅(2004)는 왕인지의 ≪경의술문≫에서, 彭慧(2006)은 왕념손(王念孫)의 ≪광아소증(廣雅疏證)≫에서, 徐玲英(2007)은 대진(戴震)의 ≪방언소증(方言疏證)≫에서, 李嘉翼(2008)은 소진함(邵晉涵)의 ≪이아정의(爾雅正義)≫에서, 李韋良(2008)은 마서진(馬瑞辰)의 ≪모시전전통석(毛詩傳箋通釋)≫에서 인성구의가 구현된 실제의 예를 들면서 서술하였다. 즉 이상 논문은 청대의 인성구의에 대한 실례를 제시한 것이다.

이들은 대체로 인성구의는 청대의 전유물로 간주하되 그 기원은 정현과 대동, 방이지 등 청대 이전의 학자들에게서 찾아볼 수 있다고 하여, 대부분 청대에 나타난 연구 성과를 기반으로 살펴보고 있음을 알 수 있다.

둘째는 음과 의미의 관계라는 틀 속에서 인성구의가 어떠한 역할을 하는지에 대한 논의를 하는 것이다. 王敏(2001)은 형성자에서 특히 성부(聲符)가 의미를 구별하는 요소로 나타나고, 이를 통해서 '聲'에 표의적인 작용이 있음을 설명하였다. 郭瓏(2005)는 인성구의의 기원은 성훈(聲訓)으로, 음성으로 사물의 명칭을 찾아내는 방식의 시초라 하였다. 張海媚(2007)은 의소분석법에서 음성 부분에 해당 단어의 뿌리가 되는 '根詞'와 기원이라 할 수 있는 '源詞'를 묶어 내어서 그 사이의 의미 관계를 찾아낸다고 하였다. 齊沖天(2006)은 ≪광아소증(廣雅疏證)≫ 내에서 음성적 결합이 어원을 밝혀내는 데에 중요한 단서를 제공하기 때문에 이를 중요하게 살펴보아야 한다고 하였다. 그러나 이 내용은 실상 王力(1982)의 논의점과 유사하다. 다만 왕념손의 ≪광아소증≫에서 그 내용을 찾아 서술하였다는 점에서 의미가 있을 뿐이다. 馬克冬(2008)은 광의의 인성구의는 상고시대의 성훈과 송대의 우문설(右文說), 청대의 '인성구의'를 통합하여 가리키는 것으로 파악하고, 이들을 어원학(語源學)의 관점에서 대조 비교하였다. 甘勇(2008)은 청대 학자들의 '인성구의'가 '異體同詞'와 '異詞同源' 등 두 가지 층차의 연구 성과를 포괄하고, 이들은 모두 한자로 중국어를 기록하는 것에서 나타나기 시작한 것으로 보았다. 張其昀·謝俊濤(2008)은 훈고의 인성구의가 음과 의미의 관계와 어떠한 연관 관계를 갖는지 나타냈다. 음과 의미의 관계에는 두 가지 층차가 있는데, 먼저 음과 의미의 결합을 통해 '根詞'를 생성하고, 그 결합 이후 의미의 파생 및 음을 기준으로 한 결합을 통해 파생사나 가차의가 만들어진다고 보았다.

셋째는 해당 단어의 의미를 설명함에 있어 인성구의의 방법을 운용한 것이다. 楊琳(2008)은 어원의 탐색과 본자(本字)의 탐구를 위한 방법으로 인성구의를 활용하였다. 그는 '饅頭', '模棱', '自首', '龐雜' 등에 대한 어원을 찾는 데에 이를 이용하였다. 張亭立(2009)

은 당대(唐代) 양상선(楊上善)의 ≪황제내경태소(黃帝內經太素)≫에 나타나는 '鍾鍾', '濟濟', '詢詢' 등 중첩어에 대해 음이 비슷한 한자를 통해서 해석을 하였다.

이들의 논의를 살펴보면 인성구의라는 원칙에 대해서는 모두 동의하는 내용이다. 그리고 이에 대한 설명의 주요 내용은 일반적인 언어학 이론에 입각하여 문자로서의 한자는 언어인 중국어의 기록 수단이라는 점에 기반하고 있다. 그리고 인성구의의 발생과 관련하여 시기적으로는 명대(明代)를 넘어서지 않는다고 보고 있다. 그렇지만 이러한 설명은 매우 도식적인 것으로, 별다른 비판 없이 이전의 견해를 차용하여 사용하고 있다고 볼 수 있다. 이 점에 대해서 孫玉文(2007)에서는 ≪광운(廣韻)≫, ≪집운(集韻)≫ 등에서 '우음(又音)'을 구별하고 있고, 한당대(漢唐代), 특히 ≪사기(史記)≫와 ≪한서(漢書)≫ 등의 본문에 나온 독음(讀音)을 분석한 음운자료에서 이러한 현상이 나타났음에 주목하여 이들을 정리하고 체계화하였다. 그의 연구는 음과 의미가 어떻게 연계를 갖고 있는지에 대한 지금까지의 연구 성과를 종합하고 계열화한 저서로 평가할 수 있는데, 직접적으로 인성구의라는 명칭을 드러내고 있지는 않지만 음과 의미의 관계에 있어 그 시기를 한당대까지 끌어 올려서 설명하고 있는 점은 주목할 만하다.

이와 같은 중국에서의 연구 성과에 비해 한국에서는 아직 인성구의와 관련한 논의가 이루어지지 못하였다. 이를 전혀 인지하고 있지 못함이 아닌 것은 분명하고 또 한자의 음에 대한 연구와 의미에 대한 연구는 상당히 진전되어 있음에도 불구하고, 이들을 연관

하여 동시에 다루고 있는 것을 살펴볼 수 없는 실정이다. 이는 연구 환경의 차이라는 점을 넘어서 이 부분에 대한 관심의 부족이 아닌가 생각한다. 특히 내용의 난이도를 떠나 언어에 있어서의 음성과 의미라는 관점을 고대 중국어에 적용할 수 있는 점 등에 비추어 보면 꾸준히 논의가 가능한 부분이라 할 수 있다.

　이러한 점에서 살펴보았을 때 ≪경전석사≫에 나타나는 의미 파악의 방법인 인성구의가 실상 제대로 다루어지지 못하였다. 따라서 이 책에서는 ≪경전석사≫에서의 인성구의를 직접 분석하여 그 설명의 실체를 확인하고자 한다. 이는 ≪경전석사≫와 인성구의 연구에 있어 공백으로 나타나는 두 지점을 연결하는 성과가 될 것이라 판단한다.

3. 연구 방법론

　이 책에서 논의하고자 하는 '인성구의'는, 음을 기반으로 하여 의미를 탐구하는 방법을 가리키는 것이다. 이는 매우 광범위한 정의라고 할 수 있어서 고음에 의거하여 가차된 의미를 찾는 것보다 더 광범위하며, 결과적으로 글자의 형태에 기반하여 의미를 추구하는 것을 지양하고 음성을 통해 의미를 결정하는 것을 가리키는 개념으로 삼은 것이다. 이러한 인성구의에 대한 정의는 이후 ≪경전석사≫에 나타난 인성구의를 연구함에 있어 핵심적인 기준으로, 음과 의미간의 상관관계가 드러나는 면에 집중하여 분석하고 논의하도록 하겠다.

이 책은 《경전석사》에서의 인성구의의 내용과 그로 인해 밝혀진 성과 등에 대해 논의하는 것이므로, 이를 위해 한대(漢代)의 훈고서인 《이아(爾雅)》, 《설문해자(說文解字)》, 《석명(釋名)》의 설명 방식을 통해 각각의 훈석 관계에서 음과 의미가 드러나는 점에 대해서도 논의하게 될 것이다. 또한 음성과 의미의 관계를 설명해준 연구서라고 할 수 있는 당대(唐代)의 《경전석문(經典釋文)》에서의 음에 대한 설명이 어떻게 의미의 변화와 관련이 있는지를 논의하여 《경전석사》의 인성구의적 관점을 살피는 토대로 삼았다. 아울러 이들이 《경전석사》에 미친 영향을 밝혀서 《경전석사》 이전 훈고서의 음성과 의미의 관계가 어떻게 계승, 발전하였는지 논하게 될 것이다. 《경전석사》가 출현하기 이전 인성구의라는 원칙이 어디에서 연유하여 나타났는지를 파악하기 위해 남송대(南宋代)부터 청대까지 연구 내용을 살펴보도록 할 것이다. 이는 《경전석사》에서 의미를 설명하는 데 중점을 두었던 인성구의라는 방법이 《경전석사》 이전까지 어떻게 형성되어 나타난 것인지를 밝히기 위한 시도라 할 것이다. 이는 또한 인성구의를 포함하는 음과 의미의 관계에 대한 개괄의 역할도 담당할 것이다.

또한 이 책은 허사 연구서로서 《경전석사》의 특징을 밝히기 위해 《경전석사》 이전에 허사에 대한 관심을 반영한 논의와 본격적 허사 연구에 대해서도 살펴볼 것이다. 허사에 대한 관심을 반영한 시기에서는 각 경전상의 훈고에서 허사를 설명하는 내용과 앞에서 검토한 한대의 훈고서 중 《이아》, 《설문해자》에서의 허

사에 대한 설명을 ≪경전석사≫에서 계승하는 정황에 대해 논의하
도록 하겠다. 이어서 본격적인 허사 연구 단계에서는 허사에 대한
전문 연구서인 ≪어조(語助)≫, ≪허자설(虛字說)≫, ≪조자변략(助字辨
略)≫의 특징과 한계를 밝히고, 이를 근거로 하여 ≪경전석사≫와의
차이점을 비교, 분석하고자 한다.

　≪경전석사≫는 경전에서 허사가 어떻게 쓰였는지를 밝혀 놓은
연구서이며, 허사에 대한 음성과 의미의 관련성에 대해 주로 다루
고 있다. 따라서 이 책에서는 ≪경전석사≫에서의 인성구의를 명확
히 밝히기 위해 각 편장에 속한 허사들의 상고시기 재구 체계를 조
사하였다. 이것은 李珍華 等(1999)를 이용하였다. 이는 王力(2004)인
≪한어사고(漢語史稿)≫의 상고음계와 재구음을 기초로 하여 郭錫良
(1986)을 참조한 것으로, 고문헌 자료를 근거로 하여 체계적으로 정
리하였다는 점에서 현재까지 그 타당성이 보편적으로 인정되고 있
는 것이기 때문이다. 그렇지만 몇몇 의견이 충돌하는 것에 대해서
는 鄭張尙芳(2003) 등의 연구 성과를 비교, 참조하였다. 이렇게 밝혀
낸 재구 체계를 통해 피훈석어(被訓釋語)와 훈석어(訓釋語)[18] 사이의
음성 관계를 살피면서 이들 사이의 관계를 검토하였다. 구체적으로
는 쌍성(雙聲), 첩운(疊韻), 쌍성첩운(雙聲疊韻)에 해당하는 동음(同音)
등 세 가지 방식으로 나누었다. 기타 유사한 음 관계[19]에 대해서는

---

18) 피훈석어는 뜻풀이가 필요한 단어, 훈석어는 뜻풀이에 쓰이는 단어를 가리킨다. 예
　를 들어 ≪경전석사≫ 1권 與 항목에서 "與, 及也."라고 설명할 때, '與'는 피훈석어
　이고, '及'은 훈석어이다.
19) 운모와 관련하여서는 '대전(對轉)', '방전(旁轉)', '방대전(旁對轉)', '통전(通轉)'이 있
　고, 성모와 관련하여서는 '준쌍성(準雙聲)', '방뉴(旁紐)', '준방뉴(準旁紐)', '인뉴(鄰
　紐)' 등이 있다.

王力(1982)에서 설명하고 있는 내용을 이용하기도 하였으나, 직접 분석 과정에서 그와 같은 유사성을 통해 살펴볼 때 음성 관계가 설명되지 않는 것이 없는 이유로 분석의 의미가 없게 되었고 이 때문에 이 방법은 아주 적은 경우에만 적용하려 하였다. 이는 음성 관계에 있어 엄밀함을 추구하고자 하는 시도이다. 이러한 분석을 토대로 훈석 관계와 음에 대한 관계를 표로 작성하여 제시하였다. 이는 ≪경전석사≫에서 사용된 인성구의를 설명하는 데에 중요한 근거 자료로 활용할 것이다. 이것을 근거로 왕인지가 사용하는 술어에 대한 특징과 한계를 파악하였다. 구체적으로 자주 등장하는 '일성지전(一聲之轉)', '성상근(聲相近)' 등의 술어가 훈석 관계 속에서 어떻게 사용되는지 검토하고 이에 대한 ≪경전석사≫에서의 구체적인 점을 귀납적으로 분석하고, 아울러 유사한 술어와의 관계를 따지는 것으로 용어 사용의 상황을 논하도록 하겠다.

또한 ≪경전석사≫의 인성구의를 통해 나타난 점이 경전의 해석에 반영된 점을 ≪경전석사≫ 이전에 나타난 경전의 해석과 비교하여 분석하고 이들 사이의 타당성과 장단점을 비교하도록 할 것이다. ≪경전석사≫에서 인성구의적 방법을 이용해 새롭게 분석한 허사들의 쓰임을 이전의 훈고와 함께 비교하며 논의하도록 하겠다. 이러한 점을 통해 ≪경전석사≫에서의 성과와 한계가 나타날 것이다. 이 성과와 한계를 가지고 ≪경전석사≫의 허사 연구와 경전 해석에서의 역사적 위치 등을 동시에 논의할 수 있을 것으로 기대된다.

제2장

≪경전석사≫ 이전 시기 관련 연구

이 부분에서는 ≪경전석사≫의 특징과 역사적 의미를 드러내고 이해하기 위한 배경으로 ≪경전석사≫ 이전 시기의 관련 연구들을 검토하고 논의하고자 한다. 이를 위해 ≪경전석사≫의 특징으로 볼 수 있는 '인성구의에 의거한 허사 연구'라는 점에 착안하여 인성구의로 대표되는 음과 의미의 관계에 대한 연구와 허사 연구로 나누어 보도록 하겠다. 음과 의미의 관계에 대한 역사적 연구 성과는 ≪이아≫, ≪설문해자≫, ≪석명≫, ≪경전석문≫ 등 그 당시를 대표하는 훈고서를 통해 검토하도록 할 것이다.

1. 음과 의미의 관계 연구의 역사적 연원

음과 의미의 관계에 있어 대표적인 인성구의는 청대(淸代)에 성과가 두드러지게 나타났다. 그렇지만 음과 의미가 관련이 있다고 하는 내용은 이미 일찍부터 나타났다. 이러한 내용은 경전을 해설하고 있는 전(傳)과 주소(注疏)에서도 찾아볼 수 있다. 예를 들어 ≪춘추(春秋)≫ 은공(隱公) 원년(元年) 경문(經文)인 "3월에 노은공(魯隱公)과 주루의보(邾婁儀父)가 매(眛) 지방에서 맹회를 하였다."[1]에 대해 ≪공양전≫의 저자 공양수(公羊壽)는 " '會'는 '最'와 같다.(會, 猶最也.)"라 하였고, 이에 대해 하휴(何休)의 주에서는 다음과 같이 말하였다. " '最'는 '聚'의 뜻이다. (…) '最'는 '聚'를 말하는 것으로, 지금 '사람들을 모으는 것'을 '投最'라고 하는 것과 같다."[2]

이 설명에서 '會', '最', '聚'가 모두 유사한 음으로 발음된다는 점에 주목해야 할 것이다. 李珍華 等(1999)에 의하면 '會'는 匣母月韻이고, '最'는 精母月韻, '聚'는 從紐侯韻이다. '會'와 '最'는 첩운 관계이고, '最'와 '聚'는 성모(聲母)가 유사한 관계이다.[3] '會'와 '最', '最'와 '聚'는 음성이 유사하다고 할 수 있다. 특히 공양수의 답변이 음성적 유사함을 가지고 있을 것이라고 볼 수 있는 근거는 이후의 답변에 또 나타난다.

위의 답에 이어 공양수는 경문에 등장한 '會' 이외의 '及'과 '曁'에 대해서 다음과 같이 설명하였다.

'及'은 '汲汲'과 같다. '曁'는 '曁曁'와 같다.[4]

---

1) "三月, 公及邾婁儀父盟于眛."(≪춘추≫ 은공 원년)
2) "最, 聚也. (…) 最之爲言聚, 若今聚民爲投最."(≪공양전≫ 은공 원년 하휴 주)
3) 王力(1982)에 의하면 이는 精從旁紐에 속하는 유사한 음운이다.
4) "及, 猶汲汲也. 曁, 猶曁曁也."

여기서의 '汲汲'은 간절하게 원하는 모습을 나타내고, '曁曁'는 그렇게 원하지 않지만 '부득이(不得已)'하게 하는 모습을 나타낸다.[5) 이 설명 또한 음성과 관련하여 서술한 것으로 피훈석어의 음성을 중첩하여 훈석어로 사용한 것이다. 이와 같이 주석 자료 등에서 음성적 유사함을 가지고서 훈고를 하는 경우가 많다. 물론 이는 훈고만을 전문으로 하는 본격적인 훈고 저작은 아니며, 이후에 의미 풀이가 표제어로 나타나는 훈고서가 등장하게 된다.

이 부분에서는 음과 의미의 관계에 의거한 설명방식이 문헌상에서 역대로 어떻게 나타났는지에 대해서 논의하고자 한다. 여기서 검토할 것은 ≪이아≫, ≪설문해자≫, ≪석명≫ 등 한대(漢代) 훈고서와 당대(唐代)의 ≪경전석문≫, 그리고 이후 청대(淸代) ≪경전석사≫ 출현 이전까지의 상황이다.

1.1. 한대 훈고서 : ≪이아≫, ≪설문해자≫, ≪석명≫

이 부분에서는 ≪이아≫, ≪설문해자≫, ≪석명≫ 등 한대에 등장한 것으로 파악되는 훈고서에 대해 논의하고자 한다.

≪이아≫는 전국시대(戰國時代) 혹은 서한(西漢) 시기에 형성된 것으로 추정하고 작자는 자세하지 않은 훈고 전문 서적이다. 형식상으로 보았을 때에 동의어, 혹은 설명이 필요한 어휘에 대한 피훈석어와 훈석어 또는 피훈석만이 나열된 책으로 다른 경전과 형식상

---

5) "及, 我欲之. 曁, 不得已也."

다르다. 그렇지만 이 책이 경(經)으로 취급되는 이유는 책에서 설명하고 있는 대상이 다른 경에서 그 용례가 나타나는 '어휘'이기 때문이다. 즉 ≪이아≫를 통해서 경에서 쓰이는 어휘가 어떠한 뜻으로 사용된 것임을 알 수 있어 경전을 이해하는 데에 도움을 줄 수 있다. 또한 이러한 특징 때문에 ≪이아≫를 훈고의 근거로 삼기도 한다. 예를 들어 ≪경전석사≫ 1권 '于' 항목의 " '于'는 '曰'의 뜻이다."라고 하는 항목의 근거로서 ≪이아≫ 석고(釋詁)를 들고 있다.6) 이 때 ≪경전석사≫에서는 이 둘 사이에도 일정한 음성적 유사성이 있다고 보았다. 해당 항목에서 " '聿', '于'는 일성지전(一聲之轉)이다."라고 한 것은 음성적 유사함을 나타내는 것이다. 중국어에서는 이와 같이 음 사이의 유사성이 의미 사이의 유사함과 함께 나타나는 것은 자주 있는 일이다. 따라서 이에 대한 내용을 논의하고 이해하는 것은 중국어의 이해, 특히 한문 해석에 있어 중요한 부분이라고 필자는 판단한다.

≪이아≫에 수록된 피훈석어와 훈석어 사이에 '동음(同音)', '쌍성(雙聲)', '첩운(疊韻)'의 관계가 나타나는 것이 있다. 다음의 예를 보자.

履, 禮也.(<석언(釋言)>)

'履'와 '禮'의 상고음은 李珍華 等(1999)에 의하면 來紐脂韻으로 동일하다. 이들은 훈석에 있어 동음 관계이다.

---

6) "≪이아≫ 석고에서 말하였다. '于, 曰也.'('于'는 '曰'의 뜻이다.)(爾雅曰, 于, 曰也)"(1권 '于' 항목)

恭, 敬也.(＜석고(釋詁)＞)

李珍華 等(1999)에 의하면 '恭'의 상고음은 見紐東韻이고, '敬'의 상고음은 見紐耕韻이다. 이들은 훈석에 있어 쌍성 관계이다.

淫謂之霖.(＜석천(釋天)＞)

李珍華 等(1999)에 의하면 '淫'의 상고음은 餘紐侵韻이고, '霖'의 상고음은 來紐侵韻이다. 이들은 훈석에 있어 첩운의 관계를 나타낸다. 이를 통해 ≪이아≫라는 의미 해설을 위주로 하는 훈고서에서도 음성적으로 동일하거나 유사한 어휘를 통해 훈석하고 있음을 알 수 있다.

≪이아≫는 일반적으로 훈고서 중에서 가장 앞선 것으로 꼽힌다. 이러한 ≪이아≫에서 어떻게 음성적 측면이 고려되어 의미상으로 반영되었는지 살펴보는 것은 음과 의미가 어떻게 관계 맺고 있었고 그것이 이미 오래 전부터 이루어진 현상인지 알 수 있는 방법이다. 즉 음성적 유사함이 넓은 범위에서 의미적 유사함을 증명하는 데에 이용된다는 점은 이후 의미 연구에 있어 음성이 어떠한 역할을 하는가를 논의하는 데에 있어 중요한 근거가 되기 때문이다. 특히 어휘에 대한 의미 풀이를 주로 모아놓은 ≪이아≫에서는 훈석 관계에 있어 이미 의미적 동일함을 전제로 하고 이들 사이에 음성적 유사함이 어느 정도 나타나는지를 살펴볼 수 있기에 음과 의미의 관계가 반영되고 있음을 증명하는 바탕이 된다.

이처럼 ≪이아≫의 설명 중에서 음성적 동일함 또는 유사함이 나타나는 것 중에서 허사에 대해 설명하고 있는 내용으로 볼 수 있는 것을 ≪경전석사≫에서는 근거로서 인용하여 사용하였다.

그 중 동음 관계로 나타나는 것은 ≪경전석사≫에서 표제어에 대한 중문(重文)으로 사용하고 있다.[7] ≪이아≫ 석고의 "郡・瑒・仍・迺・侯, 乃也."에서 훈석 관계의 '乃'와 '迺'를 근거로 하여 ≪경전석사≫ 6권 '乃' 항목의 표제어의 중문으로 '迺'가 있음을 볼 수 있다.[8] 또한 ≪이아≫ 석고의 "嗟・咨, 嵯也."에서 훈석 관계의 '嗟'와 '嵯'를 ≪경전석사≫ 8권 '誊' 항목의 중문으로 나란히 수록하였다.[9]

또한 훈석 관계를 인용하여 ≪경전석사≫에서 설명으로 활용하고 있는 점도 볼 수 있다. ≪이아≫ 석고의 "粵・于・爰, 曰也."와 "爰・粵, 于也."라는 설명을 근거로 하여 ≪경전석사≫ 2권 '爰' 항목에서는 '爰'을 '于'와 '曰'로 나누어 풀었다.[10] '爰'과 '于', '曰'은 쌍성 관계로 발음이 유사하면서 의미상으로 동일한 뜻을 나타내는 것으로서 ≪이아≫에 수록되었다. 이에 대해 왕인지는 '爰'과 '于', '曰'을 허사로 파악하여 ≪경전석사≫에 수록하였다. 지금까지 ≪이아≫에서 음과 의미의 관계에 의거한 훈석을 통해 설명하

---

7) 중문에 대해서는 제3장의 1.1.을 참조할 것.

8) "乃, 字或作迺."(6권 '乃' 항목)

9) "≪이아≫ 석고에서 말하였다. '嗟, 嵯也'('嗟'는 '嵯'의 뜻이다.) 이에 대한 곽박 주에서 말하였다. '今河北人云嵯歎.'(지금의 하북(河北) 사람은 '嵯歎'이라고 한다.) '誊', '嗟', '嵯'는 나란히 같다."(爾雅曰, 嗟, 嵯也, 郭注曰, 今河北人云嵯歎, 誊嗟嵯並同.)(8권 '誊' 항목)

10) "爾雅曰, 爰, 于也, 又曰, 爰, 於也. 爾雅曰, 爰, 曰也, 曰, 與欥同, 字或作聿."(2권 '爰' 항목)

고 있는 내용과 그 실례를 살펴보고, 이러한 점이 ≪경전석사≫에 영향을 주어 반영된 상황에 대해서 검토하였다.

≪설문해자≫에 나타난 음과 의미의 관계에 대해서 논의하도록 하겠다. 여기에서는 설명 체제 부분을 음과 의미의 관계와 관련하여 살펴보고자 한다. ≪설문해자≫에서는 의미를 설명하는 부분과 음성을 설명하는 부분이 나뉘어 나타난다. 의미를 설명하는 부분은 소전체(小篆體)로 제시되는 표제자 바로 뒤에 위치하고,11) 음성은 구성요소에 포함되거나 때로는 직접 읽는 법을 설명한다.12) 이처럼 ≪설문해자≫는 한자의 형음의(形音義) 세 요소를 모두 중시하여 설명 체제를 구성하였다.

그렇지만 외견상으로는 발음을 제공하지 않는 것으로 보이는 것도 있다. 즉 발음이 나타나는 부분을 드러내어 설명하지 않는 경우도 있다. 다음 예문을 보도록 하자.

'八'은 구별하다[別]의 뜻이다. 나뉘어 서로 등지고 있는 형태를 본 뜬 것이다.13)
'賛'은 뵙다[見]의 뜻이다. '貝'와 '兟'을 구성요소로 한다.14)

---

11) ≪설문해자≫에서 훈석에 사용하는 의미는 되도록 문자가 가지고 있는 본래 의미, 즉 본의(本義)를 위주로 설명하고자 하였다. 그러나 반드시 본의가 나타나는 것은 아니다. 예를 들어 '意', '詞' 등의 표기로 의미를 설명한 것은 가차의(假借義)이거나 인신의(引伸義)로 모두 본의가 아니다.

12) '모성(某聲)', '모역성(某亦聲)', '모생성(某省聲)' 등으로 구성요소에 포함되어 설명하거나 '독약(讀若)'이라는 표현을 통해 직접적으로 읽는 방식을 제시한다. 이 중 '讀若'이라는 술어와 관련하여서는 이강재(1995)를 참조할 것.

13) "八, 別也. 象分別相背之形."(2권상 팔부(八部) '八' 자)

14) "賛, 見也. 從貝. 從兟."(6권下 패부(貝部) '賛' 자)

위의 예들은 모두 '讀若' 혹은 '某聲'처럼 발음을 드러내어 밝히지 않은 것들이다. 이에 대해 단옥재(段玉裁)는 '八'과 '別'은 쌍성첩운인 동음으로, '賛'과 '見'은 첩운으로 보았다. 이처럼 이들 훈석 관계는 피훈석어와 발음이 유사한 훈석어를 제시, 음성 관계와 의미 관계를 모두 고려하여 음과 의미를 동시에 설명한 것으로 보인다.

또한 ≪설문해자≫에서는 의미를 나타내는 부분에서 발음이 비슷한 자를 통해 의미를 제시하는 것이 있다. 예를 들어 1권상 일부(一部) '天' 자의 " '天'은 이마, 꼭대기[顚] 등의 뜻이다.(天, 顚也.)" 등은 의미를 제시하면서 '天'과 '顚'의 발음의 유사함까지도 고려한 방식이라 할 수 있다. 이와 같이 훈석에서 의미와 발음을 연관 짓는 방식은 한자 자체의 고유한 특성으로 볼 수 있다. 이강재(1995 : 13-14)에서는 다자동음(多字同音)에 의해 경전(經典)이나 이에 대한 주석(注釋)에서 유사한 음을 가진 한자로 풀이하는 점이 반영되어 지금까지 남아 있게 되었다고 하였다. 이와 같은 점에 의거하면 ≪이아≫나 ≪설문해자≫에서 훈고 과정에 나타나는 동일하거나 유사한 음을 훈석어로 이용하는 것은 중국어 발전 과정에서 나타나는 중국어의 고유한 특성에서 기인하는 점으로 파악된다. 또한 이와 같은 방식은 유사한 음의 표기를 통해 동일한 의미가 드러나는 것에서 더 나아가 의미가 드러나는 점을 의도하고 유사한 음을 표기하는 방식으로 변화하였다.

이후 이와 같은 의도를 전체 체제에 내세운 훈고서인 ≪석명≫이 등장하였다. ≪석명≫은 후한말(後漢末) 오(吳) 지방의 유희(劉熙)가 지은 훈고서이다. ≪석명≫이 추구하는 점은 서에 의하면 각각의 명칭에 대해 '그렇게 된 까닭[所以之意]'을 밝히는 것이다.[15] 이 관점에 따라서 여러 단어들을 풀이하며[16] 피훈석어와 훈석어 사이에 음성적 유사함이 나타나도록 설명하였다.[17] 이와 같은 예로서 언어(言語)와 관련한 설명을 보도록 하자.[18]

'言'은 펼치다[宣]의 뜻과 관련이 있으니, 서로의 뜻을 펼치는[宣] 것이다.[19]

이는 '言'을 '宣'의 의미로 풀이한 것이다. 李珍華 等(1999)에 의하면 '言'은 疑紐元韻이고 '宣'은 心紐元韻으로 첩운 관계가 성립한다. 이에 대해 왕선겸(王先謙)은 ≪설문해자≫ 3권상 언부(言部)의 "직접 말하는 것을 '言'이라 하고, 질문에 답하는 것을 '語'라고 한다.(直言曰言, 論難曰語.)"를 인용하고 "서로의 뜻을 펼치는 것은 직언(直言)을 나타내는 것"[20]으로 풀이하여 ≪석명≫의 설명과 ≪설문해자≫의 설명이 동일한 의미임을 밝혔다. 이처럼 ≪석명≫에서는 피훈석어와 음성적으로 유사한 훈석어를 선정하고 이를 통해 훈석을 시도하였다.

---

15) "백성들은 날마다 말하지만 어째서 그렇게 되었는지에 대한 뜻은 알지 못하였다.(百姓日稱而不知其所以之意.)"(≪석명≫ 서)
16) "따라서 천지, 음양, 사시(四時), 방국(邦國), 도비(都鄙), 거복(車服), 상기(喪紀)와 아래로는 백성들에게까지 미치는 기구에 대해 선택하여, 논의를 펴서 뜻을 모은 뒤에 ≪석명≫이라 하였다.(故撰天地、陰陽、四時、邦國、都鄙、車服、喪紀, 下及民庶應用之器, 論敍指歸, 謂之釋名.)"(≪석명≫ 서) 여기서 '撰'은 '선택하다[選]'의 뜻이다.
17) 설명 방식에 대해서는 ≪석명소증보(釋名疏證補)≫에 수록되어 있는 청대(淸代) 학자 고천리(顧千里)의 ≪석명약례(釋名略例)≫를 살펴볼 것.
18) ≪석명≫에는 석언어편(釋言語篇)이 있다.
19) "言, 宣也, 宣彼此之意也."
20) "宣達彼此之意, 是直言也."(왕선겸(王先謙)의 보(補))

'語'는 진술하다[敍]의 뜻과 관련이 있으니, 자신이 말하고자 하는 것을 진술하는[敍] 것이다.[21]

이는 '語'를 '敍'의 의미로 풀이한 것이다. 李珍華 等(1999)에 의하면 '語'는 疑紐魚韻이고 '敍'는 邪紐魚韻으로 첩운 관계가 성립한다. 이 설명은 ≪설문해자≫의 설명인 "따지면서 반박하는 것을 '語'라고 한다.(論難曰語.)"와는 차이가 있다. 이는 '語'와 '敍' 사이에 음성적 유사성이 나타나고, 이를 토대로 의미를 부연 설명하는 것이다. 이처럼 ≪석명≫에서의 훈고는 음성적인 유사성이 우선되기 때문에 여타 훈고의 내용과 차이가 나타나기도 한다.

≪석명≫ 석언어편에서 다루고 있는 내용은 도덕(道德), 문무(文武), 인의례지신(仁義禮智信) 등 '개념'과 관련한 어휘들이다. 이 중에서 허사로서 볼 수 있는 것으로는 발어사로 사용하는 '嗟', '噫', '嗚'만이 있고, 기능적으로 사용하는 어휘에 대해서는 언급이 없다. 또한 발어사에 대한 설명도 허사로서 파악하고 직접적으로 설명하기 보다는 유사한 의미를 가진 실사로 풀이하였다. 그 중 하나의 예를 보도록 하자.

'嗟'는 돕다[佐]의 뜻과 관련이 있으니, 말이 뜻을 다 표현하기에는 부족하기에 따라서 이 소리를 내서 스스로 돕는[自佐] 것이다.[22]

李珍華 等(1999)에 의하면 '嗟'와 '佐' 모두 精紐歌韻으로 동음 관

---

21) "語, 敍也, 敍己所欲說也."
22) "嗟, 佐也, 言之不足以盡意, 故發此聲以自佐也."

계이다. '嗟'를 '佐'의 뜻으로 풀이하는 것은 어느 면으로는 맞는 설명일 수 있지만 감탄의 내용에 대해서는 직접적으로 설명하지 못하고 있다. 이처럼 감탄사로 보아야 하는 것에 대해서도 해당자의 음과 유사한 실제적인 의미를 가진 단어로 유추하여 설명하였다. 이러한 점 때문에 ≪경전석사≫에서는 ≪석명≫을 직접적으로 인용하거나 이를 근거로 설명을 전개하지 않았다. ≪석명≫은 한대(漢代)에 나타난 성훈(聲訓)[23]을 충실히 반영한 것으로 성훈이라는 당시의 풍조를 적극 피력한 것이다. 이는 곧 음성의 유사함에 초점을 맞추어 의미 해설과 연결한 것으로서, 음을 중시한 의미 해설 중 전형적인 것이다.

이와 같은 ≪석명≫의 훈석 방식에서 ≪이아≫나 ≪설문해자≫와는 달리 의미적 동일성보다는 음성적 유사성에 더욱 초점을 두고 설명하고 있음을 알 수 있다. 따라서 일반적으로 쉽게 이해할 수 없는 훈고가 나타나고, 이러한 점은 이후 연구에서 ≪석명≫이 중시되지 못하는 점으로 작용하였다.

1.2. ≪경전석문≫

≪경전석문≫은 당초(唐初) 육덕명(陸德明)[24]이 경전에서 나타나는 어휘에 대한 발음과 그 뜻을 기록한 것이다. 이는 남북조(南北朝) 시

---

23) 이와 관련한 내용은 2장 시작의 ≪공양전≫에 대한 하휴의 주를 참조할 것.
24) 육덕명(陸德明)의 이름은 원랑(元朗)이고 덕명(德明)은 자(字)이다. 육덕명(陸德明)이라는 명칭으로 더 유명하다. 따라서 본서에서는 '육덕명'으로 호칭하고자 한다.

기 유행했던 음의류(音義類)를 검토하여 반영한 것으로, 음의류의 면모를 살펴보기 위해서는 ≪경전석문≫에 대한 검토가 필수적이다. 따라서 ≪사고전서총목제요(四庫全書總目提要)≫에서는 ≪경전석문≫에 대해 "장차 꺼지려는 등불과 남아 있는 향기가 끝없이 다른 이에게 이익을 주는 격"과 같은 평가를 내렸다.[25] 이를 통해 ≪경전석문≫의 문헌적 가치를 알 수 있다.

≪경전석문≫에서 사용하는 음표기 방식으로는 직음(直音)과 반절(反切)이다. 이는 이전 음의(音義)를 기록한 사람들이 옛 음을 기록함에 있어서 이 두 가지 방법을 모두 사용하였던 것을 계승한 것이다. 따라서 음을 기록하는 방식에 있어 육덕명은 특별히 기여하거나 개발한 내용은 없다. 이를 살펴보기 위해 ≪경전석문≫ 이전의 음표기와 관련한 내용을 간략하게나마 정리해보고자 한다. 직음이나 반절이 일반적으로 사용되기 이전에는 비황(譬況)이라는 방식을 이용하였다고 한다.[26] 비황은 구체적인 발음을 지적하기보다는 발음에 대한 대략적인 정황 또는 발음을 내는 방식에 대한 설명이 위주이다. 따라서 그 발음을 정확히 알아내는 것은 쉽지 않다. 이후 비황보다는 알아보기 쉬운 직음(直音) 또는 반절(反切)을 사용하였다.

---

25) "(≪경전석문≫에서) 한위육조(漢魏六朝)의 음절(音切)을 채용한 것이 모두 260여 명이다. 또한 여러 유가(儒家)의 훈고를 두루 싣고, 각 판본의 이동(異同)을 증명하였다. 이후에 옛 뜻을 살펴보고자 한다면, 주소(注疏) 이외에는 오로지 이 책에 나타난 것만을 의지해야만 한다. 진정으로 장차 꺼지려는 등불과 남아 있는 향기가 끝없이 다른 이에게 이익을 주는 격이라 할 수 있다.(所採漢魏六朝音切, 凡二百六十餘家. 又兼載諸儒之訓詁, 證各本之異同. 後來得以考見古義者, 注疏以外惟賴此書之存. 眞所謂殘膏剩馥沾漑無窮者也.)"(≪사고전서총목제요≫ 경부(經部) 소학류(小學類) ≪경전석문≫)

26) 비황의 예에 대해서는 제2장 1.3.에서 들고 있는 ≪공양전≫에 대한 하휴의 설명을 참조할 것.

반절(反切)에 대해 ≪경전석문≫ 내에 있는 조례(條例)에 의하면 손염(孫炎)이 최초로 사용하였지만, 위진남북조(魏晉南北朝) 이후로 만연하면서 일정한 통일 규격이 없어 어지러워졌다고 하였다.27) 이러한 혼란상을 겪으면서도 성모(聲母)와 운모(韻母)로 나누어 표기를 담당하여 음을 기록한다는 반절의 규칙에 익숙해진 이후로 반절의 표기법은 청대(淸代)까지 계속된다. 그렇지만 직음법은 반절에 의해 없어지지 않았다. 이는 반절의 성모와 운모를 나누는 것조차 번거롭게 여겨 단일한 자로 음을 표현하는 직음법의 편리함을 추구한 것으로 볼 수 있다. ≪경전석문≫의 음표기는 이 두 가지, 즉 반절과 직음이 공존한다. 이는 운서에서 온전히 반절 표기만을 사용하는 것과는 다른 점이다. 이는 ≪경전석문≫이 옛 설명에 대해 충실하게 반영하고 있음을 나타내는 예라 할 수 있다.

≪경전석문≫에서는 단순히 발음을 나타내기 위한 것이 아니라 의미적으로 구별을 해야 하는 부분에 대해 해당 의미를 확정해주기 위한 방식으로 음을 제시한다. 이는 모든 자에 대해 음을 표기하는 것을 목표로 한 것이 아니다. 그러한 까닭에 필요한 부분에 대한 독음(讀音)의 제시가 주목적이고, 그 필요한 부분은 해당자가 매우 어려워 독음을 전혀 알 수 없는 것이거나, 일반적으로 음을 알 수는 있지만 어떠한 특별한 의미를 지니기에 주의해야 하는 부분 등으로 나누어 볼 수 있다. ≪경전석문≫의 음표기가 단순한 발

---

27) 그렇지만 옛 사람들의 음에 대한 기록은 단지 발음을 비유한 설명뿐이었는데, 손염(孫炎)이 처음으로 반절[反語]을 이용하여, 위(魏) 이후로는 점차 번잡하게 되었다. (然古人音書, 止爲譬況之說, 孫炎始爲反語, 魏朝以降漸繁.)(≪경전석문≫ 서)

음의 제시가 아니라는 점은 이로 인해 설득력을 얻게 된다.

　이러한 점에 의거하여 살펴보면 ≪경전석문≫에서는 발음이 곧 의미를 분별하는 요소가 된다. 예를 들어 ≪주역≫에서의 '주역(周易)'과 '평이(平易)'28)의 '易' 자에 대해 각각 '盈隻反'과 '以豉反'으로 구별하였다. 이는 단지 발음이 달라짐을 설명하는 것만은 아니다. '盈隻反' 뒤에는 '경(經)의 명칭'이라는 설명을 더하였고,29) '以豉反'에는 별다른 설명은 없지만 해당 발음에 해당하는 의미는 '쉽다', '용이하다', '간략하다', '가볍다', '경솔하다', '빠르다' 등으로 앞에서 설명한 '경의 명칭'과는 다른 뜻임을 밝혀주는 것이다. 즉 ≪경전석문≫은 발음과 의미를 함께 연계하여 풀이한 내용을 경전에 직접 기록한 것이다. 이는 이전의 주석을 모아 반절 및 직음을 이용한 음성 정보와 제시한 발음에 해당하는 의미 정보를 경전 내에서 알려주는 방식으로, 경전을 익히는 사람에게 읽는 법과 해당 구절의 의미라는 음과 의미에 대한 정보를 알려주는 역할을 한다.

　≪경전석문≫의 음과 의미의 관계에 있어 가장 큰 공헌은 훈고에 있어 음과 의미가 동일하게 나타나야 한다는 점을 지적한 것이다. ≪경전석문≫ 조례(條例)에 의하면 이전의 훈고에서 음과 의미

---

28) 이는 관괘(觀卦) 상구(上九)의 "나 자신의 생애를 관찰하는 것이니, 군자면 허물이 없다.(觀其生, 君子无咎.)"(김경탁(1971 : 137))에 대한 상(象)인 " '觀其生'이라는 것은 뜻이 아직 안정되지 않았다는 것이다.(觀其生, 志未平也.)"(김경탁(1971 : 320))에 대한 왕필(王弼)의 주에서 "안정되지 않았다.(不爲平易.)"에 대한 ≪경전석문≫의 음의(音義)이다.

29) "이는 경의 명칭이다. 우번(虞翻) 주에서 말하였다. '≪주역참동계(周易參同契)≫에서 말하였다. '역(易) 자는 '日'아래 '月'을 구성요소로 한다.' "(盈隻反. 此經名也. 虞翻注 : 參同契云 : '字從日下月.')

의 관계는 각자 다른 방식으로 나타났고, 연계되지 못하였다.30) 그렇지만 육덕명은 이 두 가지가 동일해야 하고, 이를 일치시키는 것을 통해 경전에서 사용하고 있는 단어에 대한 발음을 가지고 의미를 전달할 수 있도록 설명하였다.31)

이와 같이 ≪경전석문≫은 기록된 문헌의 문맥상의 올바른 음과 의미를 제공하여 경전을 쉽게 읽을 수 있도록 하는 것을 목적으로 하였다. 따라서 ≪경전석문≫은 음성과 의미가 어떠한 관계를 갖는지에 대한 그 때까지의 연구 성과에 대한 집대성(集大成)이라 할 수 있다. 이러한 점 때문에 이후 학자들에게서도 상당히 자주 인용되고 언급되었다. 여기에서는 ≪경전석사≫에서 언급하고 있는 예를 살펴보고자 한다.

 ≪경전석문≫ 이아·석수(釋水)32)에서 말하였다. "繇, 古由字"('繇'는 옛날의 '由' 자이다.)33)

---

30) "이전의 유학자들이 음을 달 때에 대부분 주에 의거하지 않았고, 주를 붙인 자가 스스로 읽을 때에도 또한 두루 통하는 것은 아니었다.(前儒作音, 多不依注, 注者自讀, 亦未兼通.)"(≪경전석문≫ 조례)

31) "경적(經籍)의 문자는 이어져 온 것이 이미 오래되었다. '悅' 자를 '說'로 표기하거나, '閑' 자를 '閒'으로 표기하거나, '智'를 단지 '知'로 표기하거나, '汝'를 단지 '女'로 표기하는 것에 이르면, 이와 같은 종류는 지금 모두 옛날에 의거하여서 음을 표기하였다.(經籍文字, 相承已久, 至如'悅'字作'說', '閑'字爲'閒', '智'但作'知', '汝'止爲'女', 若此之類, 今竝依舊音之.)"(≪경전석문≫ 조례) 여기서의 '음지(音之)'라는 표현은 표면적으로는 음을 표기하겠다고 한 것이지만, 그 속에 함의된 의미는 해당 단어의 의미에 맞추어서 읽는 방식을 기록하겠다는 뜻이다. 이로 인해 '說' 자에 대해 '音悅' 등의 설명이 나타나게 된 것이다.

32) ≪이아≫ 석수의 본문 "繇膝以下爲揭, 繇膝以上爲涉, 繇帶以上爲厲."(무릎 이하는 옷을 걷어 올리고, 무릎 이상은 건널 수 있지만, 허리띠 이상은 위험하다.)의 '繇'에 대한 ≪경전석문≫의 설명이다.

33) "爾雅釋水釋文曰, 繇古由字."(1권 '繇' 항목)

≪경전석문≫에서 '繇'가 옛날의 '由' 자임을 밝혔는데, 위의 설명을 근거로 1권 '繇' 항목에서는 중문(重文)으로 '由'가 포함되었다.

> ≪경전석문≫, ≪당석경(唐石經)≫ 및 각본(各本)에서 나란히 동일하다. 감본(監本)에서는 '其'로 바꾸었다. 잘못이다.[34]

위의 예는 '記'와 '己'로 기록된 내용이 모두 '其'의 뜻이 있음에 대해 나타낸 것이다. 5권 '其' 항목에서는 ≪경전석문≫과 ≪당석경≫ 등의 판본에서 ≪예기≫에서 인용한 ≪시≫를 "彼記之子"로 표기하고 있는 것에 근거하여 '記' 또한 '其'의 뜻으로 보았다. 이와 같이 ≪경전석사≫의 여러 논지에 대한 근거가 ≪경전석문≫에서 연유한 것이다. 따라서 ≪경전석문≫은 이후 경학 연구, 특히 발음과 의미가 어떠한 관계를 맺는지에 대한 연구를 함에 있어서 반드시 다루어야만 하는 문헌이다.

지금까지 ≪경전석사≫ 이전 훈고서인 ≪이아≫, ≪설문해자≫, ≪석명≫, ≪경전석문≫에서 음과 의미가 연계하고 있는지에 대해 주로 청대(淸代) 주석의 도움을 받아 살펴보았다. 이들은 음과 의미의 관계와 인성구의의 발전에 있어서 선구적인 측면이 있음을 확인하였다. ≪이아≫와 ≪설문해자≫에서 성훈(聲訓)으로 간주할 수 있는 훈석은 이후 ≪석명≫에서 본격적으로 훈고에 응용하여 나타났다. 이러한 점을 통해 훈석 관계에서도 음과 의미의 관계가 밀접

---

34) "釋文唐石經及各本並同, 監本改作其非."(5권 '其' 항목) 이는 5권 '其' 항목의 "≪시≫ 조풍·후인(曹風·候人)의 '彼其之子'(그 사람)에 대해 ≪예기≫ 표기(表記)에서는 '其'를 '記'라 하였다."에 대한 왕인지의 자주(自注)이다.

하게 전개되어 왔음을 확인하였다. 그리고 이러한 점이 ≪경전석사≫
에 영향을 준 측면에 대해서 논의하였다. 즉 동일한 음과 의미의
관계의 설명에 있어서도 ≪석명≫의 설명 방식은 채택되지 못하고
≪경전석문≫은 자주 인용되었는데, 이는 ≪석명≫에서의 설명이
피훈석어와 훈석어 간의 음성적 유사성을 드러내는 것에 초점을
맞추어 그 근거가 명확하지 못한 반면, ≪경전석문≫은 음과 의미
의 관계를 경전 속에서 구체적으로 적용하여 그 같고 다름[同異]을
밝히는 데에 주력하였기 때문으로 파악하였다.

다음은 인성구의로 대표되는 음과 의미의 관계가 어떠한 양상으
로 발전하여 나타났는지를 원명청대(元明清代)의 학자들을 통해서
살펴보도록 할 것이다.

1.3. ≪경전석사≫ 이전 시기 음과 의미의 관계 연구

이 부분에서는 음과 의미의 관계 중 대표적인 인성구의와 관련
한 관점을 왕인지 이전 학자들 사이에서 살펴보고자 한다. 인성구
의라는 훈고 원칙은 왕인지를 포함한 왕씨 부자만의 독특한 견해
는 아니다. 그렇다면 이러한 사고의 토대가 어디에서 연유하여 나
타났는지를 남송대(南宋代)를 시작으로 하여 청대까지 왕씨 부자 이
전 연구자들의 관점에서 살펴보는 것이 이 부분의 목표이다. 크게
청대 이전과 이후로 나누어 볼 것이다.

청대 이전의 연구 성과를 검토하기 위해 우선 남송대의 대동(戴
侗, 1200?-1284?)을 언급하고자 한다. 그는 ≪육서고(六書故)≫ 육서통

석(六書通釋)을 통해 육서라고 하는 체계가 무엇인지 밝히고자 하는 시도를 하였다.

> 따라서 각자 그 종류를 근거로 하여 그 음성을 가지고 유사하게 [龤] 만들었다. '木'의 형태는 상형으로 만들어낼 수 있었다. 그렇지 만 그와는 구별되는 '松'이나 '柏'과 같은 것은 모두 상형으로 할 수 없었다. 따라서 '公' 자를 빌려 '松'의 음성을 흉내 내었고, '白' 자를 빌려 '柏'의 음성을 흉내 내었다. '水'의 형태는 상형으로 만들어낼 수 있었다. 그렇지만 그와는 구별되는 '江'이나 '河'와 같은 것은 모 두 상형으로 할 수 없었다. 따라서 '工' 자를 빌려 '江'의 음성을 흉 내 내었고, '可' 자를 빌려 '河'의 음성을 흉내 내었다. 이러한 것이 해성(龤聲[=諧聲])이다.35)

위의 내용은 육서를 통해 일정한 의미를 문자화하는 데에 있어 어떠한 과정을 거쳤는지 설명하는 것이다. 이 전에 상형과 지사는 의미를 나타낼 때 직접적으로 지시하는 요소가 있지만, 그러한 방 식만으로 모든 것을 그려내고 표시할 수 없다는 점을 밝혔다. 위의 예문을 통해 알 수 있는 점은 다음과 같다. 대동이 본 한자의 확장 방식 중 가장 중요한 것은 해성이다. 그는 해당 사물을 나타내는 음성과 유사하거나 같은 자에 해당 의미를 나타내는 부수를 추가 하여 하나의 자 속에 의미와 음을 함께 제시하는 방식인 해성으로 문자의 확대를 이루었다고 보았다. 이는 상형문자로 출발한 한자가

---

35) "是故各因其類而龤之以其聲. 木之形可象也, 而其別若松若柏者不可悉象. 故借公以龤松 之聲, 借白以龤柏之聲. 水之形可象也, 而其別若江若河者不可悉象. 故借工以龤江之聲, 借可以龤河之聲. 所謂龤聲也."(≪육서고≫ 육서통석)

문자 차원에서 의미의 확장을 기도한 것이다. 대동에게 있어 해성
은 음과 의미가 함께 제시되면서 의미가 드러나는 방식으로 보았
는데, 이는 음성이 표기한 문자의 의미를 나타낸다고 보았기 때문
이다. 이 점에 대해 대동은 음성이 왜 문자를 이끌어내는 근본이
되는지를 아래와 같이 설명하였다.

> 문자는 음성을 형상화한 것이다. 음성은 기운이 소리로 나타난 것
> 이다. 기운이 있다면 음성이 있고, 그 음성이 있다면 문자가 있다.
> 음성과 문자는 모두 사람에게서 나온 것이지만, 또한 각각 자연스러
> 운 상징이다.[36)]

대동의 관점에서 음성은 어떠한 사물이나 사건의 자연스러운 상
징이다. 그 상징을 나타내는 것이 언어이고, 그 언어를 기록하는
것이 문자라고 본 것이다. 그리고 이는 모두 사람에게서 나온 것이
고, 자연의 음 그대로를 나타내는 것이 아니라 사람을 통해서 변형
된 음이긴 하지만 결국은 그것을 형상화한 것이다. 이와 같은 점을
통해 그는 문자를 통해서 의미를 파악하는 것으로 알고 있는 내용
이 실상은 그 문자가 나타내고 있는 음성을 통해서 파악하고 있는
것이라고 주장하였다.

> 훈고를 하는 사람이 문자를 통해서 그 뜻을 알아내는 것은 알지
> 만, 음성을 통해서 그 뜻을 알아내는 것은 알지 못한다. 일반적으로
> 문자의 운용에 있어서는 해성자[龤]만큼 널리 쓰이는 것이 없고, 음

---

36) "夫文, 聲之象也. 聲, 氣之鳴也. 有其氣則有其聲, 有其聲則有其文, 聲與文, 雖出於人,
亦各其自然之徵也."(≪육서고≫ 육서통석)

성에 있어서는 가차보다 변화가 심한 것은 없다. 문자를 근거로 하여 뜻을 알아내면서 음성을 통해서 알아내는 것을 모르는 것은 내가 보기에는 문자의 상황을 완벽하게 알고 있다고 볼 수는 없다 하겠다.37)

문자의 운용에 있어서 해성자가 가지고 있는 생산성과 가차의 활용 등은 모두 음성을 의미 파악의 기준으로 두고 있음에서 비롯된 것이라 할 수 있다. 따라서 대동은 문자의 제작에 있어서 다음과 같은 방식이 이용되었을 것으로 파악하였다.

　　먼저 그 음성을 펼치고, 다음으로 그 형태를 펼치고, 다음으로 그 명칭을 펼친 연후에야 문자를 만들어지는 방식이 갖추어지게 된다.38)

앞에서 설명한 내용들을 종합해보면 문자가 나타내고자 하는 것이 음과 의미이고, 이들을 파악함에 있어 문자가 매개로서 역할하고 있음을 알 수 있다. 이러한 점에 근거하여 대동은 한자의 구성 원리인 육서를 통해 음과 의미의 관계를 밝혔다. 이와 같은 주장은 육서라는 한자의 구성 원리를 설명하는 형식을 취하였지만 의미를 파악함에 있어 음성을 중요한 근거 수단으로 지목하고 있는 것으로, 음과 의미의 밀접한 관계를 견지하고 있음을 알 수 있다.

다음으로 명말청초(明末淸初)의 방이지가 음과 의미의 관계를 논

---

37) "訓故之士, 知因文以求義矣, 未知因聲以求義也. 夫文字之用, 莫博於龤. 聲莫變於假借, 因文以求義而不知因聲以求義, 吾未見其能盡文字之情也."(≪육서고≫ 육서통석)
38) "當先敍其聲, 次敍其文, 次敍其名, 然後制作之道備矣."(≪육서고≫ 육서통석)

의한 점에 대해 살펴보고자 한다.

방이지(方以智, 1611-1671)는 ≪통아(通雅)≫에서 인성구의를 주장하였다. 그 또한 의미의 근거로 삼을 음에 대해 기준을 고음(古音)으로 하여야 한다는 점을 통해 역사에서 나타나는 음성 변화에 대한 연구와 인식의 필요가 있음을 밝혔다. 그가 언급한 "고의(古義)에 통달하고자 한다면, 고음에 먼저 통달해야 한다.(欲通古義, 先通古音.)"는 옛 음을 통해 옛 의미를 파악해야 한다는 것으로 보는 견해도 있다.39) 이 관점은 왕념손의 "훈고의 뜻은 음성에서 근거해야 한다.(訓詁之旨, 本于聲音.)"40)에 비해 언어에 대한 역사적 관점이 포함된, 즉 주장한 시기는 앞섰으나 관점은 오히려 이후 주장보다도 앞선 것으로 보이기도 한다.

그렇지만 간략하게 서술한 "欲通古義, 先通古音."에서 '고의(古義)'가 나타내고자 하는 의미가 정확하게 어떠한 내용인지 알기 어렵다. 고의가 자형(字形)이 나타내고자 하는 의미를 가리키는 것인지, 아니면 해당자가 수록된 경전이 전하고자 하는 본래의 의미인지 알 수 없다. 아울러 방이지가 언급한 고음이라고 하는 것 또한 어느 시기를 설정하고 언급하는 것인지 드러나지 않는다. 따라서 이러한 주장의 맥락이 어떠한 것인지 검토할 필요가 있다.

이 문장이 기록된 ≪통아≫ 방언설(方言說)에 따르면 지역과 공간을 동시에 설명하면서 '방언[鄕談]'이 변하기 때문에 방언에 대해

---

39) 朱冠明(1999 : 50)에서는 이러한 점을 옛 음과 연결시켜 설명하고 있지만 해당 음의 시기를 확정하여 설명하지는 못하였다.
40) 왕념손 ≪광아소증≫ 서의 문장이다.

파악하지 못하면 의미를 올바르게 알 수 없다고 하였다.[41] 또한 그는 언어의 변화 요인이 시간의 흐름이 포함된 방언의 변화로 나타난다고 하였다. 이 내용을 통해서 볼 때 이러한 변화가 과연 시간이 직접적인 변화의 요인인지, 아니면 방언 사이의 접촉과 언어의 중심지가 이동하여 나타난 현상인지는 정확하게 언급하고 있지 않음을 알 수 있다.

　그가 방언에 대해서 관심을 갖는 이유는 한대 이래로 전(傳)과 주(注)에서 방언을 사용했기 때문이라 하였다.[42] 이 설명과 관련하여 전과 주에서 방언을 사용한 흔적의 예에 대해서는 ≪공양전≫을 참조할 만하다. ≪춘추≫ 장공(莊公) 28년의 "28년 봄, 주왕의 3월 갑인일(甲寅日)에 제(齊) 나라 사람이 위(衛)를 정벌하였다[伐]. 위 나라 사람과 제 나라 사람이 싸우다가 위 나라 사람이 져서 하루가 되지 않는 사이에 정벌 당했다[伐]."[43]에 대해 ≪공양전≫에서는 다음과 같이 설명하였다.

　　≪춘추≫에서 '伐'[44]은 객(客 : 즉 쳐들어 온 사람)의 경우이고, '伐'[45]은 주(主 : 침략 당한 사람)의 경우이다.(春秋伐者爲客, 伐者爲主.)

---

41) "내가 옛날과 지금의 음과 의미를 차례로 살펴보니, 방언[鄕談]이 때에 따라서 바뀌고 있음을 알게 되었다. 세월에 따라 변하는 말을 살피지 않으면 고금(古今)의 훈고에 통하여서 명물(名物)을 바로 잡을 수 있겠는가?(愚歷考古今音義, 可知鄕談隨世變而改矣. 不攷世變之言, 豈能通古今之詁而是正名物乎?)"(방이지 ≪통아≫ 방언설)

42) "한대(漢代) 이래로 전과 주에서는 매번 방언을 사용하였다.(漢以來傳注每用方言.)"(방이지 ≪통아≫ 방언설)

43) "二十有八年, 春, 王三月, 甲寅, 齊人伐衛, 衛人及齊人戰, 衛人敗績, 伐不日."

44) 여기서는 "齊人伐衛"의 '伐'을 가리킨다.

45) 여기서는 "伐不日"의 '伐'을 가리킨다.

위의 설명을 별도의 설명 없이 문자만을 통해서 보면 어떠한 '伐'이 언제 '主'와 '客'이 되는지 알 수 없다. 문자 상으로는 그를 나타낼 방법이 없기 때문이다. 이러한 문제점에 대해서 하휴는 다음과 같이 설명하였다.

"伐者爲客"에 대한 하휴 주 : "伐人者爲客"일 때의 '伐'은 길게 읽는다. 제(齊) 지방 사람들이 사용하는 말이다.46)
"伐者爲主"에 대한 하휴 주 : "見伐者爲主"일 때의 '伐'은 짧게 읽는다. 제 지방 사람들이 사용하는 말이다.47)

이 설명에서 하휴는 ≪공양전≫에서의 "伐者爲客, 伐者爲主."를 그대로 인용하지 않고, 객은 "伐人者"임을 나타내어 "다른 사람을 정벌하는 것"임을 확실하게 하였고, 주는 "見伐者"임을 나타내어 "정벌을 당하는 것"임을 명확하게 드러냈다. 그리고 각각의 '伐'이 객일 때는 길게, 주일 때는 짧게 읽음을 밝혔다.

이러한 점이 나타나게 된 배경으로는 당시 주와 전에 대해 가르칠 수 있는 학자들이 교육이 발전할 수 있는, 즉 경제 등이 발전한 지역에서 주로 나타났기 때문이다. 그들은 제자들에게 가르칠 때, 비록 아언(雅言)을 쓰긴 했지만 그들의 고유어를 완전히 배제시키진 못하였을 것이다. 이러한 학자 중 대표적인 인물로는 ≪공양전≫의 해고(解詁)를 첨부한 하휴48)와 ≪이아≫와 ≪방언≫에 주를 추가한

46) "伐人者爲客, 讀伐長言之, 齊人語也."
47) "見伐者爲主, 讀伐短言之, 齊人語也."
48) 그는 성번(城樊) 사람으로 지금의 山東 滋陽縣 출신이다.

곽박49)이 있다. 이들은 각각 자신들의 지역 언어에 근거해서 설명을 추가하는 것을 볼 수 있다. 앞서 제시된 방이지의 발언은 이를 염두에 두고 한 것으로 판단한다. 주와 전을 이해하는 데에 있어 그를 남긴 사람들이 그 지역의 방언을 사용하였기 때문에, 그를 이해하지 못하면 주와 전을 이해할 수 없다고 하는 것이다.

이상에서 언급한 내용을 종합하여 보면 방이지의 설명은 지역적 특징인 방언과 관련한 것으로, 방언을 통해 훈고를 하고 있기 때문에 역사적, 지역적 특징을 파악해야 함을 말한 것이다. 이 또한 중요한 의견으로 언어 연구에 있어서 반드시 고려해야 할 사항이다. 그렇지만 이를 일률적으로 '고음'으로 통일하여 설명하는 것은 방이지의 의도를 정확하게 파악하지 못한 것이다.

지금까지 원명대의 음과 의미의 관계와 관련한 의견을 제시한 학자들에 대해 검토하였다. 이제 청대(淸代) 학자들의 관점을 보고자 한다. 여기에서는 고염무와 대진, 단옥재, 전대흔 등을 언급하고자 한다.

그 중 청대 고증학(考證學)에 있어 음과 의미의 관계의 시작점으로 볼 수 있는 인물은 고염무(顧炎武, 1613-1682)이다. 그의 저술에서 나타나는 관점은 이후 여러 고증학자들에게 음을 통하여 의미를 탐구하는 내용에 대한 일종의 방법론을 제공하였다고 할 수 있다.

---

49) 그는 문희(聞喜) 사람으로 지금의 山西 聞喜縣 출신이지만, 동진(東晉)에서 활약하였다. 그로 인해 강동(江東)의 발음에 대해 관심을 보였다. 그는 ≪이아주(爾雅注)≫에서 종종 오(吳) 지역으로 대표되는 '강동(江東)'의 발음으로는 어떠한 것을 가리킨다고 설명하였다. 예를 들어 <석고(釋詁)>의 "觳·悉·卒·泯·忽·滅·罄·空·畢·罄·職·拔·殄, 盡也."에 대해 "지금 강동에서는 염극(厭極[만족함이 다하])을 '罄'이라고 한다.(今江東呼厭極爲罄.)"이라 설명한 것이 바로 이러한 예이다.

그의 역사적 시각에서 바라본 음과 의미의 관계는 다음과 같다.

옛날에 사람을 가르칠 때에는 반드시 소학(小學)을 우선하였다. 소
학과 관련한 서적의 내용은 음성과 문자이다.[50]

이는 학문의 시작에 있어서 소학적 지식, 즉 음성과 문자의 지식
이나 배움이 있어야 이후에 뜻을 알아내는 공부를 할 수 있음을 말
한 것이다.

내 생각에는 구경(九經)을 읽을 때에는 문자를 살피는 것으로 시
작하고, 문자를 살필 때에는 음을 알아내는 것으로 시작한다. 제자백
가(諸子百家)의 책에 이르더라도 또한 이와 다르지 않다.[51]

위의 발언도 이전의 것과 비교해보면 크게 다르지 않다. 그는 구
경을 이해하는 것의 시작은 그것을 적은 문자이고, 적혀 있는 문자
를 검토하기 위해서는 그것에 대한 음을 파악해야 함이 선행해야
한다는 점을 강조하였다. 이러한 내용은 당연히 제자백가의 서적을
읽을 때에도 통용됨을 알 수 있다. 이를 이전 발언과 연계해서 살
펴보면 소학적 지식인 문자와 음성 중에서도 문자를 통해 음성을
파악해야 하는 점을 고염무는 강조한 것으로, 그가 음에 대해 중시
하고 있음을 알 수 있다.

---

50) "古之教人, 必先小學. 小學之書, 聲音文字是也."(≪일지록(日知錄)≫ 4권 '창촉(昌歜)'
항목)
51) "愚以爲讀九經自考文始, 考文自知音始, 以至諸子百家之書, 亦莫不然."(≪답이자덕서
(答李子德書)≫)

이와 같은 음에 대한 중시를 바탕으로 고염무는 ≪음학오서(音學五書)≫를 저술하였다. ≪음학오서≫는 ≪음론(音論)≫, ≪시본음(詩本音)≫, ≪역음(易音)≫, ≪당운정(唐韻正)≫, ≪고음표(古音表)≫ 등 다섯 종류로 이루어졌다. 각각의 개략적인 내용은 다음과 같다. 고음과 고음학에서 나타나는 중요한 문제를 서술하고 작자의 견해를 제시한 ≪음학오서≫의 대강(大綱)에 해당하는 ≪음론≫, ≪시≫에서의 압운을 통해 현재의 음과 동일하지 못한 것들을 검토한 ≪시본음≫, ≪역≫의 압운자에 의거하여 ≪시본음≫과 유사한 방식으로 음을 정리한 ≪역음≫, 당대 손면(孫愐)의 ≪당운(唐韻)≫에 대해 문자의 정오를 검토하면서 그 음을 바로 잡은 ≪당운정≫, ≪당운정≫의 성과를 통해 고음을 10부로 나누어 정리한 ≪고음표≫이다. 이러한 성과를 바탕으로 청대의 학자들은 음의에 대한 논의를 발전시켰다. 이 중 왕인지는 ≪당운정≫의 성과를 바탕으로 형태가 다르지만 동일한 음을 나타내는 것을 통해 의미적으로 동일한 허사를 나타내고 있음을 파악하였다.[52] 이처럼 고염무의 연구는 음과 의미의 연구에 있어 중요한 위치를 차지하고 있다.

이후 고증학적 흐름에서 가장 핵심이라 할 수 있는 학자들의 관점을 간략하게 살펴보고자 한다. 대진(戴震, 1724-1777)은 다음과 같이 음을 통한 의미 파악을 주장하였다.

경이 이르고자 하는 것은 도(道)이다. 도를 밝혀주는 수단은 그곳에 적혀 있는 말[詞]이다. 그 말에 있어 소학과 문자를 넘어설 수 있

---

52) 이와 관련해서는 제3장 1.2. 허사 의미의 확장에서 설명하고 있다.

는 것은 없다. 문자로부터 언어에 통달하고, 언어로부터 옛 성현의
마음에 품은 뜻에 통한다.53)

이는 경전에 적혀 있는 글을 통해 언어를 익히고 언어를 통해 의
미에 통달할 수 있음을 지적한 것이다. 또한 그는 의심나는 의미에
대해 다음과 같이 살펴볼 것을 말하였다.

　뜻이 의심스러우면 음성으로 뜻을 찾고, 음성이 의심스러우면 뜻
　으로 그것을 바로 잡는다.54)

즉 음과 의미가 불가분의 관계이기 때문에 한 쪽을 실마리로 하
면 나머지 한 쪽을 알아내거나 바로 잡을 수 있음을 나타낸 것이
다. 이러한 시각은 또한 제자인 단옥재, 왕념손에 의해 이어졌다.
　단옥재(1735-1815)와 관련하여서는 그의 음과 의미에 대한 관점을
중점적으로 보도록 하겠다.

　경에 대해 연구하는 것에서는 뜻을 알아내는 것이 가장 중요하다.
　뜻을 알아내는 것에서는 해당 음성을 알아내는 것이 가장 중요하
　다.55)

이는 스승인 대진의 발언과 크게 다르지 않다. 그렇지만 여기에

---

53) "經之至者, 道也 ; 所以明道者, 其詞也 ; 未有能外小學文字者也. 由文字以通乎語言, 由
　　語言以通乎古聖賢之心志."(≪대동원집(戴東原集)≫ 10권 ≪고경해구침(古經解鉤沈)≫
　　서)
54) "疑於義者以聲求之, 疑於聲者以義正之."(≪대동원집≫ 4권 ≪전어이십장(轉語二十章)≫
　　서)
55) "治經莫重於得義, 得義莫重於得音."(≪광아소증(廣雅疏證)≫ 서)

서는 의미 파악에 중점을 두었기 때문에 그 출발점으로서 음을 언급한 것이라 볼 수 있다. 이 외에도 단옥재는 《설문해자주》에서 음을 통해 의미가 변화한다는 점에 대해 언급하였다. 아래는 그 예이다.

> 슬(瑟)은 포희(庖犧)가 지은 현악이다.[56]

이에 대해 단옥재는 주에서 '瑟'이 원래는 현악기임을 말하고 있지만, 《시》에서 사용하고 있는 '瑟'은 '장엄함, 깨끗함' 등으로 쓰이는데 이는 음성을 근거로 하여서 현악기라는 본래의 의미를 두고 '肅'의 의미로 사용되기 때문으로 설명하였다.[57] 이와 같이 가차라는 점을 통해 음성에 근거한 의미 파악이 필요함을 제시하였다.

이러한 주장에는 고음에 대한 연구가 청대(淸代)에 활발하게 이루어진 바탕이 있었기 때문이다. 이 중에서 《경전석사》에 직접적으로 영향을 준 것으로 보이는 전대흔(錢大昕, 1728-1804)의 연구가 있

---

56) "瑟, 庖犧所作弦樂也."(《설문해자》 12권하 금부(琴部) '瑟' 자)

57) "현악이라는 것은 경(磬)을 석악(石樂)이라고 하는 것과 같은 방식이다. 청묘(淸廟)의 슬(瑟) 또한 붉은 색으로 만든 현이다. 모든 현악(弦樂)은 실로 만든 것이다. 활의 현을 본떴기 때문에 따라서 현(弦)이라고 한다. 《시》 위풍・기욱(衛風・淇奧)의 '경건하고 넓도다.(瑟兮僴兮.)'에 대한 전(傳)에서 말하였다. '슬은 엄숙하고 경건한 모습[矜莊貌]이다.' 《시》 대아・한록(大雅・旱麓)의 '깨끗한 상수리 나무.(瑟彼柞棫.)'에 대한 전(箋)에서 말하였다. '슬은 깨끗한 모습[絜鮮貌]이다.' 모두 음을 근거로 하여 가차한 것[因聲叚借]이다. 슬은 엄숙함[肅]을 말한 것이다. 《초사(楚辭)》 구변(九辯)에서는 '가을 기운 엄숙하네.(秋氣蕭瑟.)'라고 하였다.(弦樂、猶磬曰石樂. 淸廟之瑟亦練朱弦. 凡弦樂以絲爲之. 象弓弦、故曰弦. 淇奧傳曰：瑟、矜莊貌. 旱麓箋曰：瑟、絜鮮貌. 皆因聲叚借也. 瑟之言肅也. 楚辭言秋氣蕭瑟.)"(《설문해자주》 12권하 금부(琴部) '瑟' 자)

다. 청대 당시에도 음운에 대한 활발한 연구가 있었고, 앞에서 언급한 고염무, 대진, 단옥재 등도 모두 고운(古韻)에 대해 언급하였다. 그렇지만 그에 비해 고성모(古聲母)에 대한 연구는 산발적으로 나타났는데, 전대흔은 청대의 고성모 연구에 있어 중요한 성과를 제시하였다. 그 중에서 '옛날에는 경순음이 없었다.[古無輕脣音]'라는 항목을 통해 그 면모를 검토하도록 하겠다.

> 모든 경순음(輕脣音)을 옛날에는 모두 중순음(重脣音)으로 읽었다.58)

이에 대한 증거로 전대흔은 당시 [f]로 발음하는 '扶'를 고대에는 [p]로 발음하는 '匍', '蒲'와 차이 없이 쓰고 있음을 들었다. 이 때 이 부분만을 보고서 '扶'를 [p]로 발음한 것이 아니라 '匍'나 '蒲'를 고대에 [f]로 발음할 수도 있지 않을까 의문을 품을 수 있다.59) 이에 대해서는 '扶'를 읽는 방식에 대한 고찰을 하여, '酺'와 '蟠'과 같이 양순음(兩脣音)으로 읽고 있음을 확인하였다. 이외에도 그는 '服', '伏', '負', '佛', '弗', '拂', '第', '茀', '艴', '繁', '蕃', '藩', '僨', '汾', '紛', '敷', '方', '鲂', '逢', '封', '勿', '副', '罰', '非', '匪', '妃', '荆', '菲', '泥', '妮', '微', '無', '蕪', '膴', '璑', '鳳', '反', '馥', '復', '法', '晚', '馮', '俘', '桴', '房', '務', '發' 등 현재 경순음으로 읽는 종류에 대해 여러 예시를 통해서 모두 양순음으

---

58) "凡輕脣之音古讀皆爲重脣."(≪십가재양신록(十駕齋養新錄)≫ 5권)
59) 이에 대해 1930년대 符定一은 ≪고유경순음설(古有輕脣音說)≫과 ≪고무중순음설(古無重脣音說)≫을 지어 전대흔과 반대의 의견을 제시한 적이 있다. 唐作藩(2011 : 18) 참조.

로 읽고 있음을 제시하였다. 이와 같은 내용을 통해 고대에는 경순음이 존재하지 않았고, 따라서 이들 사이에 통용하고 있음을 밝혔다. 《경전석사》 또한 이 성과를 토대로 편장 및 훈석에서 의미 있는 결과를 산출하였다.[60] 이와 같은 연구 성과는 이후 여러 학자에게 수용되어 청대 고증학의 중요한 원칙 중의 하나로 통용되었다.

이상의 학자들을 통해 왕씨 부자 이전의 고증학자들이 어떠한 시각을 통해 음과 의미의 관계를 파악하고 있었는가를 살펴보았다. 정리하자면 음은 의미를 나타내는 표현 수단이고, 의미는 음에 내재하여 나타내고자 하는 내용임을 알 수 있다. 이러한 점을 볼 수 있는 것으로 왕념손이 다음과 같이 말한 것이 있다.

> 옛날 음에 의거하여서 옛 뜻을 구한다. 이를 파생하고 비슷한 종류와 연결하여 확대하며 형체에 제한받지 않는다.[61]

그렇다면 지금까지 제시된 음과 의미의 관계에 대한 설명과 구별되는 《경전석사》에서의 연구에서 나타나는 독특함은 어떠한 것일까? 왕인지는 음과 의미의 관계로서의 인성구의를 허사라는 언어의 본질과도 관련이 있는 항목과 연결하였다. 그리고 그에 대한 경전(經傳)에서의 사용방식을 증거로서 세밀하게 제시하였다. 이를 통해 경전의 이해하기 힘든 부분에 대한 해석상의 실마리를 더불어 밝혀낸 것이다. 이와 같은 허사에 대한 적용은 이전 학자들이

---

60) 이 성과를 《경전석사》에 적용한 점에 대해서는 제3장의 1.1. 편장 배열에서 나타나는 음과 의미의 관계에서 설명할 것이다.
61) "就古音以求古義, 引申觸類, 不限形體."(《광아소증》 자서)

음과 의미의 관계를 밝히면서도 시도하지 못한 점이고, 이는 곧 ≪경전석사≫의 특징이라 할 수 있다.

지금까지의 내용을 살펴보면 ≪경전석사≫ 출현 이전의 학자에게서도 또한 인성구의 방식에 대한 인식이 보편적으로 나타나고 있음을 알 수 있다. 이러한 인식이 이후 ≪경전석사≫를 통해 종합화하고 더욱 체계화하여 완성되어 나타나는데, 이전의 연구 성과를 통해서 그 연원 및 발전 과정을 살펴보았다.

다음 부분에서는 허사 연구와 관련한 역사적 연원을 살펴보고, 이들과 비교하여 ≪경전석사≫가 어떠한 면에서 독특한지 실제 예시를 통해 살피고자 한다.

2. 허사 연구의 역사적 연원

이 부분에서는 ≪경전석사≫ 이전에 허사 연구가 어떠한 방식으로 이루어졌는지 살펴보고자 한다. 이는 ≪경전석사≫가 나타나기까지의 허사에 대한 중국인의 관점을 반영하는 것으로, 이를 통해 언어에 대한 인식을 아울러 엿볼 수 있을 것이다.

2.1. 허사 연구의 맹아기

허사는 언어가 발생하면서부터 나타나는 주요한 특질 중의 하나이다. 따라서 허사에 대한 관심은 일찍부터 나타나기 시작하였다.

이와 같은 허사에 대한 관심은 언어 사용을 정확히 하고자 하는 노력이 반영된 것이다. 이에 대한 내용은 선진(先秦) 시기 단편적인 허사에 대한 관심을 나타내는 설명을 통해 살펴보고자 한다.

≪논어(論語)≫ 태백편(泰伯篇)에서 증자(曾子)가 말한 문장을 통해 '사기(辭氣)'에 대한 관점을 볼 수 있다.

말[辭氣]을 할 때는 비천하거나 도리에 어긋나는 것은 하지 않도록 해야 한다.62)

이 때 증자가 언급한 사기에 대해 정현은 '순조롭게 말하는[順而說之]' 출발점63)으로, 주희는 '말[言語]과 말소리의 기운[聲氣]'64)으로 풀고 있다. 이 발언을 통해 군자가 중요하게 여겨야 하는 덕목 중 말과 말소리의 기운이 중요한 요소로 포함되는 점을 알 수 있다. 실제로 계급 혹은 계층을 구분함에 있어서 언어는 중요한 역할을 담당한다. 영국에서는 RP(Received Pronunciation)를 표준어의 기준으로 잡고 있는데, 이는 특정 계층의 발음에서 유래한 것이다.65)

---

62) "出辭氣, 斯遠鄙倍矣."(≪논어≫ 태백편) 번역은 이강재(2006 : 188)를 참조하였다. [ ] 부분은 필자가 추가하였다.

63) " '사기(辭氣)'를 나타내서 순조롭게 말할 수 있다면, 흉악하고 험한 말이 귀로 들어오는 일이 없을 것이다.(出辭氣, 能順而說之, 則無惡戾之言入於耳.)"(≪논어주소(論語注疏)≫)

64) " '辭'는 말이다. '氣'는 소리의 기운[聲氣]이다. '鄙'라는 것은 평범하고 비루함을 나타낸다. '倍'라는 것은 배신하다의 '背'와 같은 것으로, 이치에 어긋남을 가리킨다.(辭, 言語. 氣, 聲氣也. 鄙, 凡陋也. 倍, 與背同, 謂背理也.)"(≪논어집주(論語集注)≫)

65) RP에 대해 Jones(1917 : viii)에서는 "가족 성원들이 공립 기숙학교에서 교육받은 남쪽 지방 영국인 가정에서 일상적으로 사용하는 말투(everyday speech in the families of Southern English persons whose men-folk [had] been educated at the great public boarding-schools)"라 하였다. 이는 일정 이상의 교육을 받은 계층을 가리킨다.

이와 같이 증자의 말을 통해 선진(先秦) 시기 말과 말소리의 기운에 대한 관심과 중요성을 알 수 있다. 그리고 이는 말소리의 기운[聲氣]에 포함되는 허사에 대한 관심과 이어지는 부분이 있다고 볼 수 있다.

이후 훈고 상에서 본격적으로 어기나 어투 등 말과 함께 허사에 대해 설명하고자 하는 시도가 나타났다. ≪시≫ 모전에서 이와 같은 내용을 확인할 수 있다.

> (1) ≪시≫ 주남·부이(周南·芣苢) "그것을 캐네.(薄言采之.)"에 대한 모전 " '薄'은 허사이다.(薄, 辭也.)"
>
> (2) ≪시≫ 소남·초충(召南·草蟲) "뵙게만 된다면 만나게만 된다면 이 마음 놓이런만.(亦旣見止. 亦旣覯止, 我心則降.)"66)에 대한 모전 " '止'는 허사이다.(止, 辭也.)"
>
> (3) ≪시≫ 대아·문왕(大雅·文王) "문왕께선 위에 계시는데 아아, 하늘에 뚜렷하시니.(文王在上, 於昭于天.)"67)에 대한 모전 " '於'는 감탄을 나타내는 허사이다.(於, 歎辭也.)"
>
> (4) ≪시≫ 주남·인지지(周南·麟之趾) "아아, 기린이여!(于嗟麟兮.)"에 대한 모전 " '于嗟'는 감탄을 나타내는 허사이다.(于嗟, 歎辭.)"

이와 같은 설명에서 (3)의 '於'나 (4) '于嗟'와 같이 감탄을 나타내는 허사[歎辭]라고 구체적인 설명으로 지적하는 것도 있지만 대부분은 '辭'라는 술어로 허사임을 나타내고 구체적인 설명을 더하지

---

66) 번역은 김학주(1971 : 52) 참조.
67) 번역은 김학주(1971 : 405) 참조.

않았다. 이러한 설명은 ≪경전석사≫에서도 그대로 전재하여 사용
하였다. 5권 '言' 항목에서도 앞에서 언급한 ≪시≫ 주남·갈담(周
南·葛覃)과 주남·부이(周南·芣苢)의 내용을 언급하였다.68)

정현은 ≪시≫와 ≪예≫를 포함한 경전 등에 나오는 어휘에 대
해 허사로 판정한 것들을 제시하며 '辭'라는 술어를 사용하였다.

'毋'는 금지를 나타내는 허사[辭]이다.69)

그렇지만 이와 같은 방식은 허사에 대한 단편적인 설명으로 제
시되었을 뿐, 이를 체계적인 방식으로 전달하고자 하는 노력은 나
타나지 않았다. 이와 같은 허사에 대한 연구는 1.에서 살펴본 훈고
서에서 그에 대해 설명하고자 시도하는 점이 있었다. 이 글에서는
1.1.에서 ≪이아≫와 ≪설문해자≫의 설명 방식이 ≪경전석사≫에
영향을 준 점과 관련하여 간략하게 설명하였다. 여기에서는 그와
관련하여 허사 연구에서 ≪이아≫와 ≪설문해자≫가 가지는 의의
등에 대해서 간략하게 논의하고자 한다. ≪경전석사≫의 구성과 설
명에 있어 ≪이아≫의 풀이에 근거하고 있는 점이 있다. 이와 같은
≪이아≫에 대한 관점은 ≪경전석사≫ 자서에 나타난다.

---

68) "'言'은 '云'의 뜻으로, 허사[語詞]이다. 말[話言]의 '言'을 '云'이라 하듯이, 허사[語
詞]의 '云' 또한 '言'이라 한다. ≪시≫ 주남·갈담의 '言告師氏, 言告言歸.'(보모(保
姆)님께 아뢰고 근친(覲親)을 가려 할 제)(김학주(1971 : 37)), ≪시≫ 주남·부이의
'薄言采之.'(캐는구나.) 등과 같은 것이다.(言, 云也, 語詞也, 話言之言謂之云, 語詞之
云, 亦謂之言, 若詩葛覃之言告師氏, 言告言歸, 芣苢之薄言采之.)"(5권 '言' 항목)
69) "毋, 禁止之辭." 이는 ≪예기≫ 단궁(檀弓) 하의 "어허! 안됩니다!(噫! 毋!)"에 대한
정현의 주이다.

　　어사(語詞)의 해석은 ≪이아≫에서 시작하였다. ‘粵’과 ‘于’는 ‘曰’
의 뜻이고 ‘玆’와 ‘斯’는 ‘此’[70]의 뜻이며 ‘每有’는 ‘雖’의 뜻이고 ‘誰
昔’은 ‘昔’[71]의 뜻이다.[72]

　　왕인지는 위의 설명과 같이 허사의 풀이에 대한 설명으로서 ≪이
아≫를 그 출발점으로 보고 있음을 알 수 있다.

　　≪설문해자≫에서도 허사를 설명함에 있어 ‘辭’와 의미가 동일한
‘詞’를 사용하였다. 허신은 ≪설문해자≫ 4권상 자부(白[73]部) ‘疇’
자에 대해 “허사이다.(詞也.)”라 풀이하였다. 이에 대해 단옥재는 뜻
이 드러나지 않기 때문에 원래는 “誰詞也.”로 되어야 한다고 보았
다.[74] 이와 같은 허사라는 설명은 ≪경전석사≫ 6권 ‘疇’[75] 항목에
서 인용하면서 단옥재의 의견과 동일하게 ‘疇’를 ‘誰’의 뜻으로 풀
이하였다. 또한 2권 ‘欨’ 항목[76]과 4권 ‘矣’ 항목[77] 등에서도 ≪설
문해자≫의 설명을 이용하여 ≪경전석사≫에서의 허사 의미를 확
정하였다.

　　이와 같이 ≪이아≫와 ≪설문해자≫에서도 허사에 대해 각각 일
정한 술어를 사용하여 설명하는 것으로 허사에 대해 관심을 나타

---

70) 이상은 ≪이아≫ 석고(釋詁)의 내용이다.
71) 이상은 ≪이아≫ 석훈(釋訓)의 내용이다.
72) “語詞之釋, 肇於爾雅, 粵、 于爲曰, 玆、 斯爲此, 每有爲雖, 誰昔爲昔.”(왕인지 서)
73) ≪설문해자≫ 4권상 자부(白部) ‘白’ 자에서 “이 또한 ‘自’ 이다.(此亦自字也.)”라
　　는 것에 근거하여 ‘白’에 대한 발음을 ‘자’로 하였다.
74) “마땅히 ‘誰詞也’ 세 자가 되어야 한다.(當作誰詞也三字.)”(≪설문해자≫ 4권상 자부
　　(白部) ‘疇’ 자 단옥재 주)
75) “(‘疇’ 자는) ‘疇’ 자와 같다.(與疇同.)”(≪설문해자≫ 4권상 자부 ‘疇’ 자)
76) ≪설문해자≫ 8권하 흠부(欠部)에서 말하였다. “欨, 詮詞也.”(‘欨’은 조사이다.)
77) ≪설문해자≫ 5권하 시부(矢部)에서 말하였다. “矣, 語已詞也”(‘矣’는 종결어미[語已
　　詞]이다.)

내고 있다는 점을 확인할 수 있다. 그렇지만 구체적으로 어떠한 허사인지 구별하지 않고 훈석하였기 때문에 정확한 허사로서 파악하고 있는지에 대해 의심할 수 있다.

이와 관련하여 완원(阮元)은 다음과 같이 설명하였다.

> ≪이아≫와 ≪설문해자≫ 두 책에 의지해서 옛 성현의 경과 전의 어기[詞氣]를 설명하는 것이 가장 옛날의 뜻에 가깝다. 그렇지만 ≪설문해자≫는 단지 만들어진 글자[예를 들면 '亐'나 '曰' 같은 것]에 대해서만 풀이하였고 가차로 쓰인 글자[예를 들면 '而'나 '雖' 같은 것]에 대해서는 언급하지 않았다. ≪이아≫는 풀어놓은 것이 완전하지 않고 그 책을 읽는 사람들이 오해하는 것이 많아, 따라서 '攸'가 '所'로만 뜻풀이하는 줄 알지 '迪'과 같은 것에 대해 알지 못하고 단지 '言'이 '我'로 뜻풀이하는 것만을 보았을 뿐, 그것을 '間'으로 뜻풀이하는 것을 잊었다.[78]

이는 ≪이아≫와 ≪설문해자≫가 가지는 허사의 설명에 대한 효용을 설명하면서 동시에 약점을 지적하고 있는 것이다. ≪이아≫의 풀이는 완전하지 않고 동의어만을 나열하였기 때문에 풀이된 의미에 대해 오해할 소지가 많고, ≪설문해자≫의 풀이는 가차로 사용된 허사의 뜻을 파악할 수 없다는 점을 완원은 지적하였다. 이는 곧 ≪이아≫와 ≪설문해자≫를 포함하는 이전의 연구들이 허사를 연구 내용에 반영하고 있긴 하지만, 허사 자체에 대한 종합적인 검

---

78) "賴爾雅說文二書, 解說古聖賢經傳之詞氣最爲近古, 然說文惟解特造之字[如亐曰]而不及假借之字[如而雖]爾雅所釋未全, 讀者多誤, 是以但知攸訓所而不知同迪, 但見言訓我而忘其訓間."(완원 ≪경전석사≫ 서)

토와 내용이 나타나지는 않았음을 의미한다. 이후 저작을 통해 허사에 대한 연구가 원대(元代)에 이르러 본격적으로 등장한다.

2.2. 본격적 허사 연구의 시기

앞에서 언급한 대로 정현 등 훈고학자가 제시한 술어인 '辭'와 《설문해자》의 훈석어로 사용된 술어인 '詞'를 보았을 때, 원대 이전 중국인들 또한 일찍부터 허사에 대한 관심이 있었음을 알 수 있다. 그렇지만 그들은 이러한 관심을 반영하여 허사와 관련한 전문적인 저작을 남기지는 않았다. 따라서 현재 알려진 허사에 대한 저작으로는 원대(元代) 노이위(盧以緯)의 《어조(語助)》를 가장 이른 시기의 것으로 보고 있다.

이 부분에서는 《경전석사》의 이해를 위해 《경전석사》 이전의 허사 연구로서 원대 노이위의 《어조》, 청대 원인림(袁仁林)의 《허자설(虛字說)》과 유기(劉淇)의 《조자변략(助字辨略)》 내에서 허사의 범주와 배열 등의 체례를 비교하는 것을 목표로 한다.

2.2.1. 《어조》

《어조[79]》는 원대 노이위가 지은 허사 전문서이다. 그의 행장(行狀)에 대해 잘 알려진 바는 없다. 노이위는 《어조》를 작성하면

---

79) 이 명칭은 최초 《어조》였다가 호문환(胡文煥)에 의해 《조어사(助語辭)》로 바뀌어 현재는 《조어사》로 더 널리 알려져 있다. 이 책에서는 최초의 명칭을 살려 《어조》로 통일하지만, 현재 참조할 수 있는 《어조》의 판본은 《조어사집주(助語辭集注)》이기에, 참고문헌에서는 《조어사집주》로 표기하였다.

서 이에 대한 서문(序文)을 직접 남기지 않았다. ≪어조≫에 대한 서
문(序文)으로는 원대 호장유(胡長孺)와 명대(明代) 호문환(胡文煥)이 남
긴 것이 있다. 이를 토대로 ≪어조≫에 대한 당시의 평가를 검토하
도록 하겠다.

서문에 의하면 당시 지식인들은 허사에 대해 쓰임이 중요하고
이를 정확히 익혀야 할 필요성을 인식하였다.[80] 그리고 상세하지
못한 이전의 허사의 설명에 대해 아쉬워하면서 이 책의 등장이 이
러한 수요에 대해 부응할 수 있는 것으로 보았다.[81] 따라서 이 책
을 읽으면서 흥미로운 점을 일반적으로 드러내고 싶어 하며,[82] 사
람들로 하여금 많이 익혀서 도움을 받도록 하고자 하였다.[83]

서문을 통해 본 ≪어조≫에 대한 평가는 두 가지 측면으로 정리
할 수 있다. 허사에 대한 연구가 어렵다는 점과 이 책이 출현한 것
을 환영하는 점이다. 이를 통해 허사의 연구에 대한 수요가 충분히
존재했음을 알 수 있다. ≪어조≫의 출현은 이러한 수요를 충족시
켜 주는 역할을 담당한 것으로 볼 수 있다.

---

80) "조어는 문장에서 많아도 안 되고 적어도 안 되지만 그 사이에서 잘못 쓰는 것은
    더욱 안 된다. 그렇다면 마땅히 잘 익혀야 하는 것은 명확하다. 잘 익히지 않는다면
    이는 문장을 짓는 데에서 누가 됨을 면치 못하니, 비록 옥구슬과 비단이 있다한들
    무슨 도움이 되겠는가!(助語之在文也, 多固不可, 少固不可, 而其間誤用更不可, 則其當
    熟審也明矣. 苟非熟審之, 是未免爲文之累, 雖琬琰錦繡, 奚益哉！)"(호문환·서)
81) "아쉬운 것은 개략적이고 상세하지 못하다는 것이다. (…) 이에 어조자들을 모아서,
    풀어놓고서는 상세히 설명하였다.(惜槪而弗詳.(…)爰摭諸語助字, 釋而詳說之.)"(호장
    유·서)
82) "≪어조≫ 한 권을 보면서 마음속으로 매우 흡족하여, 마침내 혼자만 알고 있을 수
    는 없었다.(一日偶的盧允武所著≪助語≫一帙, 覽之深愜鄙懷, 遂不敢私.)"(호문환·서)
83) "내가 그대를 위해 서문을 짓고 세상에 알려, 책을 읽는 사람들로 하여금 그 요지를
    드러나게 할 것이니, 청하건대 그 은혜를 줄어들게 하지 마시오.(吾爲子序而公之, 俾
    呻占畢者, 或暢厥旨, 請勿狹其惠.)"(호장유·서)

편제와 관련해서는 王克仲의 전언(前言)[84]에 의하면 각 항목은 의미를 해석하면서 의미가 유사한 종류를 이어서 언급하는 것으로 구성되었다.[85] 예를 들어 '然'을 설명한 곳 이후에는 '然後', '雖然', '然則' 등이 이어 나오면서 '然'과 관련이 있는 것을 언급하고, '然則' 항목에서는 '然而', '不然' 등을 나란히 제시하였다. 그렇지만 나란히 제시하였다고 하여 모두 동일한 의미를 갖는 것은 아니다. 따라서 ≪어조≫에서는 이에 대해 각각 다른 설명을 통해 구별하고 있다. 또한 이를 통해 '然'이라는 자 뿐만이 아니라 '然而'와 같은 두 자 이상의 단어도 함께 언급하고 있음을 알 수 있다.

또한 '初'를 '당시의 일이 아닌' 이전의 일을 가리키는 허사로 언급하면서 '始', '先是'와 동일한 의미로 보았다.[86] 이와 같이 ≪어조≫에서는 각각의 쓰임에 대해서 어떠한 용도로 쓰이는지 '설명'하고 있다. 그러나 구체적인 쓰임의 예를 들지 않고 있기에 어떠한 점에 의거해서 이러한 '설명'을 하게 되었는지를 파악할 수 없다는 약점이 있다. 이를 다시 말하자면 ≪어조≫에서는 허사에 대한 '설명'으로 화자의 직감에 의존한 주관적 의견을 제시하긴 했지만 그에 대한 치밀한 근거가 없다. 이러한 점은 단점이다. 그렇지만 허사에 대한 전문적인 저작으로서 본격적인 관심을 표명한 점은 허

---

84) ≪조어사집주≫에 대해 설명한 글로, 책의 앞 부분에 있이다.
85) "助語辭在編排體例上最主要的特徵是分組釋義, 連類而及."(王克仲 ≪조어사집주≫ 전언)
86) "문자 중에 문장 앞에 있는 하나의 '初'는 스스로 두(讀, 끊어 읽는 단위)가 되고, 또한 그 일의 시작을 가지고서 내력을 설명하는 것으로 그 당시의 일이 아니다. '始'를 쓰기도 하고 '先是'를 쓰기도 하지만 뜻은 같다. 단지 문장의 기세에 따라 사용한다.(文字中着一初字於句首自爲一讀, 又把其事之始因來歷說起, 非當時事. 或用始字者, 用先是字者, 意則同, 但隨文勢用之.)"(≪어조≫ '初' 항목)

사 연구에 있어서 중요한 의의를 가진다.

2.2.2. ≪허자설≫

청대 순치(順治)와 강희(康熙) 사이에 활동한 원인림(袁仁林)[87]은 ≪허자설≫을 지었다. 그의 서문에 의하면 말과 그 말을 기록하는 글, 그리고 그 글을 구성하는 글자는 동일한 내용을 가리키는 것이라 하였다.[88] 또한 그는 허사를 나타내는 허자(虛字)에서 그 자가 가지고 있는 기운[氣]이 핵심요소라고 보았다.[89] 그것은 언어에 있어서 말단의 요소로 보이지만 오히려 핵심적인 부분일 수 있다고 그는 주장하였다.[90] 이러한 허사에 대한 기운이라는 내용은 이후 제시하는 허사 설명에서도 직접적으로 드러나서 그 기운에 대해 설명을 시도하고 있다.[91]

≪허자설≫의 편제와 관련해서는 ≪어조≫와 마찬가지로 특별한 의도 없이 배치하고 있음을 알 수 있다. 그렇지만 동일 항목 내에

---

87) 그는 ≪고문주역참동계주(古文周易參同契註)≫로 유명하다.
88) "대개 말할 때에는 구문(口吻)이라고 하고, 글로 쓸 때는 어사(語辭)라고 하며, 자에 대해서 설명할 때에는 허자(虛字)라고 하는데, 모두 한 가지이다.(蓋說時爲口吻, 成文爲語辭, 論字爲虛字：一也.)"(≪허자설≫ 서)
89) "그렇다면 반드시 분류하고 헤아려 뜻으로써 그것을 파악하면서, 아주 세밀한 부분에서 그 기운의 가볍고 무거움, 느리고 빠름에 대해 얻어낸 이후에야, 그 설명이 상세하고 아는 것이 세밀하고 허사를 사용함에 있어서 또한 쓰고자 하는 곳에 따르면서도 정확함을 얻을 수 있다.(然必得類聚之, 稱量之, 以意逆之, 而得其氣之輕重緩急于毫釐之間, 而後其說之也詳, 知之也密, 而于其用之也, 亦隨所施而得其當.)"(≪허자설≫ 서)
90) "이는 또한 말단 중에서 말단이다. 그렇지만 말단에서 말하고자 하는 근본을 펼칠 수 있는 것이고, 근본 또한 얻을 수 있는 것이리라.(是亦末之末也. 然因末而暢其所言之本, 本且獲矣.)"(≪허자설≫ 서)
91) "'也' 자의 기운은 호탕하고 실질적이며, 확실하여 의심이 없다.('也'字之氣, 疏爽質實, 專確無疑.)"(≪허자설≫ '也' 항목)

나란히 배치한 허사는 《어조》와는 달리 동일하거나 유사한 의미를 제시한다. 예를 들어 나란히 배치한 '且', '況', '矧', '抑'은 모두 동일한 의미를 나타낸다. 이는 《어조》보다 체계적으로 발전한 점이다.

허사에 대한 해설에 있어서는 앞에서 언급한 바대로 기운[氣]과 관련하여 설명함을 특징으로 한다. '者' 자와 '也' 자의 의미를 구별하는 내용을 예로 들고자 한다.

> '者' 자와 '也' 자는 동일하게 다음 문장을 이끌어 내는[起下] 쓰임이 있는데, 그 음성의 정서는 어떻게 구별하는가? '者' 자는 앞의 것을 불러일으키는 것을 가리키고, 기세가 급하며 반응이 신속하기 때문에 풀어서 설명하는 것에 쓴다. '也' 자는 빈 곳에서 일으켜 기세가 완만하면서도 높은 곳에서 떨어지기 때문에 판별하는 내용에 쓴다.92)

위의 설명에 따르면 '者'의 기세는 급하고 응답이 신속하기 때문에 설명하는 곳에 쓰이고, '也'의 기세는 기세가 완만하면서도 높은 곳에서 떨어지기 때문에 판별에 쓰인다고 하였는데, 이 설명이 해당 자에 대한 발음의 특성인지, 아니면 발화 상황 속에서 어기(語氣)의 변화를 묘사한 것인지 이 글만을 통해서는 파악하기 곤란하다. 이는 《어조》의 설명보다는 구체적으로 보이지만 이 또한 추상적이고 주관적인 관점을 나타내는 것으로, 발전한 설명이라 보기

---

92) "'者'字、'也'字同有起下之用, 其聲情何別? 曰 : '者'字指上呼起, 勢急而應速, 詮解用之; '也'字宕空掣起, 勢緩而高落, 藉以剖明."(《허자설》 '矣' '已' '焉' '也' 항목)

는 힘들다. 게다가 ≪어조≫와 마찬가지로 일정한 예시를 통해서 그 내용을 참조할 수 있도록 하지 않고 있다. 이는 ≪어조≫와 ≪허자설≫에서 공통적으로 나타나는 문제점이라 할 수 있다. 그렇기 때문에 설명만으로는 부족한, 용례에 대한 참조를 할 수 없다는 점뿐만 아니라 아울러 그 설명이 어떠한 근거를 통해서 나타났는지 등을 확인하는 것이 불가능하다. 이는 허사에 대한 객관적인 연구라 할 수 없다. 이후 이러한 약점을 보강하여 또 다른 허사 연구서가 나타나게 된다.

2.2.3. ≪조자변략≫

강희(康熙) 50년(1711)에 처음 간행된 유기(劉淇)의 ≪조자변략≫은 앞에서 서술한 대로 허사 연구에 있어서 이전에 존재한 ≪어조≫나 ≪허자설≫에서 볼 수 없는, 자료를 중심으로 허사를 설명하는 고증학적 면모를 보이고 있다.

그의 서문에 의하면 ≪조자변략≫은 문장에 대한 해석에 있어 허사가 차지하고 있는 위치가 중요하다는 점에서부터 시작했다.[93] 또한 서문에서 알 수 있는 ≪조자변략≫의 특징으로는 허사는 분명 언어의 특징임에도 불구하고 문장에서의 쓰임에 대해서 관심을 가지고 있다는 것이다.[94] 이는 허사에 대한 이해나 그 용법에 대해

---

93) "한 자의 실수로, 한 문장은 그것 때문에 어긋나고, 한 문장의 잘못으로, 전체 글의 뜻이 막혀버린다.(且夫一字之失, 一句爲之蹉跎 ; 一句之誤, 通片爲之梗塞.)"(≪조자변략≫ 서)

94) "대개 옛날의 시와 운문 등에서 옛날의 형태와 현재의 말 등이 섞이어 뜻이 각각 귀납하는 바가 있고, 그 어긋난 것들이 혼잡하게 쓰였다. 스스로 그러한 점을 알아낼 수 있다면 변화를 잘 알아내게 될 것이다.(大都古辭韻語, 往體今言, 義各有歸, 淆

정통하고자 하는 궁극적 목적이 실제 음성 언어 상에서 구현하는
것이 아닌 글쓰기에 있어서의 문체적 특징으로서 활용하고자 했던
것으로 파악된다. 서문의 마지막에서 《문장류별(文章流別)》과 《문
심조룡(文心雕龍)》을 언급하는 부분은 이러한 점을 반영하는 것이
다.95)

　《조자변략》의 편제에 있어 가장 큰 특징은 운(韻)에 의해 배열
하였다는 점이다. 크게는 성조(聲調)로 나누어 상평성(上平聲), 하평
성(下平聲), 상성(上聲), 거성(去聲), 입성(入聲)으로 나누고, 각 항목에
서는 운부(韻部)에 의거하여 배열하였다. 이는 《광운(廣韻)》 이후
운목(韻目)에 의해 배열한 것과 크게 차이나지 않는다. 이러한 운에
의거한 배열은 장점과 단점이 있다. 장점으로는 익숙한 편제 방식
이기 때문에 검색이 용이하다. 즉 운목에 익숙한 사람들에게는 해
당자에 대한 설명을 찾기 위해 따로 목록 등을 검색할 필요가 없
다. 단점으로는 편제의 배열을 통해서도 의미의 유사성이 나타나지
않는다. 예를 들어 1권 상평성에 수록된 허사들을 차례대로 살펴보
면 '通', '中', '終', '空', '容' 등으로 운으로는 유사하지만 의미상
으로는 어떠한 유사성도 나타나지 않는다. 이는 《경전석사》가 성
모(聲母)를 기준으로 배열하여 의미적 유사성이 나타나는 것과는 차
이가 있다.96)

用斯舛, 能自得之, 庶幾善變耳.)"(《조자변략》 서)
95) "기타 체제를 잘 구별하고 풍격에 대해 연마하여, 흐름을 잘 거슬러 원류를 추구하
면서 아울러 갈라지는 부분에 대해서 잘 파악한 것으로는 진(晉) 지우(摯虞)의 《문
장류별》과 양(梁) 유협(劉勰)의 《문심조룡》 등의 종류가 있어서, 기술한 것이 갖
추어져 있기 때문에, 구차하게 덧붙이지 않겠다.(他如辨體制, 硏風尙, 溯流窮源, 枝分
節解, 則有摯虞文章流別, 劉勰文心雕龍之屬, 述之備矣, 所不贅焉.)"(《조자변략》 서)

≪조자변략≫에 수록된 허사의 수는 476자이다. 이는 동일한 음으로 같은 의미인 것을 제외한 표제어로서의 숫자이다. ≪경전석사≫의 표제어인 160자[97])에 비하면 많은 수를 포함하고 있는데, 이는 여러 시기의 허사를 포함하기 때문이다. 예를 들어 1권 '容' 항목에서는 '容'에 대해 '或'의 의미로 풀이하면서 ≪삼국지(三國志)≫위지(魏志)[98])와 ≪수경주(水經注)≫[99])를 인용하였다. 또한 '容'에 대해 '可'의 의미로 풀이하면서는 ≪좌전≫[100])과 ≪안씨가훈(顔氏家訓)≫[101])을 인용하였다. 이처럼 여러 시기의 다양한 허사를 포함시키면서 이에 대한 풀이와 각각의 예문을 덧붙였다.

≪조자변략≫의 허사 설명에 있어 이전 연구와의 차별점은 예문을 근거로 하여 설명하고 있다는 점이다. 이는 해당 설명이 어떠한 근거를 통해서 나타났는지를 확인할 수 있고, 항목에 맞는 적절한

---

96) ≪경전석사≫의 편장 배열과 관련하여서는 제3장의 1.1. 참조할 것.

97) ≪경전석사≫의 개별 허사 개수는 258자이다.

98) ≪삼국지≫ 위지(魏志) 태조기(太祖紀) "9월 군대를 진격시켜 위수(渭水)를 건넜다.(九月進軍渡渭.)"에 대한 배송지(裴松之) 주: "조조의 군대가 8월에 동관(潼關)에 도착하여, 윤달에 북쪽으로 황하를 건넜다. 그렇다면 그 해 윤 8월이다. 이 때에 이르면 아마도 매우 추웠을 것이다.(公軍八月至潼關, 閏月北渡河. 則其年閏八月也. 至此容可大寒邪.)"(≪조자변략≫ 1권 '容' 항목)

99) ≪수경주≫ 하수(河水) "비록 오랜 세월로 명확하지 않고 그 당시 사정 또한 아득히 먼 일이지만, 드문드문 남겨진 글로 찾아볼 수는 있습니다.(雖千古茫昧, 理世玄遠, 遺文逸句, 容或可尋.)"(≪조자변략≫ 1권 '容' 항목)

100) ≪좌전≫ 소공(昭公) 원년 "선왕의 음악은 여러 일을 조절하기 위한 것입니다. 따라서 다섯 음색의 절주가 있어, 느리고 빠르고 근본과 말단이 서로 이어지다가 화음을 이룹니다. 다섯 음색이 화음을 이룬 이후에는 다시 연주하면 안 됩니다.(先王之樂, 所以節百事也. 故有五節, 遲速本末以相及, 中聲以降, 五降之後, 不容彈矣.)"(≪조자변략≫ 1권 '容' 항목)

101) ≪안씨가훈≫ 풍조(風操): "아버지가 살아 계실 때 사당을 부를 수 없지만, 아버지가 돌아가셨다고 어찌 바로 사당을 부를 수 있겠는가?(父在無容稱廟, 父歿何容輒呼.)"(≪조자변략≫ 1권 '容' 항목)

의미를 이해하는 데에 도움이 된다. 그렇지만 예문을 시기적으로 제한을 두지 않았기에 위진남북조(魏晉南北朝) 시기의 문장102)과 당대(唐代)의 시문(詩文)103) 등에서도 취한 것이 있다. 이러한 점은 ≪조자변략≫의 장점이 되기도 하고 단점이 되기도 한다. 장점으로는 중국어의 통시적인 변화의 측면을 일괄적으로 살펴볼 수 있다는 점이다. 단점으로는 이러한 변화를 통시적 차이를 고려하지 않고 동일한 부분에서 논의할 수 있는 것인가에 대한 것과, 결국 다른 의미를 가진 어휘를 같은 자형 안에 포괄하여 놓았기에 일괄적인 설명이 불가능한 것을 동시에 설명하고 있다는 점이다. 이는 동시에 추구할 수 없는 것이다. 그렇지만 이러한 점에도 불구하고 허사 연구의 종합적인 측면에서 ≪조자변략≫은 중요한 연구서이다.

지금까지 ≪경전석사≫ 이전의 허사 연구에 대해 살펴보았다. 이 허사 연구서들의 목적은 대부분 교육적인 측면이었다. 교육적 측면이라는 목적 하에서 허사에 대한 설명은 비논리적 정황 속에서 나타나는 것을 피할 수 없었다. 또한 언어 사용에 있어 시대구분에 대한 의식이 희박했다. 물론 허사 중에서도 전통적으로 계승하여 사용되었던 것들이 없다고 할 수는 없다. 그러나 과거의 허사와 현재의 그것을 동일선상에서 설명하고 있다는 점은 허사의 의미를 통시적인 관점에서 살펴볼 수 있기는 하지만, 정확한 용법에 대한

---

102) "≪세설신어≫ 배조(排調)에서 말하였다. (…) 속물이 또 와서 사람의 마음을 상하게 하는구먼.(世說 : (…) 俗物已復來敗人意.)"(≪조자변략≫ 3권 '已' 항목)

103) "또한 두보의 <견민봉정엄공이십운(遣悶奉呈嚴公二十韻)> 시에서 말하였다. '청포(青袍)의 벼슬 또한 공(公)에게서 나왔네. (青袍也自公.)' 이 때의 '也' 자는 '亦'과 같다."(又杜子美詩 : '青袍也自公.' 此也字, 猶亦也.)(≪조자변략≫ 3권 '也' 항목)

제시라 할 수는 없을 것이다. 그렇지만 이러한 점을 약점이라 하더라도 허사에 대해 전문적으로 다루면서 논의하고 있다는 점에서 선구적인 역할을 하고 있음은 부정할 수 없다.

그렇다면 이 책들에 대한 세간의 평가는 어떠했을까? 아쉽게도 평가에 대한 정보를 찾아보기는 쉽지 않다. 찾아보기 힘든 만큼 이들 저작이 세상에 알려지지 않았을 가능성이 있다. 저자에 대한 행적도 그리 명확하지 않은 점을 보았을 때, 그들의 연구서 또한 허사에 대한 선구적 연구임에도 불구하고 그리 적절한 대접을 받지 못하였음을 알 수 있다. 이러한 점을 살펴볼 수 있는 것으로 완원의 ≪경전석사≫ 서가 있다.

> 허사는 풀이가 어렵다. ≪안씨가훈(顔氏家訓)≫에는 음사편(音辭篇)
> 이 있긴 하지만, 옛날의 뜻풀이에서는 깨우쳐 주는 부분이 드물어,
> ≪이아≫와 ≪설문≫ 두 책에 기대어 옛 성현이 남긴 경전(經傳)의
> 사기(詞氣)를 풀이하는 것이 가장 옛날의 뜻에 가깝다.[104]

이러한 발언은 완원이 ≪경전석사≫가 뛰어나다는 것을 드러내기 위해 언급을 피한 부분일 수도 있다. 그렇지만 이 설명에서 ≪안씨가훈≫을 제외하고는 결국 ≪이아≫와 ≪설문≫으로 허사에 대한 쓰임을 확인할 수 있다고 한 점에서 본다면, 완원은 앞에서 제시한 ≪어조≫ 이하 허사 전문서적에 대해서 인지하지 못하였다고 추론할 수 있다. 또한 옛 뜻[古訓]이라는 관점에서 본다면 앞에서

---

104) "虛詞難釋, 顔氏家訓雖有音辭篇, 于古訓罕有發明, 賴爾雅說文二書, 解說古聖賢經傳
之詞氣最爲近古."(완원 ≪경전석사≫ 서)

제시한 저작들이 근거 제시 등에서 신뢰할 수 있는 내용을 전달하지 못하고 있다는 것도 또 하나의 원인이 되지 않을까 한다. 그러나 이는 완원의 발언이라는 결과에 의거하여 설명하는 것으로, 앞에서 제시한 이전의 자료들을 당시 학자들이 인지하지 못하여 언급할 수 없었을 가능성이 가장 크다.

다음 장에서는 이들과 구별되는 ≪경전석사≫의 인성구의적 특징에 대해 논의하도록 하겠다.

제3장

≪경전석사≫에 나타난 인성구의의 특징

　이전 부분에서 ≪경전석사≫가 나타나기 이전까지 중국에서 음과 의미의 관계에 대한 연구의 역사 및 허사 연구가 어떻게 이루어졌는지에 대해 고찰하였다. 이를 통해 ≪경전석사≫ 이전에 이미 음과 의미의 관계에 대한 논의나 허사의 기능을 탐구한 연구가 적지 않았음을 확인하였다.

　이 장에서는 과거에 논의되었던 음과 의미에 대한 탐구가 ≪경전석사≫에서 다루고 있는 허사에서 어떻게 구현되었는지를 논의하고자 한다. 이는 ≪경전석사≫가 허사의 의미 탐구라는 목적을 실현함에 있어 음을 기준으로 어떻게 반영하였는지를 검토하는 것으로, 이후 ≪경전석사≫가 갖는 장단점과 역사적 의의를 밝히는 데에 있어 중요한 논거로서 제시할 것이다.

　이 책에서는 이에 대한 논의를 세 가지 측면에서 진행할 것이다. 첫째는 인성구의로 대표되는 음과 의미에 대한 인식이 ≪경전석사≫의 편제상에서 어떻게 구현되었는지에 대해서이

다. 이는 편장 배열에 나타난 음과 의미의 관계, 표제어와 그 부속
자 사이에 나타나는 음과 의미와 관계라는 두 가지 측면으로 나누
어 다루고자 한다. 둘째는 논의 대상 허사의 확대이다. 이는 ≪경
전석사≫에서 이전에 허사로 인식하지 않았던 단어를 음에 초점을
맞추어 허사로 확장한 것에 대해 다루게 될 것이다. 셋째는 피훈석
어와 훈석어 사이에 나타나는 음과 의미의 관계에 대한 것이다. 이
부분에서는 왕인지가 직접 음성 관계를 설명한 경우와 설명하지
않은 경우의 두 가지로 나누어 설명하게 될 것이다.

1. ≪경전석사≫의 편제를 통해 본 인성구의

이 부분에서는 ≪경전석사≫ 10권 전체의 편제를 통해 인성구의
가 어떻게 구현되었는지를 살펴보고자 한다. 이는 두 가지 측면에
서 논의할 것이다. 첫째 ≪경전석사≫에 수록된 허사가 어떻게 편
장이 구분, 배열되어 있으며, 이를 통해 반영된 왕인지의 음에 대
한 인식과 인성구의가 갖는 특징을 살펴보는 것이다. 둘째 ≪경전
석사≫에 수록된 160개의 표제어와 그에 속한 '중문(重文)' 사이에
나타나는 음성 관계를 밝히고자 한다. ≪경전석사≫에는 전체 258
개의 허사가 160가지 항목으로 분류되어 수록되어 있다. 160가지
의 항목 중 가장 앞에 쓰인 허사를 표제어로, 그 뒤에 나란히 나열
한 나머지 허사는 '중문'이라는 개념으로 설정하여 설명하고자 한
다. 이때 표제어와 중문 사이에 어떤 음성 관계가 있는지를 살펴보

고 이를 통해 ≪경전석사≫에 나타난 인성구의가 갖는 특징을 논하고자 할 것이다.

1.1. 편장 배열에서 나타나는 음과 의미의 관계

≪경전석사≫는 총 10권으로 구성되었다. ≪경전석사≫ 체제상 특징적인 부분은 각 편목을 성모(聲母)에 맞추어서 배열하였다는 점이다. 즉 후두음(喉頭音)을 시작으로, 양순음(兩脣音)을 끝으로 하여 그 사이에 구강 구조상의 뒷부분에서 앞쪽으로 옮겨 가면서 배치하였다. 이와 같은 배치는 성모의 조음 위치에 의거하여 순차적으로 한 것이다.

王力는 ≪중국언어학사(中國言語學史)≫에서 ≪경전석사≫의 자모(字母) 배치와 관련하여 다음과 같이 설명하고 있다. "왕인지가 ≪경전석사≫에서, 비록 '성근의통(聲近義通)'을 명확하게 주장하지는 않았지만, 실제로는 여전히 이 원칙으로 일관하고 있다." 이는 ≪경전석사≫ 내에서 직접 '인성구의'를 언급하지 않았지만[1] 전체적으로 이를 실현하고 있으며, ≪경전석사≫ 전체 체제에서도 그러한 점이 나타난다고 본 것이다.

王力의 분석에 의하면, ≪경전석사≫의 허사 배치는 다음과 같다.

---

[1] '인성구의'를 직접적으로 언급한 곳은 ≪경의술문≫ 자서(自序)로, 그곳에서 왕념손의 말을 인용하여 "學者以聲求義"로 언급하였다.

〈표 1〉 王力의 분석에 의한 ≪경전석사≫ 허사 배치

권1·권2	권3·권4	권5	권6	권7	권8	권9	권10
影母· 喩母	影母· 喩母· 曉母· 匣母	見系	端系	來母· 日母	精系	照系	脣音系

    이를 이 책에서 사용하는 재구 체계와 연계하여 살펴보도록 하겠다. 喩母는 이 책에서 餘紐로 분석한 것이다.[2] 이렇게 볼 때 1, 2, 3권은 [餘·影·匣], 4권은 1~3권의 [餘·影·匣]에 [曉]가 추가되었고, 5권은 [羣·見·溪·疑], 6권은 [端·泥·定·透]와 [禪][3] 이 추가되었고, 7권은 [日·來], 8권은 [心·精·清·從], 9권은 [章·禪·船·書·生], 10권은 [幫·並·明] 등으로 이루어져 있음을 알 수 있다. 이는 王力의 개괄적인 설명과 크게 다르지 않지만 1, 2권에서 匣紐가 나타나지 않는다는 점 등은 다르다. 또한 이를 허사의 개수에 따른 분포 상황으로 살펴보면 다음과 같다.[4]

〈표 2〉 각 권에 해당하는 허사의 개수

1~4권	5권	6권	7권	8권	9권	10권
52(92)	23(40)	15(21)	9(11)	22(37)	25(37)	14(20)

---

2) 李珍華 等(1999 : 4), 王力(2004 : 66)에 의하면 중고시기의 喩四母를 상고의 餘母로, 중고시기의 喩三과 匣母를 병합하여 상고의 匣母로 설정하였다. 따라서 정확히 기술하자면 이 책에서는 일반적으로 喩四母로 인식하는 내용을 餘母로 설정한 재구 방식을 따랐다.
3) 儞의 중문인 '尚' 자가 해당한다. 일반적으로 禪紐에 해당하는 자는 ≪경전석사≫ 9권에 있다.
4) 여기서 괄호 밖의 수는 각 항목의 수를 나타내고, 괄호 안의 수는 중문을 포함한 허사의 수를 가리킨다.

　<표 2>는 [餘・影・匣・曉]에 해당하는 허사가 월등하게 많음을 나타낸다. 이를 통해 보면 [餘・影・匣・曉]라는 후음으로 발음하는 것이 허사로 자주 쓰이는 경향이 있다. 왕인지가 이러한 점을 의식하고 배열했다고 볼 근거는 없지만 이러한 체제의 적용이 이후 연구를 이끌어내는 단초가 되었다.

　王力의 설명을 당말 수온(守溫)이 제시한 36자모와 비교하면 권1・2의 [影母]・[喩母]와 권3・4의 [影母]・[喩母]・[曉母]・[匣母]는 후음(喉音), 권5의 [見系]는 아음(牙音), 권6의 [端系]는 설음(舌音), 권7의 [來母]・[日母]는 각각 반설, 반치음, 권8의 [精系]는 치두음, 권9의 [照系]는 정치음, 권10의 [脣音系]는 순음이다. 이를 구강구조와 비교했을 때 발음이 시작하는 성대와 가까운 순서대로 배열한 것이다. 오늘날의 국제 음성 기호표[IPA chart]는 이와는 정반대의 순서, 즉 순음(Bilabial)이 가장 왼쪽에 배치되어 있고, 가장 마지막이 후음(Glottal)으로 되어 있다.[5] 이와 같이 ≪경전석사≫의 배치에 있어 성모 체계라는 발음과 관련한 이해가 반영되어 있음을 알수 있다.

　이와 같은 성모에 근거한 배치는 성모에 대한 당시의 연구 성과가 반영된 것이라 할 수 있다. 과거 음운학 연구는 운모에 대한 지속적인 관심과 활발한 연구에 비해, 성모에 대해서는 그 연구가 미진했다. 운모는 근체시(近體詩) 작성 등에 직접적인 영향을 주었기에 수대(隋代)의 ≪절운(切韻)≫ 이후로 꾸준한 연구가 이어져 왔지만,

---

5) IPA Chart(2005) 참조.

성모의 연구는 실용적인 측면에서 그다지 도움이 되지 않았기 때문이다.

그러나 청대에 고음운(古音韻)에 대한 연구가 활발해지면서 이전에 산발적으로 나타난 성모에 대한 연구 성과를 체계적으로 수집 종합하여 이론으로 발전시킨 학자들이 나타났다.[6] 그 중 대표적인 학자가 전대흔(錢大昕)이다. 여타 학자들이 운모를 통해 고음을 추정할 때, 전대흔은 성모에서 나타나는 이전 학자들의 주장과 견해를 비교 분석하여 몇 가지 독특한 견해를 제시하였다.[7]

왕인지는 음운학적인 측면에서 전대흔의 영향을 많이 받은 것으로 보인다. 이는 ≪경전석사≫의 체제를 통해서 확인할 수 있다. 가령 10권의 순음계(唇音系)에 양순음 계열인 ‘末’, ‘蔑’, ‘比’, ‘薄’, ‘每’, ‘不’, ‘丕’와 순경음 계열인 ‘否’, ‘非’, ‘匪’, ‘無’, ‘毋’, ‘凣’, ‘忿’, ‘妄’, ‘罔’, ‘微’, ‘勿’, ‘夫’를 동일한 항목에 나열하고 있다. 또한 1권에서 4권까지의 항목에 포함되는 허사의 성부가 餘·影·匣·曉紐에 속하는데, 이들 사이의 관계는 쌍성으로 고대에는 동일하거나 유사한 음으로 나타나고 있음을 확인할 수 있다. 이러한 점은 앞에서 언급한 전대흔의 연구 성과가 바탕이 되어 나타난 것이다. 즉 ≪경전석사≫의 편장 배열은 단순한 검색의 용이함을 위해 나열한 것이 아니라 이전의 연구 성과를 반영하여 음성적 유사성과 의미적 통용까지 고려한 결과임을 알 수 있다.

≪경전석사≫의 편장 배열을 과거의 허사 연구서와 비교해보면

---

6) 이에 대한 개괄적인 상황에 대해서는 李葆嘉(1992) 참조.
7) 이에 대한 설명은 제2장 1.의 전대흔 항목을 참조할 것.

그 특징이 잘 드러난다. ≪경전석사≫ 이전에 허사에 대해 연구한 것으로는 이미 앞에서 살펴본 ≪어조≫, ≪허자설≫, ≪조자변략≫ 등이 있다. 이 중 ≪조자변략≫은 운(韻)을 기준으로 배열하였고, ≪어조≫, ≪허자설≫은 배치에 있어 특별한 원칙을 두지 않았다. ≪경전석사≫가 이들과 다른 점은 앞에서 살펴본 바대로 성모를 중심으로 배열하였다는 것이다. 성모나 운모 모두 발음을 위주로 한다는 것은 마찬가지이다. 그러나 운모는 전통적인 학자들에게 이미 익숙한 것이기는 하지만 분석의 대상이라는 점에서 보면 결합된 요소가 다양해서 항목을 세분화할 뿐 일정한 체계를 세워 설명하기가 쉽지 않다. 즉 운모에는 개음(介音)이 결합할 수도 있는 운두(韻頭)와 모음만으로 이루어지는 운복(韻腹), 자음이 결합할 수 있는 운미(韻尾), 그리고 운율적 요소인 성조까지 포함되기 때문에 기능과 의미 변화가 많은 허사간의 유사성을 살펴보는 데에는 적절하지 않은 면이 있다. 그에 비해 성모는 초성 자음을 나타내는 것이다. 이는 운모의 복잡한 요소가 포함되어 있는 상황에 비해 간단하고 그만큼 명확하다. 즉 운모를 통해 배치하였을 때에 드러나지 않는 허사의 음성상의 차이가 성모를 통해서는 명확하게 파악된다는 장점이 있고, 한 걸음 더 나아가 성모를 통해 허사 사이의 의미적 차이 또한 드러낼 수 있다.[8]

성모가 유사한 허사들을 분류하여 배치함으로써 나타나는 효과는 유사한 음성적 무리가 일정한 기능과 의미를 가지고 있다는, 즉

---

8) 이는 아래의 3.3 훈석 관계에서의 음과 의미의 관계에서 다시 설명할 것이다.

王力가 언급한 '성근의통(聲近義通)'의 현상을 확인할 수 있다는 것이다. 예를 들어 7권의 '若'과 '如'는 고음의 성모가 모두 日紐에 속하는 것이다. 이들이 동일한 기능과 의미를 지니고 있다는 점은 각 항목의 설명에서 확인할 수 있다.9) 또한 4권 말미에 나타나는 '於', '猗', '噫'·'意'·'懿'·'抑', '嘻'·'譆'·'唉'·'誒'·'熙', '吁' 등은 모두 감탄사[歎詞]로 형태는 다르지만 모두 감탄을 나타내는 동일한 기능으로 사용되고 있다. 그리고 10권에 있는 허사들은 '彼', '比', '薄', '每', '夫' 등 몇몇 자를 제외하고는 모두 부정의 의미를 나타내는 허사임을 알 수 있다. 이 때 '不'과 '無', '弗' 등이 동일한 의미를 지니고 있다는 점은 앞에서 언급한 전대흔의 '고무경순음(古無輕脣音)'에서 이 둘의 음을 가진 단어들이 의미상 차이가 나타나지 않고, 또한 '伏'과 '弗'이 고대에 모두 양순음으로 발음이 났다는 점 등의 성과와 동일한 맥락에서 나타난 것이라 할 수 있다. 이러한 점은 유사한 성모를 통해 유사한 의미를 포함하고 있음을 나타내는 것이다. 이외에도 같은 권에 속한 '能'과 '乃',10) '作'과 '徂'11) 등도 동일한 성모로 의미가 유사하게 나타나는 것들이다.

이처럼 왕인지는 ≪경전석사≫에서 허사의 배열을 성모를 기준으로 하는 것이 필요하다는 점을 인식하고 있었다. 이는 다르게 이

---

9) "廣雅曰, 如, 若也, 常語."(7권 '如' 항목), "考工記梓人注曰, 若, 如也, 常語."(7권 '若' 항목).

10) "能, 猶乃也, 亦聲相近也."(6권 '能' 항목).

11) "作, 猶及也, 作與徂聲相近, 故二者皆可訓爲及."(8권 '作' 항목), "徂, 猶及也, 互文耳."(8권 '徂' 항목)

야기하면 개별적으로 허사를 연구하면서 성모에 대한 일정한 유사
성을 발견하게 되고, 이를 통하여 성모를 기준으로 배치하였을 때
음성적 유사함을 통해 의미적 유사성이나 동일성이 나타날 것이라
고 예상한 점이 반영된 것이다. 이는 또한 허사에 있어 인성구의라
는 특성이 명확하게 드러난 것이라고 할 수 있다.

1.2. 표제어 사이에서의 음과 의미의 관계

≪경전석사≫는 총 160개 항목에 258개의 허사를 수록하고 있
다. 이는 한 항목에 허사가 두 개 이상 있을 수 있음을 의미한다.
이 책에서는 가장 앞에 쓰인 허사를 표제어라 부르고 나머지 허사
를 '중문(重文)'[12]이라 부르고자 한다. ≪경전석사≫에는 항목에 따
라 적게는 하나에서 많게는 다섯 개까지 중문이 쓰였다.[13]

그렇다면 중문은 음성이나 의미의 측면에서 표제어와는 어떠한
관계에 있는지 살펴볼 필요가 있다. 표제어로 나타난 허사는 경전
에서 이미 사용된 것으로, 모두 해당 경전에서 그 용례를 찾아볼
수 있다. 예를 들어 9권 '只' 항목에는 '旨', '咫', '軹'라는 중문이
포함되어 있다. 이들의 쓰임에 대해 ≪경전석사≫의 설명에 의거하
면 '只'는 ≪시≫에서 사용되었고,[14] '軹'는 ≪장자(莊子)≫[15]와 ≪초

---

12) 중문(重文)은 원래 ≪설문해자≫에 나오는 용어로, 표제어로 쓰인 글자 외에 본문
    가운데에 등장하는 다른 자형을 가리킨다. 이 책에서 사용하는 중문은 허사를 제시
    하는 항목에서 표제어와 나란히 등장하면서 표제어와 동일한 기능을 하는 다른 자
    형을 가리킨다. 중복되어 나타나는 글자라는 의미가 통한다고 필자는 보고 ≪설문
    해자≫에서 사용하는 용어를 원용하였다.
13) 그 현황은 아래의 <표 3>을 참조할 것.

사(楚辭)≫, '旨'는 ≪좌전(左傳)≫에서 인용한 ≪시≫,16) '怸'는 ≪국어(國語)≫17)와 ≪가자신서(賈子新書)≫18) 등에서 각각 사용되었다. 이들은 형태가 다르지만 모두 동일한 의미로 풀이하고 있기에 동일한 항목에 수록된 것이다.

　≪경전석사≫에서 사용되고 있는 중문이 출현하는 상황과, 상고음을 기준으로 표제어와 중문 사이의 음성 관계를 정리하면 다음 표와 같다.

---

14) ≪시≫ 패풍·연연(邶風·燕燕)의 "仲氏任只."(누이는 믿음직하다.), ≪시≫ 용풍·백주(鄘風·柏舟)의 "母也天只, 不諒人只."(어머니, 아버지. 사람을 믿지 못하시네.) 등을 가리킨다.

15) ≪장자≫ 대종사편(大宗師篇)의 "而奚來爲軹."(당신은 무슨 일로 오셨나?)를 가리킨다.

16) 양공(襄公) 11년, 24년 및 소공(昭公) 13년에서 ≪시≫ 주남·규목(周南·樛木) 및 소아·남산유대(小雅·南山有臺), 소아·채숙(小雅·采菽)에서 나란히 말한 "樂只君子."를 "樂旨君子."로 인용한 것을 가리킨다. 현재 판본에서는 "樂只君子"로 되어 있다. 李學勤(2000 : 1036)의 교감기에 따르면 "石經、宋本、岳本、纂圖本、監、毛本作『旨』."라 하였다. 이는 곧 '旨'로 된 판본이 있었고, 왕인지는 이러한 판본을 참조하여 설명한 것이다.

17) ≪국어≫ 진어(晉語)의 "文公學讀書於臼季三日曰, 吾不能行怸, 聞則多矣."(文公이 臼季[胥臣]에게 독서를 3일 동안 배우고 말하였다. '저 못하겠습니다. 들은 것은 많아졌습니다.'), ≪국어≫ 초어(楚語)의 "是知天怸, 安知民則."(그는 하늘만을 알지, 어찌 백성을 다스리는 법칙을 알겠는가?)를 가리킨다.

18) ≪가자신서≫ 회난편(淮難篇)의 "陛下於淮南王不可謂薄矣. 然而淮南王天子之法, 怸蹂躪而弗用也. 皇帝之令, 怸批傾而不行也."(폐하께서 회남왕에게 대하시는 것이 박하다고 할 수 없습니다. 그러나 회남왕은 천자의 법은 짓밟고 쓰지 않으며, 황제의 명령은 배척하고 실행하지 않습니다.), 같은 편의 "陛下無負也. 如是, 怸淮南王, 罪人之身也, 淮南王子, 罪人之子也."(폐하께서는 거스르지 마십시오. 이와 같이 회남왕은 죄인의 몸이고, 회남왕의 아들은 죄인의 아들입니다.), 같은 편의 "是立怸泣沾衿, 臥怸泣交項."(일어서서는 울어 옷깃을 적시고, 누워서는 울어 눈물이 목에서 만납니다.), 연어편(連語篇)의 "墻薄怸亟壞, 繒薄怸亟裂, 器薄怸亟毁, 酒薄怸亟酸."(담장이 얇으면 자주 무너지고, 비단이 얇으면 자주 찢어지고, 그릇이 얇으면 자주 망가지고, 술이 얇으면 자주 쉰다.) 등을 가리킨다. ≪가자신서≫는 줄여서 ≪신서(新書)≫라고도 한다.

〈표 3〉 ≪경전석사≫ 표제어와 중문 사이의 음성 관계

권	표제어	重文	음성 관계
1권	曰	以·已	同音
	猶	猷	同音
	由	猶·攸·猷	同音
	繇	由·猷	同音
2권	粤	越	同音
	吹{音聿}	聿·遹·曰	同音
	安	案·焉19)	同音
3권	惟	唯·維·雖	同音(雖：疊韻)
	云	員	同音
	抑	意·噫·億·懿	同音
	一	壹	同音
	伊	繄	同音
4권	惡{音烏}	烏	同音
	遐	瑕	同音
	曷	害	同音
	盍	蓋·闔	同音
	況	兄·皇	同音
	鄉{音向}	嚮	同音
	歟	與	同音
	噫	意·懿·抑	同音
	嘻	譆·唉·誒·熙	同音
5권	羌	慶20)	同音
	亝	儀·義	同音
	豈	幾	同音
	其{音記}	記·忌·已·亟	同音
	其{音姬}	期 居	同音
	詎	距·鉅·巨·渠·遽	同音
	固	故·顧	同音

19)20) 표제어에는 나타나지 않지만 본문에서 해당자에 대해 설명하고 있다. 따라서 이 책에서는 이를 중문으로 포함하고자 한다.

권	표제어	重文	음성 관계
6권	乃	迺	同音
	儻	黨·當·尙	同音(尙：疊韻)
	疇	詩·𥟑	同音
7권	尒{今作爾}	爾	同音
	聊	憀	同音
8권	雖	唯·惟	疊韻
	玆	滋	同音
	且	徂	疊韻
	朁{音慘}	憯·噆·慘	同音
	載	飢	同音
	則	卽	雙聲
	卽	則	雙聲
	嗞{音玆}	玆·子	同音
	誊{今作嗟}	嗟·瑳	同音
	呰{音紫}	訾	同音
9권	終	衆	同音
	者	諸	同音
	是	氏	疊韻
	寔	實	疊韻
	只	旨·咫·軹	雙聲
	啻	翅·適	同音(翅：雙聲)
	祇{音支}	多	同音
	尙	上	同音
	逝	噬	同音
10권	不	丕·否	疊韻
	無	毋·亡·忘·娒	同音

이는 전체 160 항목 중에서 54 항목에 해당하고, 허사 258개 중 151개에 해당한다. 이 책에서는 이와 같은 중문을 이체자(異體字)인 경우와 음성적으로 동일한 경우, 이렇게 나누어 판단하고자 한다.

이체자는 일반적으로 완전히 동일한 단어가 자형만을 달리하여 쓰이는 것을 말한다. 위의 도표 중 1권의 '㠯'와 '以'는 실상 동일한 자이기 때문에 이체자 관계에 있다고 할 수 있다. 7권의 '尒'와 '爾', 8권의 '奮'와 '嗟' 등도 마찬가지이다. 이는 비록 형태적으로는 차이가 나타나지만, 동일한 발음과 동일한 의미로 사용되고 있음을 알 수 있다.

음성적으로 동일하다는 것은 이체자와는 달리 둘 사이의 음가만 동일한 것을 가리킨다. 1권의 '㠯'의 경우 '以'는 앞에서 언급한 것처럼 이체자에 속하지만, '巳'는 '㠯'의 이체자라고 할 수 없다. 그렇지만 표제어와 중문으로 쓰인 것은 이들이 동일한 상황에서 동일한 의미로 사용되었기 때문이다.

특히 몇몇 자들은 통용하는 독음이 아니라 표제어로 사용하고 있는 자와 맞추어 변화 이전의 음으로 발음하기도 한다. 예를 들어 9권의 표제어 '祇' 뒤에 중문으로 출현한 '多' 등은 현재 통용하는 음이 아니라 음성적 변화가 일어나기 이전의 방식으로 발음하도록 되어 있다. ≪경전석사≫에서는 이에 대해 "옛 사람들은 '多'와 '祇'가 같은 음인 것으로 보았다."[20]라 하였고, "≪좌전≫ 정공(定公) 15년의 '存亡有命, 事楚何爲, 多取費焉.(존망에는 천명(天命)이 있는 것인데, 초(楚)를 섬겨서 무엇 하나? 단지 비용만 들 뿐이다.)'에서 多는 또한 祇로 읽는다."[21]라 설명하면서 '多'가 현재 통용하는 음이 아닌 변화하기 이전에 존재했다고 보는 음인 '祇' 음으로 읽고 있음을

---

20) "古人多祇同音."(9권 '祇' 항목)
21) "定十五年左傳, 存亡有命, 事楚何爲, 多取費焉, 多, 亦讀爲祇."(9권 '祇' 항목)

밝혔다.

　표제어의 구성과 관련하여 살펴보았을 때에는 대부분 동음 관계로 설명이 가능하다. 그렇지만 몇몇 자는 첩운 관계가 나타나고, 쌍성으로 설명이 가능한 것은 그보다 적다. 이는 대부분 동음 관계가 나타나면서 최소한 음이 유사한 관계로, 모두 음성적인 유사성을 통해 동일한 의미를 나타내고 있음을 알 수 있다. 이 중 첩운과 쌍성의 관계는 현재 적용한 재구 체계를 통해 파악되는 것으로, 다른 방식을 통해 본다면 이들 표제어와 중문 모두 동일한 음으로 보는 것일 수 있다.

　가령 상고음을 기준으로 첩운이라 분석되는 것으로는 다음 7가지 항목이 있다.

　　(1) 惟・唯・維・雖
　　(2) 儻・黨・當・尙
　　(3) 雖・惟・唯
　　(4) 且・徂
　　(5) 是・氏
　　(6) 寔・實
　　(7) 不・조・否

또한 쌍성으로 분석되는 것에는 다음 4가지가 있다.

　　(1) 則・卽
　　(2) 卽・則
　　(3) 只・旨・㐜・軹

(4) 啻·翅·適

이들 사이의 관계는 두 가지 관점을 통해서 살펴볼 수 있다. 첫째, 자(字)를 구성하고 있는 요소에 의해 동일한 발음으로 읽었을 가능성이 있다는 점이다. '唯'와 '雖'의 관계에 대해 왕인지는 ≪경전석사≫ 8권 '雖' 항목에서 다음과 같이 말하였다.

> ≪설문해자≫ 13권상 훼부(虫部) '雖' 자에서는 '唯'를 성부로 삼았다. 따라서 '雖'는 '唯'로 통하여 쓰기도 하고, '唯' 또한 '雖'로 통하여 쓰기도 한다.[22)]

이는 두 자의 구성요소 중에서 음성을 담당하는 '唯'가 동일함에서 근거한 것이다. 즉 '雖' 자가 만들어질 때의 해당음은 '唯'라는 자로 표기하였고, 이는 처음에는 이 두 글자가 음성적으로 동일하였을 것이라 추측할 수 있는 근거가 된다. 이러한 점은 '黨'·'當'과 '尚', '且'와 '徂', '不'과 '조'·'否', '只'와 '咫'·'軹', '啻'와 '適' 등의 허사 사이에도 마찬가지로 적용이 가능하다. 제시된 자들은 모두 동일한 음성을 나타내는 성분을 포함하고 있기 때문이다. 이러한 점은 현재 사용하고 있는 재구 체계에서는 반영하지 못하였지만, 음성적으로 유사한 형태로 나타난 허사들이 최초 작성될 때에는 동일한 음으로 읽었을 가능성이 있다고 할 수 있을 것이다.

둘째, 앞에서 논의한 사항을 이어받아 동일한 의미이면서 음이

---

22) "說文雖字以唯爲聲, 故雖可通作唯, 唯亦可通作雖."

유사한 허사들이, 동일한 의미로 쓰이는 한 모두 동일한 발음으로 읽었을 것이라는 점이다. 이는 발음과 의미가 밀접한 관련이 있으며 어떤 일정한 의미를 표현하는 것이 발음이라는 점에 기인한다. '惟'·'唯'·'維'와 '雖', '雖'와 '惟'·'唯'를 그 예라고 할 것이다. '惟', '唯', '維', '雖' 등 네 자는 모두 발어사나 '獨'이라는 의미를 나타내는 '唯'로 쓰이기도 하고 ≪경전석사≫에서 '詞兩設'[23)]이라는 용어로 설명되었던 '雖'라는 의미로 쓰이기도 한다. 이에 대해 왕념손은 ≪독서잡지≫ 한서(漢書) 8 '唯信亦爲大王弗如也' 항목에서 다음과 같이 말하였다.

> '唯'는 '雖'라는 뜻으로 읽어야 한다.(唯讀爲雖.)[24)]

이는 '唯'가 '雖'라는 의미를 가지고 있음을 나타내는 것이다. 그러나 이 사항만으로는 반드시 '唯'를 '雖'라는 음으로 읽어야 하는 근거는 될 수 없다. ≪경의술문≫ 25 춘추곡량전 '以爲唯未易災之餘而嘗可也志不敬也' 항목에서는 다음과 같이 설명하였다.

> 이는 모두 옛 서적에서 '唯'를 '雖'의 뜻으로 빌려 쓴 증거이다.(此皆古書借唯爲雖之證.)

---

23) '詞兩設'은 허사 중에서 두 가지 가설을 세우는 것을 나타낸다. 8권 '雖' 항목 참조.
24) 이강재(1995)에 의하면, '독위(讀爲)'는 원칙적으로 의미를 풀어주는 용어로, 발음을 설명해주는 용어인 '독약(讀若)'과 구별된다. 다만 이 두 가지 훈고용어는 후에 서로 혼용되어 쓰이는 경우도 적지 않았다고 한다. 이 책에는 이를 반영하여 '독위(讀爲)'를 '뜻으로 읽어야 한다.'고 번역하였다.

　≪경의술문≫의 해당 구절 앞에는 '唯'를 '雖'의 뜻으로 사용하고 있는 여러 예문들을 제시하였다. 이는 또한 ≪경전석사≫ 8권 '雖' 항목에서 볼 수 있다. 이 여러 예들은 모두 '唯'를 통해 '雖'라는 뜻을 나타내기 위한 것으로, 가차하여 '唯'로 쓰긴 하였지만, 본래 나타내고자 했던 '雖'라는 의미로 읽어야 함을 알 수 있다. 그렇다고 해서 또한 음을 그렇게 읽어야 하는지는 여전히 의문이다. 이러한 의문을 계속 제기하는 이유는 '唯'나 '雖'에 대해 정확히 어떠한 음으로 읽으라는 내용을 왕인지 등이 명시하지 않았기 때문이다. 이는 또한 음을 통해 의미를 추구하는 방법을 사용하면서 구체적인 음에 대한 정확한 값을 제시하지 않은 왕인지의 기술 방식에서 유래한 것이다. 실제로 현재 통용하는 사전에서도 '唯'에 대해 별도의 음을 제시하지 않고 '雖然'의 뜻이 있다고 하고 있다.25)

　앞선 두 가지 관점을 통해 유사성이 나타나는 자를 동일하게 읽지 않을까 하는 의문에 대한 답으로는 해당 허사가 만들어질 때에는 그렇게 했을 가능성이 있으나 언어 사용을 통해 고착화한 후에는 이미 그 음을 돌이킬 수는 없게 된 것이 아닌가 한다. 그렇지만 이를 통해서 알 수 있는 것은 허사의 의미를 파악함에 있어서 동일한 음성적 요소를 가진 자에서 그 근원을 찾아볼 수 있었다는 것이다. 이는 왕인지의 허사 연구에 있어 ≪경전석사≫에 나타난 음성적인 부분이 중요한 점이라는 것을 확인할 수 있는 부분이다.

　이와는 별도로 중문 관계에 있는 허사 중 재구 체계의 차이로 인

---

25) ≪한어대사전≫ 唯字 : "6. 雖然, 卽使." 이에 대해 별도의 음을 제시하지는 않았다.

해 동음관계가 나타나지 않는 것도 있다. '卽'과 '則'의 경우, 이 책에서 사용하는 재구 체계에서 '則'은 精紐職韻으로, '卽'은 精紐質韻으로 되어 있다. '卽'을 質韻으로 풀이하는 이유로는 '卽'이 성부로 사용되고 있는 '節'과 관련하여 설명하고자 하기 때문으로 보인다. 실제로 郭錫良(1986 : 37)에서는 節에 대해 卽과 동일한 精紐質韻으로 재구하고 있음을 알 수 있다. 그러나 이러한 점은 재구하고자하는 기준에 따라 달라질 수 있다. 鄭張尙芳(2003 : 361)에서는 '卽'에 대해 職韻으로 풀이하고 있다. 따라서 鄭張尙芳의 의견을 기반으로 한다면 '則'과 '卽'은 동음 관계로 볼 수 있다. 따라서 앞에서 언급하고 있는 내용들도 재구 체계를 검토해 본다면 다른 결론으로 나타날 수 있는 것이고 이는 그러한 예 중 하나이다.

위의 내용을 보았을 때 편제에서 함께 나열한 중문은 음성적으로 동일함 혹은 유사함에 의해 동일한 허사 의미 범주 내에 있는 것으로 파악된다. 비록 형태는 다르지만 음성적 환경이 동일 또는 유사하다는 점 때문에 동일한 허사 범주로 포함될 수 있었던 것이다.

2. 논의 대상 허사의 확대

≪경전석사≫ 10권에 수록된 총 160개 항목의 258개 허사 중에는 허사로 자주 사용되는 것 외에 일반적으로 허사라 파악하기 쉽지 않은 '案', '員', '洪', '遐', '終', '逝', '誕', '迪', '疇' 등도 있다. 이들은 이미 실사로 익숙하기 때문에 허사로 쓰인다는 점에 대해

어색하게 생각하는 것이기도 하다. 이러한 몇 가지 허사는 왕인지가 《경전석사》에서 허사의 범주에 포함시켜 논한 이후로 본격적으로 허사의 용법으로 논의되었기 때문에 왕인지가 논의 대상이 되는 허사의 범주를 확대시킨 예에 속한다고 할 수 있다.

이 책은 이를 두 가지로 나누어 논의하고자 한다. 첫째는 새롭게 허사로 인식한 경우이다. 이는 허사가 아무런 특정 의미를 갖지 않은 채 단지 발화를 위해 쓰인 것이 포함된다. 둘째는 이미 허사로 알려진 것에 그동안 논의되지 않았던 새로운 허사의 기능을 추가하여 설명한 경우이다. 이 책은 이러한 논의 대상 허사를 확대한 것이 모두 왕인지가 음과 의미의 관계에 중점을 두고 파악한 결과로 얻어낸 것이라는 점에서 논의하게 될 것이다.

2.1. 새롭게 인식한 허사

왕인지 이전 다른 학자들이 허사라고 인식하지 않았던 몇 가지 단어에 대해 왕인지가 새롭게 허사로 편입시킨 것이 있다. 이는 의미적인 측면에서나 음성적인 측면에서 모두 중요하지만, 특히 음성적인 면에 중점을 두고 살펴볼 때 《경전석사》에서 두드러지게 나타난다. 이는 해당 한자가 형태적으로 나타내는 의미와 관련 없이 음성간의 관계를 이용한 것이 많기 때문이다. 이에 대해 《경전석사》에서는 '발성(發聲)', '어조(語助)' 등의 표현으로 설명하고 있다. 이 책에서는 이 중 발성에 대해 살펴보면서,[26] 이에 대한 왕인지의 관점과 그것의 타당성 여부 등을 논의하도록 하겠다.

　발성은 말을 시작함에 있어 이후 나올 말들을 이끌어내는 것을 가리키는 것으로, ≪한어대사전≫에 의하면 소리가 나타나는 것을 가리킨다.27) 발성의 대표적 예로 ≪경전석사≫에서 제시하고 있는 것으로는 1권의 '於'를 들 수 있다. ≪좌전≫ 정공(定公) 5년 경(經)의 "於越入吳."(월(越)이 오(吳)에 침입했다)에 대해 두예(杜預)의 주에서는 "於, 發聲"(於는 발성이다.)이라고 하였다. 이에 대해 공영달(孔穎達)의 ≪좌전정의(左傳正義)≫에서는 "夷言有此發聲.(이민족의 말 중에서 이러한 발성이 있다.)"라고 하였다. 이는 "越入吳."를 말하기에 앞서 '於'로 말을 시작한 것임을 나타낸 것이다.

　이는 감탄사인 '탄사(歎詞)'와는 다르다. 감탄사로는 앞에서 설명한 발성을 나타내는 '於'와 형태는 동일하지만 오(烏)로 발음하는 '於'가 그 대표적인 예이다. 이는 '於乎', '於戲', '烏呼'라고도 하는 것으로, 모두 동일하게 감탄을 나타내고 있다. 이와 같이 감탄사는 그 자체로 완성된 내용을 나타낼 수 있다. 반면 발성은 문장에 사용되지만 어떠한 의미도 포함하고 있지 않다. 단지 문장 혹은 단어 앞에서 말이 시작되고 있음을 나타낼 뿐이다.28) 이전의 훈고학자들은 이러한 점을 간과하였다. 따라서 해당자가 가지고 있는 의미로 해석하고자 하였다.

---

26) 발성은 음성을 기반으로 하여 나타나는 것이고, 어조는 비록 내용이 나타나지는 않지만 문장 내에서의 의미에 일정하게 기여하는 측면이 있다. 따라서 이 책에서는 발성을 분석 대상으로 하고자 한다.

27) ≪한어대사전≫【發聲】1. 소리가 나타나는 것이다. 또한 나타나는 하나의 소리를 가리킨다.(發出聲響. 也指發出一聲.)

28) 따라서 발성이 문장 내에 존재했을 때 나타나는 효과로는 여러 문장이 이어져 있을 때 이를 통해 구두의 위치를 파악할 수 있다는 것이다.

≪경전석사≫에서 발성의 기능을 포함하고 있는 것으로 다음과 같은 것을 들 수 있다.

〈표 5〉 ≪경전석사≫에서 발성으로 설명되는 허사

1권	3권	5권	6권	7권	8권	9권	10권
允, 於	惟·唯·維·雖, 云·員, 抑·意·噫·億·懿, 洪	皋	乃·迺, 誕, 迪, 疇·寋·畢	若	思, 且·徂, 嗞·孳·子, 眷·嗟·嵯	誰, 爽, 逝·噬, 式	末, 薄, 無·毋·亡·忘·妄, 夫

이 중에서 ≪경전석사≫에서 다른 의미에 대한 설명은 없이 단지 '發聲'으로만 제시한 것으로는 '洪', '皋' 두 자가 있다. 이 중에서 '皋'는 ≪의례(儀禮)≫ 사상례(士喪禮)의 "皋, 某復!"(아, 아무개, 돌아가시오!)에 대해 정현 주에서 "皋, 長聲也"('皋'는 길게 말하는 소리[長聲]이다.)라 말한 바와 같이, 이미 훈고 상에서 허사로 인지하고 있음을 알 수 있다. 따라서 이 책에서는 '洪'에 대해 살펴보는 것으로 기존에 허사로 보지 못한 내용에 대해 발성으로 살펴보고 있는 상황을 논의하도록 할 것이다.

'洪'에 대해 기존의 훈고에서는 '크다'의 뜻으로 나타냈다. 이러한 풀이는 ≪이아≫ 석고(釋詁)의 "洪, 大也."[29]와 관련이 있다. 이러한 점 때문에 '홍수(洪水)'는 '대수(大水)'와 통용된다. 이는 '洪'이 '大'의 의미로 사용되는 것이다.

---

29) "弘·廓·宏·溥·介·純·夏·幠·厖·墳·嘏·丕·弈·'洪'·誕·戎·駿·假·京·碩·濯·訏·宇·穹·王·路·淫·甫·景·廢·壯·冢·簡·箌·昄·晊·將·業·席, 大也."(≪이아≫ 석고) 참고로 이는 ≪이아≫에서 피훈석어가 가장 많이 등장하는 것으로, 모두 38개이다. '洪'은 그 중 14번째로 '弈'과 '誕' 사이에 있다.

≪경전석사≫에서는 '洪'이 발성으로 쓰인 예로 다음 문장을 제시하고 있다.

洪惟圖天之命.(≪서≫ 다방(多方))

이 구절에 대한 전통적인 설명을 살펴보면, 먼저 위공전(僞孔傳)에서는 "大惟爲王謀天之命"(크게 왕을 위하여 하늘의 명령을 도모하였다.)이라고 하여 '洪'을 여전히 크다는 '大'로 풀이하였다. 이러한 풀이방식은 채침(蔡沈)의 ≪서집전(書集傳)≫에도 그대로 적용되어, "言商奄大惟私意圖謀天命"(商奄에서 크게 사사로운 뜻으로 천명을 도모함을 말한 것이다.)라고 하였는데, 이는 '洪'을 '大'로 풀이하는 것이기 때문에 과거 한대(漢代)로부터 이어진 해석방식이 송대에 이르기까지 별다른 의심 없이 받아들여진 것임을 알 수 있다.

그렇지만 왕인지는 과거의 해석방식에 대해 의문을 갖고 다른 풀이방식을 찾고자 하였다. 그는 해당 문장 내에서의 '洪'을 '大'로 풀이하더라도 문장의 의미가 크게 변하지 않는 것에서 '洪'이 별다른 의미를 갖지 않는 것이 아닐까 의심한 이후, '洪'을 문장 앞에서 쓰이는 발성으로 파악하여 다음과 같은 설명을 더하였다.

경을 풀이하는 자들은 모두 크다[大]로 뜻풀이하였다. 잘못된 것이다.(解者皆訓爲大, 失之.)(3권 '洪' 항목)

이는 '洪'에 대해 크다는 뜻의 '大'라는 실사 의미로 보는 것이 잘못이라는 설명이다. 이 해석방식을 받아들여 현대에 간행된 사전에서는 앞서 보았던 "洪惟圖天之命."에 쓰인 '洪惟'를 하나의 발성을 나타내는 단어로 분류하고 있다.30) 이러한 관점은 왕인지의 분석에서 출발한 것이기 때문에 결과적으로 왕인지의 관점이 반영된 것이라 볼 수 있다.

이와 유사한 예로 ≪경전석사≫에서 주목할 만한 것으로 9권 '逝'가 있다. '逝' 또한 역대로 '가다'라는 의미를 갖는 실사로 간주하였다. ≪모시≫ 패풍·일월(邶風·日月)의 "乃如之人兮, 逝不古處"(그 사람은 옛날처럼 만나주지 않네요.)에 대해 모전에서는 "逝, 逮也.(逝는 逮[따라가다, 함께 하다]라는 뜻이다.)"로 풀이하였다.31) 또한 공영달의 소(疏)에서는 이에 대해 ≪이아≫ 석언(釋言)의 "逮, 及也."라는 설명에서 출발하여 정현의 전에서 풀고 있는 "其所以接及我者."(그가 나와 함께 하는 것은)라는 설명의 근거가 될 수 있다고 보았다. 결국 모전에서는 '逝'를 '逮'의 뜻으로 풀었고 이에 대해 정전에서도 그대로 받아들여 실사로 인식하고 있음을 알 수 있다.

이처럼 '逝'를 실사로 풀이하는 것은 고전(古典)에서 광범위하게 볼 수 있다. 가령 ≪시≫ 위풍·석서(魏風·碩鼠)의 "逝將去女, 適彼樂土."(이제 너를 떠나, 저 즐거운 땅으로 가련다.)에 대해 정전에서는 "逝, 往也."라 풀이하였는데, 이 역시 ≪이아≫ 석고(釋詁)의 "逝, 往也."32)와 관련이 있다. 또 ≪시≫ 당풍·유체지두(唐風·有杕之杜)의

---

30) ≪한어대사전≫ '洪惟' 항목 참조. "【洪惟】 어조사이다. 문장의 앞에 사용된다."(語助詞. 用于句首.)

31) 모전의 주석에 대해 공영달의 疏에서는 이 문장이 ≪이아≫ 석언에 나온 문장이라고 한다. 그러나 통행본의 ≪이아≫에는 "遏·遄, 逮也."로 쓰여 있어 모전과 다르다. 그런데 ≪이아석문(爾雅釋文)≫에 의하면 '遄'에 대해 발음이 '誓'라 한 것을 참고한다면, 공영달 소의 설명은 아마도 이를 가리키는 것인 듯하다.

"彼君子兮, 噬肯適我"(저 君子가 내게 오셨으면!)에서는 '噬'에 대해 모전에서 "噬, 逮也."로 풀이하였는데, 이 때 '噬'가 ≪경전석문≫에서 한시(韓詩)에는 '逝'로 쓰여 있다고 한 설명에 근거하면,33) 곧 '噬'와 '逝'가 동일한 단어이며 실사로 인식하고 있었다고 볼 수 있다. 이처럼 정전과 모전의 설명을 통해 '逝'와 '噬'로 표시된 부분을 모두 실사로 풀이하고 있음을 알 수 있다. ≪시≫ 대아·상유(大雅·桑柔)의 "誰能執熱, 逝不以濯"(누가 뜨거운 것을 집어서 씻지 않겠는가?)에 대해 정전에서는 "逝, 去也."로 풀이하였다. 이 또한 위의 내용과 동일하게 '逝'에 대해 실사로 풀이한 것이다.

이들은 모두 '逝'를 '나아가다, 가다' 등의 실제 의미가 있는 어휘인 실사로 풀고 있지만, 시(詩)에서 사용된 말이라는 점을 감안하더라도 문법적으로 볼 때 실사로 쓰이고 있는 '逝' 이외에도 각각의 문장 내에 다른 서술어가 있다는 점에서 분석의 타당성에 회의적인 시각을 갖게 된다. 이 때문에 왕인지는 다음과 같은 설명을 하고 있다.

> 전(傳)과 전(箋)에서는 '逮', '往', '去' 등으로 풀이하였는데, 모두 뜻이 자연스럽지 못하다.34)

이는 '逝'를 실사로 해석한 과거의 풀이가 모두 적절하지 못하다고 생각한 것이다. 실상 제시된 예문들은 모두 주요 서술어가 별도

---

32) ≪이아≫ 석고의 원 문장은 "如·適·之·嫁·徂·逝, 往也."이다.
33) "噬, 市世反, 韓詩作逝."(≪경전석문≫ 모시)
34) "傳箋或訓爲逮, 或訓爲往, 或訓爲去, 皆於義未安."(9권 '逝' 항목)

로 있으므로 여기에 사용된 '逝'는 모두 본문의 의미에 직접적으로
영향을 주지 못한다. 이러한 문맥상 나타나는 본문의 의미에 근거
하여 ≪경전석사≫에서는 '逝'를 발성으로 보았다. 이 경우 '逝'는
모두 문장의 맨 앞에 나타난다는 공통점을 갖고 있다.

이처럼 ≪경전석사≫에서는 실사의 의미를 갖고 있다고 인식해
오던 몇몇 단어에 대해 의문을 제기하고 이를 '발성' 등 음성을 나
타내는 특징을 갖는 허사로 분석한 것이다. 이러한 과정에서 왕인
지는 이전에 허사로 인식하지 못한 것을 허사로 풀이하였다. 이것
이 바로 왕인지 허사 연구의 특징임과 동시에 성과이기도 하다.

한편 앞서 분석한 기능적인 면과 음과 의미의 관계라는 두 가지
내용이 복합적으로 나타나는 허사로 1권의 '允'을 들 수 있다. '允'
에 대해서는 전통적인 해석으로는 '信'이라는 뜻으로 풀이하는 설
명이 유력하였다. ≪서≫ 요전(堯典)의 "允釐百工."에 대해 전(傳)에
서는 "允, 信也."(允은 信이라는 뜻이다.)라 하였다. 이에 대해 왕인지
는 왕념손의 "문장의 뜻이 자연스럽지 못하다.(於文義未安.)"고 하는
내용을 인용하면서 '信'으로의 분석을 잘못된 것으로 보았다.35) 왕
인지는 '允'에 대해 '以'와 동일한 허사와 발어사(發語詞)로 분석하
였다.36) 그리고 이때의 '允'을 '以'로 보고 "以釐百工."(百官을 다스림
으로써)로 해석하였다. 이를 통하여 이전 학자들이 잘못 분석한 점
을 다음과 같이 지적하고 있다.

---

35) 이에 대한 자세한 설명은 ≪경전석사≫ 1권 '允' 항목 참조
36) '允'과 '以'는 쌍성이라는 음성 관계가 나타난다.

여기서의 '允'은 허사[語詞]이다. 후대 사람들은 단지 '允'이 '信'
의 뜻이라는 것만 알았지 그것이 또한 허사가 되는 것을 알지 못하
였다. 따라서 뜻풀이가 대부분 자연스럽지 않았다. 《사기》 오제본
기(五帝本紀)와 하본기(夏本紀)에서 "允釐百工" (…) 등도 또한 모두
'信' 자로 대체하였으니, 옛 뜻이 전해지는 것을 잃어버린 지 오래
되었다.37)

　　《경전석사》에서는 '允'을 발어사로 분석한 또 다른 예가 있다.
《시》 주송·시매(周頌·時邁)의 "允王維后(임금께서는 대단한 왕이시
네.)"에 대해 정현의 전에서는 "允, 信也('允'은 '信'의 뜻이다.)"로 풀
이하였다. 이에 대해 왕인지는 잘못된 분석으로 보고38) 이를 발어
사로 보아 별다른 의미를 가지지 않는다고 주장하였다.

　　이들은 모두 그 자신이 허사로서 사용되기보다는 실사로 자주
사용되었기 때문에 허사로서 설명하기 쉽지 않다는 특징을 지닌다.
특히 이전 학자들에 있어서 실사로 파악되어 그로 인해 문맥에서
나타나는 모순점을 극복하지 못하였다. 따라서 이들을 허사로 판정
하는 데에 있어 《경전석사》의 설명은 중요한 역할을 하게 된다.

2.2. 허사 의미의 확장

　　《경전석사》에는 허사가 가지고 있던 일반적으로 널리 알려진

---

37) "是允爲語詞也, 後人但知允之爲信, 而不知其又爲語詞, 故訓釋多有未安, 史記五帝本紀
　　夏本紀, 於允釐百工, (…) 亦皆以信字代之, 蓋古義之失其傳久矣."(1권 '允' 항목)
38) "전(箋)에서는 모두 '允'을 '信'으로 뜻풀이하였다. 잘못된 것이다.(箋皆訓允爲信, 失
　　之.)"(1권 '允' 항목)

기능에 더하여 다른 기능을 추가적으로 설명하고 있는 부분이 있다. 이에 해당하는 대표적인 예로서 '或'을 보도록 하자.

먼저 왕인지는 '或'의 상용용법[39]을 다음과 같이 설명하였다.

> (1) 《역》 건괘(乾卦)의 문언전(文言傳)에서 말하였다. "'或'한다는 것은 그것을 의심하는 것이다.(或之者, 疑之也.)"
>
> (2) 《관자(管子)》의 백심편(白心篇)에서 말하였다. "일반적으로 '或'이라는 것은 무엇인가? 그러한 것 같다는 것이다.(夫或者何, 若然者也.)"
>
> (3) 《묵자(墨子)》의 소취편(小取篇)에서 말하였다. "'或'이라는 것은 모두 그러한 것은 아니라는 것이다.(或也者, 不盡然也.[40])"

왕인지의 설명에 의하면, '或'은 일반적으로 '의심하다', '그러한 듯하다', '모두 그러한 것은 아니다.'라는 뜻을 갖고 있다. 이는 우리가 고문헌(古文獻)을 해독하고자 할 때 쉽게 생각할 수 있는 의미이다. 왕인지는 여기에 더해 '或' 자가 '有'라는 뜻을 가진 경우와 '又'라는 뜻을 가진 경우를 더 설정하고 아울러 단순히 어조사로 쓰인 것도 있다고 주장하였다.

그런데 왕인지가 '有'와 '又'의 의미를 갖는다고 설명하는 방식을 보면, 소리에 주목하여 뜻을 유추하고 있다는 특징을 볼 수 있다. '或'이 '有'의 의미를 갖고 있는 것은, 왕인지 이전에도 이미 언급된 것이다. 《경전석사》에서도 《예기(禮記)》 제의편(祭義篇)의 "庶或饗之.(바치고자 한다.)"에 대한 정현의 주, 그리고 《맹자(孟子)》

---

39) 여기서 말한 '상용용법'이란 왕인지가 '상어(常語)'라는 술어로 설명한 것을 가리킨다.
40) 전자판 사고전서본 《묵자》에서는 '然'자가 빠져 있다.

공손추편(公孫丑篇)의 "夫既或治之.(이미 그 일을 처리한 사람이 있다.)"에 대한 조기(趙岐)의 주, 그리고 ≪광아(廣雅)≫ 석고(釋詁) 등에서 이미 "或, 有也(或은 有의 뜻이다.)"라고 설명한 것을 제시하여 이미 '或'을 '有', '又'라는 뜻으로 풀이하고 있다는 점을 밝혔다. 그러나 왕인지는 이와 같은 과거의 훈고를 제시한 것에 더하여 '或'이 '有'로 쓰인 것은 음과 밀접한 관련이 있다고 보았다. 즉 왕인지는 이 점에 대해 고염무(顧炎武)의 ≪당운정(唐韻正)≫에서 제시한 설명을 논리전개의 출발점으로 삼고 있다.

> '或' 자는 옛날에 '域'처럼 읽었다. '有' 자는 옛날에 '以'처럼 읽었다. [이에 대한 설명은 ≪당운정≫을 볼 것.41)] 이 두 소리는 서로 비슷하다. 따라서 정현이 ≪논어≫에 대한 注를 하면서 "或이라는 말은 有를 뜻한다.(或之言有也.)"라고 한 것이다. 소리와 뜻이 서로 통하므로 자(字) 또한 서로 통한다.42)

위에서 보듯이 왕인지는 '或', '域', '有', '以' 사이의 발음에 주의를 기울였다. 그는 이에 추가하여, ≪시≫ 상송·현조(商頌·玄鳥)의 "正域彼四方.(사방을 오랫동안 다스리셨네.)"라는 구절에 대한 모전에서 "域, 有也.(域은 有의 뜻이다.)"라고 한 설명과 ≪시≫에서 같은 편의 "奄有九有.(九州를 다 가지셨네.)"의 '九有'를 ≪한시(韓詩)≫에서는 '九域'으로 되어 있는 것을 그 예로 들었다. 이를 통해 '域'은 '有'와 소리와 뜻이 통하고, 또 '域'이 '或'과 소리와 뜻이 통하므로

---

41) ≪당운정≫ 10권의 상성(上聲) 44 '有' 항목을 참고할 것.
42) "蓋或字古讀若域, 有字古讀若以[說見唐韻正], 二聲相近, 故曰, 或之言有也, 聲義相通, 則字亦相通."(3권 '或' 항목)

결국 '或'은 '有'와 통한다는 설명을 도출해낸 것이다. 왕인지 스스로 이들의 상고음을 재구하여 구체적으로 명시하지 않았지만, 현대에 재구한 음운 체계에 근거할 때 이 설명은 소리에 근거한 설명이라고 할 수 있다. 李珍華 等(1999)에 의하면 '或'과 '域'의 상고음은 匣紐職韻으로 동일하며, '有'의 상고음은 匣紐之韻이고, '以'의 상고음은 餘紐之韻이다. 따라서 '或'과 '有'는 쌍성의 관계가 있으므로 왕인지가 중시한 음성적 특성에 근거할 때 '或'에는 '有'라는 의미가 있다는 설명이 가능하다.

또 왕인지는 이어서 '或'과 '又' 사이에 나타나는 음성적 유사성을 다음과 같이 설명하였다.

> '或'은 옛날에는 '域'처럼 읽었다. 또한 옛날에는 '異'처럼 읽었다. [이에 대한 설명은 ≪당운정≫을 볼 것.43)] 두 소리가 서로 비슷하다. 따라서 의미 또한 서로 통하고 자(字) 또한 서로 통한다. '或'이 '又'와 통하여 쓰이는 것은 '或'이 '有'와 통하여 쓰이는 것과 같다.44)

'有'와 '又'가 동일한 음과 의미로 쓰인다는 것은 이미 잘 알려진 사실이다. 그런데 왕인지는 이를 앞에서 설명한 '或'과 '有' 사이에 나타나는 소리와 의미의 연관성에 더하여, 다시 '或'과 '又' 역시 음성적 유사성으로 인하여 동일한 의미로 쓰일 수 있음을 설명한다. 왕인지는 또한 ≪시≫ 소아・빈지초연(小雅・賓之初筵)의 "既立之

---

43) ≪당운정≫ 13권 거성(去聲) 49 '宥', '又' 항목을 참고할 것
44) "或古讀若域, 又古讀若異[說見唐韻正], 二聲相近, 故義相通而字亦相通, 或之通作又, 猶或之通作有矣."(3권 '或' 항목)

監, 或佐之史.(이미 감시자를 세우고 기록자 두어 그를 돕게 하였으니)"45)
에 대해 모전에서 "又助以史"라고 설명하여 '或'과 '又'가 호용된
예를 들고 있다. 앞서 '或'과 '有'가 쌍성관계로서 서로 통할 수 있
음을 말했는데, '又'의 상고음 또한 '有'와 마찬가지로 匣紐之韻이
다. 따라서 왕인지의 입장에 의거할 때 음성적으로 '或'과 '又'가
관련을 맺고 있어, 동일한 의미로 사용하고 있다는 결론을 내리고
있다. 이처럼 왕인지는 '或'의 의미를 풀이하는 데에 있어 음성적
으로 유사하다는 점을 근거로 삼고 있음을 확인할 수 있다.

또한 왕인지가 시도한 '논의 대상 허사의 확대'에는 기능적 측면
에서 확장하고 있는 것도 포함되어 있음을 발견할 수 있다. ≪경전
석사≫ 4권에서는 '號'를 '何'의 뜻으로 풀이하면서, 그 근거로
≪순자(荀子)≫ 애공편(哀公篇)의 "孔子蹴然曰, 君號然也."(공자가 안색
을 바꾸면서 말하였다. '임금께서는 어째서 그러하다 생각하십니까?')에서
"君號然也."로 되어 있는 것이 ≪공자가어(孔子家語)≫ 호생편(好生篇)
에서는 "君胡然焉."으로 되어 있다는 점을 제시하였다. 이는 '號'가
'胡'로 쓰인 예를 든 것이다. 이에 대해 왕인지는 다음과 같은 설명
을 추가하였다.

    '何', '胡', '奚', '遐', '侯', '號', '曷', '盍' 등은 일성지전(一聲之轉)
    이다.46)

이는 '何', '胡', '奚', '遐', '侯', '號', '曷', '盍' 등으로 나열된

---

45) 번역은 김학주(1971 : 379) 참조.
46) "何也, 胡也, 奚也, 遐也, 侯也, 號也, 曷也, 盍也, 一聲之轉也."(4권 '號' 항목)

허사가 모두 동일한 음성적 요소를 가지고 있으면서 동일한 의미
로 해석됨47)을 나타낸 것이다. 즉 '號' 등에 대해 이전에 인식하고
있던 '부르다'라는 의미와는 다른 허사로서의 쓰임을 밝힌 것이다.
이와 같이 왕인지는 허사에 대해 기능면에서 확장함에 있어서도
음성적인 측면을 고려하였다. 이는 왕인지가 허사를 연구함에 있어
본래 알려진 의미만 생각하기 쉬운 점을 벗어나 새로운 해석을 할
수 있었던 연구 방식의 중요한 특징이라 할 수 있다.

지금까지 언어에서 음성에 중점을 둔 허사에 대해 기능면에서
확장시킨 것과 허사 사이에서 음성간 비교를 통해 허사로 설명한
것에 대해 살펴보았다. 왕인지는 앞에서 설명한 분석을 근거로 기
존에 허사로 취급하지 못했던 어휘를 허사에 포함시켰고, 이로 인
해 ≪경전석사≫의 허사 범주를 확대시키면서 이에 대한 새로운
해석에 영향을 미쳤다. 이는 왕인지가 허사 연구에 있어서 공헌한
점이다.

3. 훈석 관계에서의 음과 의미의 관계

이 부분에서는 표제어로 나타나는 피훈석어와 본문 상에서 설명
을 담당하고 있는 훈석어 사이에서 음과 의미의 관계가 어떠한 방
식으로 작용하는지를 비교, 분석하고자 한다. 소리에 근거하여 의

---

47) 일성지전에 대해서는 아래 3.1.1.의 일성지전에 대한 설명을 참조할 것.

미를 탐구한다는 '인성구의'는 왕인지의 학문적 성과에 있어서 중요한 점이다. 그가 ≪경전석사≫에서 허사에 대해 구체적으로 풀이하는 과정에서 어떤 단어를 선택했는지, 그리고 그 선택한 단어와 원래의 단어 사이에는 어떤 음성 관계를 갖는지를 파악하는 것은 ≪경전석사≫에 나타난 '인성구의'에 대한 특징을 파악하는 데에 있어 중요한 접근 방식이다. 이 책에서는 이에 대하여 왕인지가 구체적으로 음성 관계를 설명한 것과 설명하지는 않았지만 음성적 유사함이 드러나는 것으로 나누어 살펴보고자 한다.

3.1. 왕인지가 음성 관계를 설명한 경우

음성 관계에 대해 왕인지가 직접 설명한 것은 ≪경전석사≫ 전체 훈석 관계 552 항목 중에서 54 항목이다. 여기서는 이 중 왕인지가 ≪경전석사≫에서 음성 관계로 설명한 술어와 해당 어휘를 분석하여 그 술어가 함의하고 있는 것이 무엇인지를 기존 연구에서 제시한 상고음 체계를 통해 파악할 것이다. 아울러 술어상의 유사점과 차이점을 밝혀 음성 관계에 대한 설명이 올바른지를 논의해 보고자 한다.

3.1.1. 일성지전

≪경전석사≫에서 일성지전은 음성 관계에서 가장 자주 사용된 용어이다.[48] 왕인지가 피훈석어와 훈석어 사이에 일성지전이라는 관계에 있다고 명시한 것으로는 23개 항목이 있다. 해당 허사와 그

관계에 대한 내용을 도표로 정리하면 다음과 같다.

<표 6> ≪경전석사≫ 일성지전

권	피훈석어	훈석어	음성 관계
1권	由	以, 用	餘紐雙聲
	因	由	(因：影紐 / 由：餘紐)
	因	猶	(因：影紐 / 猶：餘紐)
	用	以	餘紐雙聲
	用	由	餘紐雙聲
	用	爲	(用：餘紐 / 爲：匣紐)
	尤	以	餘紐雙聲
	于	曰	匣紐雙聲
2권	爰	曰(聿)	爰聿一聲之轉：匣紐雙聲
	爰	與	爰于粤一聲之轉：匣紐雙聲 三字皆可訓爲於，亦皆可訓爲與
	安	於	影紐雙聲
	謂	爲	匣紐雙聲
	謂	與	(謂：匣紐 / 與：餘紐)
3권	有	爲	匣紐雙聲
4권	號	何	何也，胡也，奚也，遐也，侯也，號也，曷也，盍也，一 聲之轉：匣紐雙聲
	矣	也	(矣：匣紐 / 也：餘紐)
6권	乃	甯	泥紐雙聲
	能	乃	能與甯一聲之轉而同訓爲乃：泥紐雙聲
	疇	發語詞	疇誰一聲之轉(疇：定紐 / 誰：禪紐)
7권	而	與	(而：日紐/ 與：餘紐)

---

48) 일성지전은 周祖謨에 의하면 '쌍성상전(雙聲相轉)'을 그 특징으로 한다고 하였다. 이
에 대한 설명과 예문 등은 신원철(2007：37-38) 참조. 그러나 杜麗榮(2004)에서는
왕념손의 ≪광아소증≫ 석고(釋詁)에서 나타나는 '일성지전'에 대해 쌍성간의 비교
뿐만 아니라 운모 등을 비교해서 성모와 운모가 모두 유사한 관계가 있다고 하면서,
따라서 일성지전의 '성(聲)'은 '음(音)'을 나타내는 것으로 보기도 하였다. 그러나 이
는 분석 대상이 한정되었을 뿐만 아니라 운모의 비교에 있어서도 첩운이 아닌 대전
(對轉) 등의 유사 관계를 이용하였기 때문에 치밀한 검토라 보기에는 무리가 있다.

권	피훈석어	훈석어	음성 관계
9권	孰	誰	孰誰一聲之轉, 誰訓爲何, 故孰亦訓爲何：禪紐雙聲
	之	諸	章紐雙聲
	之	於	諸之一聲之轉, 諸訓爲於, 故之亦訓爲於：章紐雙聲

피훈석어와 훈석어의 상고음 사이에 유사한 부분을 비교하여 살펴보았을 때, 일성지전은 ≪경전석사≫에서는 쌍성(雙聲) 관계로 설명할 수 있는 것임을 알 수 있다. 이는 곧 ≪경전석사≫에서의 일성지전은 '성모(聲母)'의 동일함 혹은 유사함에 대해서 설명하기 위해 사용하는 술어로 볼 수 있는 것이다.49)

그렇다면 일성지전을 더 이해하기 쉬운 '쌍성'이라는 표현을 사용하지 않고 '일성지전'이라는 용어를 사용한 이유는 무엇일까? 이를 규명하기 위해 우선 일성지전이 음성적 특징만을 말하는 내용인지 아니면 그 외에도 다른 내용을 포함하고 있는지를 밝힐 필요가 있다.

≪경전석사≫에서 사용하고 있는 '일성지전'은 단순한 음성적 특징만을 언급한 것이 아니었을 가능성이 있다. 그 예로서 표에서 제시한 일성지전의 구체적 상황을 살펴보도록 하자.

'爰', '于', '粵'은 일성지전이다. 이 세 자는 모두 '於'로 뜻풀이할 수 있고, 또한 모두 '與'로 뜻풀이할 수 있다.50)

---

49) '일성지전'에 대한 정의는 신원철(2007 : 36)에서 시도하기는 했지만, 신원철(2007) 의 경우 호훈(互訓) 관계의 예에서만 논의를 한정한 특성 때문에 전면적인 검토가 이루어지지는 못하였다.

50) "爰于粵一聲之轉, 三字皆可訓爲於, 亦皆可訓爲與."(2권 '爰' 항목)

이는 '爰', '于', '粵'이 동일한 성모로 이루어져 있음을 뜻하기도 하지만, 뜻풀이에 있어서 동일한 훈석어로 풀이가 가능하기도 하다는 점을 나타낸다. 즉 '爰', '于', '粵'의 관계는 동일한 匣紐雙聲에 해당할 뿐만 아니라, 이들이 모두 '於'나 '與'로 훈석할 수 있다는 점이다. 이는 쌍성 관계라는 점만으로는 설명할 수 없는 상황이다. 다시 말하자면 쌍성은 일성지전을 이루는 데에 있어 필요하긴 하지만 쌍성이라고 하여 반드시 일성지전이라고 할 수는 없다.

이와 유사한 설명으로 또한 다음과 같은 설명을 볼 수 있다.

> '孰'과 '誰'는 일성지전으로, '誰'는 '何'로 뜻풀이할 수 있다. 따라서 '孰' 또한 '何'로 뜻풀이할 수 있다.[51]

이는 앞에서 제시한 설명과는 비슷하지만 약간 다른 양상이다. 이는 '誰'가 이미 사람에게만 쓰이는 것이 아닌 사물을 나타내는 '何'로 쓰일 수 있다는 전제 하에서 '孰'과 '誰'가 쌍성이라는 음성적으로 유사한 조건을 충족하기 때문에 '孰'도 사물을 나타내는 '何'로 사용할 수 있다는 점을 나타낸 것이다. '孰'과 '誰'가 사물을 나타내는 '何'로 쓰일 수 있다는 점은 의미상으로도 충분히 유추할 수 있다. 그러나 이에 대해 음성적 측면을 고려하여 기술하고 있다는 점에서 일성지전은 음성적 측면과 의미적인 측면을 포함하는 술어로 기능하고 있음을 알 수 있다.

이는 결국 왕씨 부자가 언급한 "훈고의 뜻은 음성에 있다.(詁訓之

---

51) "孰誰一聲之轉, 誰訓爲何, 故孰亦訓爲何."(9권 '孰' 항목)

指, 存乎聲音.)"52)에 대한 실질적인 적용이라 할 수 있다. 따라서 왕인지는 음성적 관계와 의미적 관계를 겸하여 언급하는 일성지전을 허사의 분석에 사용하여 훈석 관계를 설명하였다.

이상의 논의를 정리하자면 일성지전은 음성적으로는 쌍성 관계를 나타내는 것이지만, 단순한 음성 관계만을 나타내는 것만이 아니라 이들이 의미상으로 연계가 되고 있음을 포함하는 것이다. 이는 음운과 훈고라는 영역을 아우르는, 즉 음과 의미의 관계에 사용하는 술어이다.

일성지전과 유사한 표현으로 '어지전(語之轉)'이 있다.53) 이들을 비교해 보도록 하자. ≪경전석사≫에서 어지전으로 설명하고 있는 내용은 다음과 같다.

---

52) ≪경의술문≫ 서의 문장이다. 이 외에도 왕념손은 ≪광아소증≫ 서에서 "훈고의 뜻은 음성에서 근거해야 한다.(訓詁之旨, 本于聲音.)"고 하여 음과 의미의 관계에 대해 지속적으로 언급하였다. 제2장 1.3. 주 40) 참조.

53) 어지전의 간략한 설명과 그 예에 대해서는 신원철(2007 : 55) 참조. 어지전에 대해 王一軍(1989 : 24)에서는 성모와 운모가 같거나 유사한 것을 포함하는 것으로, 어음이 변화했음을 설명하는 술어로 보았다. "어전(語轉)은 한 단어에 대한 읽는 법이 시간과 공간이 다른 까닭에 나타나는 차이에 대해 설명하는 것이다.(語轉是針對一個詞的讀音由于時空不同而出現的差異說明.)"(王一軍(1989 : 24)) 이 때의 어전은 어지전과 같은 내용으로 보았다. 또한 董志翹(1980)에 의하면 곽박이 ≪방언≫에서 사용한 '어전(語轉)'은 첩운이면서 성모가 다른 것이라 하였다. 이에 대해 王平(1984)에서는 곽박이 ≪방언≫에서 사용한 것을 다시 검토하여 '어전'은 어음이 전변한 것으로 성모간의 변화나 운모간의 변화 모두를 지칭하는 것으로 가리킨다고 보았다. 이처럼 어전 또는 어지전이라는 술어는 일정한 음성 변화를 나타내는 것이 아닌 음 사이에 차이가 나타남을 말하는 것으로 볼 수 있다.

〈표 7〉 ≪경전석사≫ 어지전

권	피훈석어	훈석어	음성 관계
6권	甯	乃	泥紐雙聲
7권	如	然	日紐雙聲
	若	而	日紐雙聲
8권	替	曾	替：淸紐 / 曾：精紐

어지전으로 설명하고 있는 항목은 모두 4가지이다. 이 내용을 살펴보면 모두 성모와 관련하여 유사함이 나타나는 것을 가리킨다.[54] 이러한 점을 통해 보면 어지전 또한 일성지전과 실질적으로 동일한 내용을 가리키는 술어일 수 있다. 그렇다면 어지전은 왜 일성지전과 나란히 ≪경전석사≫에서 쓰이고 있는 것일까? 이를 파악하기 위해 어지전이 ≪경전석사≫에서 어떠한 상황일 때 사용한 것인지 확인할 필요가 있다. 어지전은 ≪경전석사≫의 설명에 따르면 대진(戴震)이 사용한 용어이다. 즉 대진의 ≪모정시고정(毛鄭詩考正)≫에서 사용한 것을 왕인지가 인용한 것이다.

> ≪시≫ 소아·사월(小雅·四月) 첫 장의 "胡甯忍予"(어찌 나를 차마 이러한 난리에 놓이게 하시나?)에 대해 정전에서 말하였다. "甯, 猶曾也."('甯'은 '曾'과 같다.) 대진이 살피건대 '甯'은 '乃'와 같다. 어지전이다.[55]

≪경전석사≫에서는 이 용어를 자주 사용하지 않았지만 이와 같

---

54) 8권의 '替'과 '曾'은 엄밀하게는 雙聲 관계가 아니지만, 淸/精은 유사 음운 관계로는 旁紐로 조음 위치는 같고, 무성음(無聲音)과 유성음(有聲音)의 차이가 있다.

55) "四月首章, 胡甯忍予, 箋云：甯, 猶曾也, 案：甯, 猶乃也, 語之轉."(대진 ≪모정시고정≫ 2권)

은 인용 이후 어지전을 그대로 사용하고 있음을 볼 수 있다. 이를 <표 6>과 연계하여 검토하면 어지전은 일성지전과 별다른 차이가 없어 보인다. 특히 대진의 ≪모정시고정≫에서 다루고 있는 '甯'과 '乃'의 관계와 동일한 '乃'와 '甯'의 관계에 대해 왕인지는 ≪경전석사≫ 6권에서 일성지전으로 설명하고 있다. 이는 ≪경전석사≫에서 어지전과 일성지전을 별다른 차이 없이 사용하고 있음을 나타내는 증거이다.

그렇다면 왜 왕인지는 동일한 두 상황에 대해서 이와 같은 다른 용어를 사용하여 설명하였는지 검토할 필요가 있다. 한 가지 가능성은 대진이 사용한 용어를 계승했다고 보는 것이다. ≪경전석사≫에서 어지전을 처음 사용한 곳은 대진의 ≪모정시고정≫을 인용한 곳이고, 이는 실제로 대진이 사용한 것을 인용한 것이기 때문이다. 이때는 대진이 사용한 술어를 그대로 사용하여 어지전으로 설명하는 것도 가능할 것이다. 그렇지만 이 부분 이외에 왕인지가 어지전을 사용한 점에 대해서는 별도의 설명이 필요하다. 다른 곳에서 어지전을 사용하여 설명한 것은 대진이 사용한 설명을 인용한 것이 아니기 때문이다. 또한 어지전으로 인용한 '甯'과 '乃'의 관계를 왕인지는 같은 6권 '乃' 항목에서 '甯'과의 관계를 '일성지전'으로 설명한 적이 있다. 두 훈석 관계에서 '乃'와 '甯'의 관계와 '甯'과 '乃'의 관계가 다를 수는 없다. 그렇지만 이에 대해 왕인지는 '일성지전'이라 부연 설명하지 않았다. 이 점에 의거하면 왕인지가 ≪경전석사≫ 내에서 이 두 가지 술어를 혼용(混用)하고 있는 것이 아닌가 한다.

정리하자면 ≪경전석사≫의 일성지전은 그 음성상 특징으로 보앉을 때에는 피훈석어와 훈석어 사이에서 성모가 동일하게 나타나는 것으로 볼 수 있다. 그렇지만 이를 쌍성으로 나타내지 않은 것은 피훈석어와 훈석어 사이에 의미상 유사성이 등장하고 있기 때문으로 보았다. 또한 일성지전과 동일한 음운 조건을 가지는 어지전에 대해서는 왕인지가 술어 사용에 있어 명확한 태도를 보이지 못하고 있음을 이 책에서는 지적하였다. 다음 항목에서는 성상근에 대해 논의하고자 한다.

3.1.2. 성상근

≪경전석사≫에서 성상근[56]으로 설명하고 있는 것은 57 항목 중에서 13개 항목이다. 앞에서와 같이 이 내용을 상고음을 통해 분석하고 어떠한 항목에서 유사성을 나타내는지 확인하고자 한다.

〈표 8〉 ≪경전석사≫ 성상근

권	피훈석어	훈석어	음성 관계
2권	粤	曰	雙聲疊韻(聿越聲相近 : 餘紐匣紐)
	安	焉	元韻疊韻
	焉	因	(因 : 影紐眞韻 / 焉 : 匣紐元韻)
3권	或	有	蓋或字古讀若域, 有字古讀若以{說見唐韻正}(匣紐雙聲)
	或	又	或古讀若域, 又古讀若異{說見唐韻正} 二聲相近(匣紐雙聲)
6권	乃	而	乃與而聲相近, 故能訓爲而, 又訓爲乃.(能 條)(之韻疊韻)
	能	而	能與而古聲相近{說見唐韻正}(疊韻/泥紐日紐)
	都	於	都諸聲相近, 故諸訓爲於, 都亦訓爲於(都 : 端紐魚韻, 諸 : 章紐魚韻 = 疊韻)

---

56) 성상근에 대해서는 신원철(2007 : 44) 참조. 단 그 당시에는 중고음을 기준으로 비교하였다는 오류가 있었음을 여기에서 언급하고자 한다.

권	피훈석어	훈석어	음성 관계
7권	如	與	魚韻疊韻
	耳	已矣	耳與已聲相近, 或言已矣, 或言耳矣, 其義一也.(之韻疊韻)
8권	肆	遂	(肆：心紐脂韻, 遂：邪紐微韻)(微脂旁轉)
	作	及	作與徂聲相近{廣韻作字又臧阼切, 聲近徂} 故二者皆可訓爲及.(魚韻疊韻)
9권	旃	之/焉/之焉	之旃聲相轉, 旃焉聲相近, 旃又爲之焉之合聲.(雙聲/疊韻/雙聲疊韻)

　이들 중에는 피훈석어와 훈석어 사이에서 직접적으로 음성 관계
가 형성되는 것이 아니라 발음상 유사한 단어가 가지고 있는 뜻으
로 인해 해당 의미를 나타내는 관계로 설명하는 것도 있다. 예를
들어 8권의 '作'과 '及'은 피훈석어와 훈석어 사이의 음성적 관계
가 나타나는 것이 아니라 '作'과 '徂' 사이에 음성적 유사함이 나타
나고, 이 중 '徂'와 유사한 발음을 가진 '作'이 '及'의 의미에 해당
하는 것이다. 즉 '作'과 '及' 사이에는 어떠한 음성적 유사성이 나
타나는 것은 아니다. 이는 ≪경전석사≫를 살펴볼 때에 주의해야
하는 사항으로 자칫 피훈석어와 훈석어 사이의 직접적인 음성 관
계로 오해할 소지가 있다.

　위의 표에 나타난 관계를 상고음을 통해 비교했을 때, 대부분 쌍
성에 해당하는 음성적 유사성이 나타난다. 그렇지만 첩운과 관련한
항목도 존재하고 재구 체계의 조건에 따라 '能'과 '乃', '適'과 '啻'
와 같이 동일한 음으로 나타나는 것도 있다. 이러한 점에서 미루어
본다면 성상근은 동일한 음을 일부 포함하지만 쌍성과 첩운을 모
두 아우르는 '서로 유사한[相近]' 음성 관계를 나타내고 있다고 할

수 있다.

성상근과 유사한 설명 방식으로는 '성근이의통(聲近而義通(또는 同))'
이 있다. 이는 다음의 세 가지 예가 있다.

〈표 9〉 ≪경전석사≫ 성근이의통

권	피훈석어	훈석어	음성 관계
4권	盍	何	匣紐雙聲
	許	所	魚韻疊韻
9권	率	語助	聿, 辭也, 聿與率聲近而義同(物韻疊韻)

이들 또한 음성적 특징을 살펴보면 성상근에서 언급했던 내용과
동일하다. 이는 '의통(義通)'이라고 하는 의미적 설명을 추가하였지
만 기본적으로 성상근이라는 설명을 의미상으로 뒷받침하기 위한
설명 방식으로 보인다.

≪경전석사≫에서 성상근과 유사하게 볼 수 있는 것으로 '동성
(同聲)'이라는 술어도 존재한다.[57] 이는 8개 항목이다. 이 명칭만을
보았을 때에는 피훈석어와 훈석어 사이에서 음이 동일한 관계로
볼 개연성이 있다. 이러한 내용이 합당한지 살펴보도록 하겠다.

---

57) 동성에 대해서는 신원철(2007 : 51-52) 참조. 단 그 곳에서의 설명이 매우 고답적이
고 실질적으로 분석을 실시하지는 않았다. 이 책에서는 그 당시의 미비함을 보충하
고자 하였다.

〈표 10〉 ≪경전석사≫ 동성

권	피훈석어	훈석어	음성 관계
3권	云	或	或與有古同聲而通用{見或字有字下}故云訓爲有, 又訓爲或, (匣紐雙聲) (或有간에는 聲相近으로 설명)
	有	或	有與或古同聲而義亦相通(匣紐雙聲) (或有간에는 聲相近으로 설명)
	有	又	有又古同聲, 故又字或通作有(雙聲疊韻=同音)
4권	與	也	與邪古同聲, 故邪亦與也同義(魚紐雙聲)
6권	直	特	直特古同聲(雙聲疊韻=同音)
7권	而	若	若與如古同聲, 故而訓爲如, 又訓爲若(日紐雙聲)
	然	焉	焉然古同聲(日紐疊韻)
9권	寔	是	鄭箋, 實當作寔, 趙魏之東實寔同聲, 寔, 是也,(雙聲)

동성이라는 술어에서도 음성 관계를 살펴보면 대부분은 쌍성을 나타내고 있다. 그렇지만 동음과 첩운 또한 포함하는 내용이 있다. 이는 앞절에서 논의한 일성지전보다는 포괄적인 설명이라 볼 수 있다. 즉 앞에서 언급한 성상근과 큰 차이점을 나타내지 못하고 있다.

설명상 겹치는 내용을 살펴보면 동성이라고 한 부분에 대해 일성지전으로 설명한 부분도 있고, 성상근으로 설명한 곳도 있다. 이는 곧 이들 술어가 정확한 음성적 구분에 의해 사용되고 있는 것이 아님을 나타내는 것으로 볼 수 있다. 이러한 모호한 술어의 사용은 이들 술어의 정확한 내용을 파악하는 데에 있어 장애가 되는 요소이다.

앞에서와 마찬가지로 피훈석어와 훈석어 사이에 어떠한 관계로 인해 동성을 사용하고 있는지 살펴보고자 한다.

동성에 대한 왕인지의 설명 중에 "鄭箋, 實當作寔, 趙魏之東實寔同聲, 寔, 是也."(정전에서 말하기를, '實'은 '寔'으로 해야 한다. 조위(趙魏)

의 동쪽 지역에서는 '實'과 '寔'이 동성이다. '寔'은 '是'의 뜻이다.)라는 인
용이 있다. 이는 지역적 특성을 통해서 이들이 통용될 수 있음을 나
타낸 것이다. 이에 대해 공영달의 소에서 다음과 같이 언급하였다.

　　정전에 대해 정의에서 말하였다. 일반적으로 '實'이라고 하는 것
　　은, 그 일이 이미 있고 나서 이후에 그것에 대해 성과가 나타나는
　　것이다. 지금 이 곳에서 한 것은, 마땅히 '實'이 될 수 없다. 따라서
　　'寔'로 바꾸고서는 '是'로 뜻풀이하였다. 조(趙)와 위(魏)의 동쪽 지역
　　에서는 '實'과 '寔'이 동성이다. 정현은 당시 상황에 맞는 일을 가지
　　고서 증거로 삼은 것이다. ≪춘추≫ 환공(桓公) 6년의 기사에서 "주
　　공(州公)이 이곳에 왔다.(州公寔來.)[58]"에 대해 ≪좌전≫에서는 "實
　　來."로 되어 있다. 이는 음성이 같기 때문에 따라서 문자에 변이(變
　　異)가 있게 된 것이다.[59]

　이는 곧 조와 위의 동쪽 지역에서는 '實'과 '寔'이 동성이라는 실
마리를 통해 ≪시≫ 대아·한혁(大雅·韓奕)에서 언급하고 있는 상황
에 맞추어서 풀이한 것이다. 이를 인용한 왕인지는 정현이 들고 있
는 동성이라는 술어를 또한 이어 사용하고 있는 것으로 보인다. 여
기에서 정현이 ≪춘추≫에 기록된 내용에 대한 고음을 어떻게 알았

---

58) 이는 ≪춘추≫에 없는 기사이다. 언급하고 있는 부분을 통해 검토해보면 ≪좌전≫
　　환공(桓公) 5년 "州公如曹."와 6년 "春正月寔來."의 앞뒤가 결합한 것이다. 또한 "實
　　來."로 나타나는 부분은 현행본 ≪좌전≫에서는 없다. 아마도 공영달이 확인해본 판
　　본에는 "實來."로 존재했을 가능성이 있다.

59) "箋, 正義曰 : 凡言實者, 已有其事, 可後實之. 今此方說所爲, 不宜爲實, 故轉爲寔, 訓之
　　爲是也. 趙魏之東, 實寔同聲. 鄭以時事驗之也. 春秋桓六7年 : 州公寔來, 而左傳作實來,
　　是由聲同, 故字有變異也."(≪시≫ 대아·한혁(大雅·韓奕) "實墉實壑, 實畝實藉"(이
　　성을 높이고, 이 도랑을 깊게 하고, 이 밭을 갈고 이 세금을 걷는다.)에 대한 정현의
　　전에 대한 공영달의 소)

는지 알 수는 없지만, 왕인지는 이를 훈고의 자료로 이용한 것이다.

또 하나의 특징으로는 정현의 인용 이외에는 모두 '고동성(古同聲)'이라 나타낸 것이다. 이들은 모두 왕인지가 ≪경전석사≫를 저술하는 당시의 발음과는 같지 않음을 나타내는 것이다. 현재 적용하고 있는 상고음으로도 어느 경우에는 동일하게 나타나고 어느경우에는 성모나 운모 사이에서만 공통점이 나타나는 것으로, 어느시기에 같았다가 어느 시점부터 달라지면서 변화하였는지를 알 수없다. 이러한 점에 대해 특별히 설명하지 않은 점은 음성적 설명에 있어서 약점이라 할 수 있고, 이는 아직 음성에 대한 연구에 있어반영할 만한 성과가 등장하지 않은 시대적인 한계이기도 하다.

또한 동성과 유사한 형태로서 '동음(同音)'이라는 항목도 두 군데에서 나타난다. 다음과 같다.

> 소축(小畜)과 중부(中孚)에서의 기망(幾望)의 '幾' 또한 '其'로 뜻풀
> 이하는 것을 알 수 있다. 소축에 대해 ≪경전석문≫에서 말하였다.
> "幾, 徐音祈"('幾'에 대해 서막(徐邈)은 음이 '祈'라 하였다.) 바로 '幾'
> 는 허사[詞]라고 설명했을 때 제시한 예문인 ≪역≫ 준(屯) 육삼(六
> 三)의 "君子幾不如舍"의 '幾'와 같은 음[同音]이다. 또한 허사[語詞]이
> 기 때문이다.[60]

이는 '幾'를 허사로 풀 때의 발음이 '祈'와 동일한 발음으로, 피훈석어와 훈석어 사이의 발음 관계를 말하는 것이 아니라 표제어

---

60) "小畜中孚幾望之幾, 亦訓爲其可知, 小畜釋文, 幾, 徐音祈, 正與君子幾不如舍之幾同
    音."(5권 '幾' 항목) 이에 대한 훈고상의 고찰과 ≪경전석사≫에서 나타난 성과에
    대해서는 4.1 참조.

에서의 발음의 차이를 언급한 것이다. 또 하나의 예를 보도록 하자.

> ≪좌전≫ 양공(襄公) 29년의 "多見疏"는 ≪논어≫ 자장편(子張篇)
> 의 "多見其不知量也."(단지 그가 분수를 모른다는 것을 드러낼 뿐입
> 니다.)와 같다. 복건본(服虔本)에서는 "祗見疏"로 되어 있으면서 해
> (解)에서 말하였다. '祗, 適也'('祗'는 '適'의 뜻이다.) 진(晉), 송대(宋
> 代)의 두본(杜本)에서 모두 '多'로 되어 있다. 옛 사람에게 '多'와 '祗'
> 는 같은 음이었다.61)

이 또한 표제어로 등장한 '多'가 '祗'라는 발음으로 나타나고 있
음을 가리키는 것으로, 이 또한 표제어에 대한 설명이다. 이를 종
합하면 모두 표제어로 등장한 피훈석어에서 나타나고 있는 음이
동일하다는 점을 설명하는 내용이다. ≪경전석사≫에서 설명하고
있는 동음은 위의 예가 전부이다. 이들은 피훈석어와 훈석어 사이
의 관계가 아니라 모두 표제어로 제시된 피훈석어 사이의 관계를
설명하고 있는 것으로, 이미 앞에서 언급하였다. 이는 왕인지가 이
전에 허사로서 인지하기 힘든 내용에 대해 설명을 더하는 것으로
파악된다.

이들과 유사한 방식이지만 '부동음(不同音)'으로 설명하고 있는
것도 있다. ≪좌전≫ 성공(成公) 16년의 "識見不穀而趨."(때마침 나를
보고서는 달아났다.)에 대해 혜동(惠棟)의 ≪구경고의(九經古義)≫에서는
"識當爲適"('識'은 '適'이 되어야 한다.)이라 하였다.62) 그렇지만 왕인

---

61) "多見疏, 猶論語云, 多見其不知量也, 服虔本作祗見疏, 解云, 祗, 適也, 晉宋杜本皆作多,
古人多祗同音."(9권 '祗' 항목) 이는 ≪좌전≫ 양공(襄公) 29년의 "祗見疏也."(다만
소원하게 된다.)에 대해 정의에서는 '祗'가 '多'로 되어 있으면서 언급한 내용이다.

지는 왕념손의 견해를 인용하여 " '識'과 '直' 두 자는 옛날 음에서
는 職部에 속했다. '適'은 옛날 음에서는 錫部에 속했다. '適'이
'識'이 되는 것은 '適'이 '直'이 되는 것과 같다. '識'과 '適'이 같은
뜻이지만 같은 음은 아니다[不同音]. 혜동의 판단은 잘못이다."63)라
는 의견을 통해 '識'과 '適'이 의미는 동일하지만 음성에 있어서는
같지 않다고 본 것이다.

이에 대해 살펴보자면, 혜동이 언급한 내용은 ≪구경고의≫에는
해당 부분이 없고64) ≪춘추좌전보주(春秋左傳補注)≫ 3권 성공(成公)
16년 "識見不穀而趨.(때마침 임금인 나를 보자 빨리 갔다.)" 항목에 있다.
그 내용은 다음과 같다. "혜동이 생각하건대, '識'은 '適'이 되어야
한다. ≪춘추≫의 외전(外傳) 격인 ≪국어(國語)≫ 진어(晉語)에서는
'屬'이라 하였고, '適'이라 뜻풀이하였다."65) 즉 혜동은 왕념손 또
한 참조한 ≪국어≫의 예를 들어 '識'을 '適'으로 바꾸어야 한다고
주장하였다. 그렇지만 왕념손은 이에 대해 '識'과 '適'이 '直'과 의
미적으로 동일하지만 음성적으로는 동일하지 않다고 보았다. 즉
'識'과 '直'은 모두 職韻에 속하는 것으로 동일한 음성이지만, '適'
은 錫韻에 속하면서 앞에서 말한 '識', '直'과는 다른 음성으로 보
는 것이다. 따라서 '識'과 '適'은 直이라는 의미를 공유는 하지만

---

62) 이는 9권 '識' 항목에서 인용한 내용을 따랐다. 필자는 아래 본문에서 잘못 인용된
내용임을 밝혔다.
63) "識直二字, 於古音屬職部, 適於古音屬錫部, 適之爲識, 猶適之爲直也, 識與適同義以不
同音. 九經古義謂識當爲適, 非也."(9권 '識' 항목)
64) ≪구경고의≫에서는 ≪주역≫, ≪상서≫, ≪모시≫, ≪주례≫, ≪의례≫, ≪예기≫,
≪공양전≫, ≪곡량전≫, ≪논어≫를 다루고 ≪좌전≫을 다루지 않았다.
65) "棟案 : 識當爲適. 外傳作屬, 訓爲適."(≪춘추좌전보주≫ 3권 성공(成公) 16년 "識見
不穀而趨" 항목)

음성적으로 동일하다고 보지 않은 것이다. 職韻과 錫韻은 王力 (1982)에 의하면 방전(旁轉)66)이라는 유사음 관계가 존재한다. 그러나 왜 왕념손이 이들에 대해서는 '성상근'처럼 유사음 관계로 보지 않고 다른 음이라고 설명하였는지는 의문이다. 이러한 점은 음성이 비슷하다고 할 때 어느 정도 단계로 나타나는지에 대한 명확한 기준이 존재하지 않아서이기 때문이다. 여기에서는 '識'과 '適'이 동일한 음은 아니기에 호환하여 사용할 수 없음에 대해 왕인지가 제시한 것을 언급하는 것으로 의의를 두고자 한다.

지금까지 왕인지가 ≪경전석사≫에서 설명한 피훈석어와 훈석어 사이의 음성 관계에 대해서 논의하였다. 여기서 간략하게 정리하자면 ≪경전석사≫에서의 일성지전은 '성모'의 동일함을 나타내는 것으로 유사하게 사용한 것으로는 어지전이 있다. 성상근은 일성지전과 동일하게 '쌍성'이 주를 이루긴 하지만 '첩운'과 '동음'을 포함한 포괄적인 설명을 나타내는 것으로 볼 수 있다. 그러나 이들은 인성구의에 의거하여 의미상 유사함을 포함한 내용으로 단순한 음성 관계만을 제시하는 것이 아니다.

다음 항목에서는 왕인지가 별도로 설명하지 않은 피훈석어와 훈석어 사이에 나타나는 음성 관계에 대해 살펴보고자 한다.

---

66) 방전(旁轉)은 王力(1982 : 15)에 의하면 모음[元音]이 유사하고, 운미(韻尾)가 서로 같거나 혹은 운미가 없는 경우를 가리킨다.

3.2. 왕인지가 음성 관계를 설명하지 않은 경우

본 항목에서는 ≪경전석사≫ 전체 훈석 관계 552 항목 중에서 왕인지 등이 직접 설명한 54 항목을 제외한 나머지 498개의 항목에 대해 분석하고자 한다. 앞 항목에서는 왕인지가 음성 관계를 설명한 것에 대해 검토하고 분석하였다. 이는 수치상으로 전체 훈석 관계 중에서 1/10에 해당하는 것으로, 나머지에 대해서는 설명을 더하지 않았다. 설명을 생략함에 있어 체례적 특징이나 이전 설명이 이후 내용에 적용되는 등의 규칙적인 면은 발견되지 않았다. 그러나 이들 사이에서도 음성적 유사함이 나타나고 이는 ≪경전석사≫에 나타나는 인성구의적 특징을 밝히는 데에 있어 필요하다.

이들 사이의 관계를 밝히기 위해 피훈석어와 훈석어를 상고음을 통해 분석하였다. 이에 대해 쌍성, 첩운, 쌍성첩운(동음) 관계로 나누어 살펴볼 것이다.

3.2.1. 쌍성 관계

설명하지 않은 항목 중에서 성모가 동일하게 나타나는 것은 64가지이다. 이들은 모두 다음과 같다.

〈표 11〉 ≪경전석사≫에서 명시하지 않은 쌍성 관계

권	피훈석어	훈석어	음성 관계
1권	與	以	餘紐雙聲
	曰 以 已	用	餘紐雙聲 常語
		由	餘紐雙聲 常語
		與	餘紐雙聲
	尤	用	餘紐雙聲

권	피훈석어	훈석어	음성 관계
1권	于	爲{平聲}	匣紐雙聲
		爲{去聲}	匣紐雙聲
		越	匣紐雙聲
2권	爰	于	匣紐雙聲
		爲	匣紐雙聲
	粤 越	于	匣紐雙聲
	曰	爲	匣紐雙聲
	焉	乎	匣紐雙聲
	爲	曰	匣紐雙聲
		有	匣紐雙聲
		謂	匣紐雙聲
	謂	爲{去聲}	匣紐雙聲
3권	惟 唯 維	以	餘紐雙聲
		與	餘紐雙聲
	云 員	有	匣紐雙聲
	伊 繄	維	餘紐雙聲 常語
4권	惡 烏	安	匣紐雙聲
	侯	何	匣紐雙聲
	遐 瑕	何	匣紐雙聲
	曷 害	何	匣紐雙聲 常語
	盍 蓋 闔	何	匣紐雙聲
	邪	也	餘紐雙聲
	也	邪 歟	餘紐雙聲
	矣	乎	匣紐雙聲
5권	詎 距 鉅 巨 渠 遽	苟	羣紐雙聲
	徒	但	定紐雙聲 常語
6권	那	奈	泥紐雙聲
7권	而	如	日紐雙聲
		然	日紐雙聲
	如	若	日紐雙聲 常語
		而	日紐雙聲

권	피훈석어	훈석어	음성 관계
7권	若	如	日紐雙聲 常語
		然	日紐雙聲
	然	而 乃	日紐雙聲 常語
	尒 爾	然	日紐雙聲 常語
8권	且 徂	此	淸紐雙聲
	曾	則	精紐雙聲
	載 戠	則	精紐雙聲
	眷 嗟 瑳	嗞	精紐雙聲
9권	諸	之	章紐雙聲 常語
	是	寔	禪紐雙聲
	時	是	禪紐雙聲
	識	適	書紐雙聲
10권	彼	匪	幫紐雙聲
	末	無	明紐雙聲 常語
		未	明紐雙聲
		勿	明紐雙聲
	蔑	無	明紐雙聲 常語
	不	弗	幫紐雙聲 常語
		非	幫紐雙聲
	非	不	幫紐雙聲
	匪	不	幫紐雙聲
		彼	幫紐雙聲
	無毋亾忘妄	勿	明紐雙聲 常語
		未	明紐雙聲
	罔	無	明紐雙聲 常語
	微	無	明紐雙聲
	勿	無 莫	明紐雙聲 常語
	夫	凡	並紐雙聲

이들은 성모가 동일한 것으로 모두 왕인지가 언급하였던 일성지
전으로 설명이 가능하다. 그렇지만 왕인지가 일성지전으로 설명한

부분과 비교하면 5권 견계(見系)와 10권의 순음계(脣音系)에서는 쌍성 관계이면서도 일성지전이 나타나지 않았음을 알 수 있다. 이처럼 쌍성 관계가 여러 권에서 광범위하게 나타나는 점은 ≪경전석사≫가 성모를 편제 구성의 기준으로 사용하고 있다는 점과 관련이 있다. 3.2에서는 성모를 기준으로 배열함에 따라 같은 권(卷) 내에 유사한 의미를 가진 허사들이 배치되고, 피훈석어와 훈석어 사이에서도 동일한 권에 배치되는 점을 확인하였다. 이러한 점을 여기에서도 확인할 수 있다.

수량적인 측면에서 쌍성 관계가 첩운 및 동음 관계에 비해 많음을 알 수 있다. 쌍성은 64가지이지만, 첩운은 36가지, 쌍성첩운인 동음은 6가지이다. 이는 허사간의 음성 비교에 있어서 쌍성의 관계가 대다수로 등장하고 있음을 알 수 있는 부분이다. 이 외에도 앞에서 언급한 왕인지가 일성지전으로 설명한 것까지 포함한다면 그 수는 쌍성의 관계가 확실히 많이 나타나고 있음을 알 수 있다. 이는 곧 허사간의 음성적 유사성은 많은 부분 쌍성으로 나타나고 있음을 의미한다. 이를 의미적으로 동일한 두 단어 사이에 성모가 동일하게 나타난다고 확대하여 설명할 수 있을지에 대해서는 아직 더 많은 연구와 그에 따르는 증명이 필요하다. 그렇지만 제3장 1.1.에서도 이미 언급하였지만 ≪경전석사≫의 편장 배열에서 의미상으로 유사함이 나타나는 것을 확인했을 뿐만 아니라 각각의 훈석 관계에서도 성모가 일치하거나 유사한 것이 대다수 등장하고 있음을 확인하였다. 이는 이전 王力가 언급한 성근의통(聲近義通)에 대해 그 '성(聲)'이 구체적으로 '성모(聲母)'를 가리키는 것일 수도 있다는 점을 추론할 근거가 될 것이다.

개별적인 허사 분석을 통해 이러한 점을 파악하여 편장의 배치로 구체화한 것은 왕인지가 허사에 적용하면서 쌍성 관계를 실질적으로 이용한 측면으로 볼 수 있다. 이 책에서는 이러한 점이 편장에서의 관계뿐만 아니라 피훈석어와 훈석어 사이에도 나타나고 있음을 구체적으로 밝히고자 하였다.

3.2.2. 첩운 관계

왕인지가 설명하지 않은 항목 중에서 운모가 동일하게 나타나는 것은 36가지이다.

〈표 12〉 ≪경전석사≫에서 명시하지 않은 첩운 관계

권	피훈석어	훈석어	음성 관계
1권	與	如	魚韻疊韻
	㠯 以 已	而	之韻疊韻
	於	于	魚韻疊韻 常語
		如	魚韻疊韻
	于	於	魚韻疊韻 常語
		如	魚韻疊韻
		與	魚韻疊韻
2권	焉	然	元韻疊韻 常語
4권	鄕 嚮	方	陽韻疊韻
	邪	乎	魚韻疊韻 常語
	矣	耳	之韻疊韻
	乎	於	魚韻疊韻 常語
5권	豈 幾	其	微韻疊韻
	其	殆	之韻疊韻
		乃	之韻疊韻
		之	之韻疊韻

권	피훈석어	훈석어	음성 관계
6권	乃 迺	而	之韻疊韻
		裁	之韻疊韻
	當	將	陽韻疊韻
7권	而	乃	之韻疊韻
		以	之韻疊韻
	如	乎	魚韻疊韻
8권	耳	矣	之韻疊韻
	斯	此	支韻疊韻 常語
		是	支韻疊韻
8권	且 徂	借	魚韻疊韻
		夫	魚韻疊韻
	哉	矣	之韻疊韻
	則	或	職韻疊韻
9권	諸	於	魚韻疊韻 常語
		乎	魚韻疊韻
	是 氏	此	支韻疊韻 常語
		衹	支韻疊韻
	所	若	魚韻疊韻
10권	微	非	微韻疊韻
	夫	乎	魚韻疊韻

첩운 관계가 나타나는 허사를 살펴보면 특정 운부에서 첩운 관계가 집중적으로 나타나는 것을 알 수 있다. 위의 표에서 본다면 魚韻과 之韻, 微韻 등이 대부분임을 알 수 있다.

그렇다면 이러한 현상이 허사가 되기 위한 조건으로서 필요한 상황인지 검토해볼 필요가 있다. 예를 들어 현대 중국어에서 허사로 쓰이는 '的', '得', '地' 등의 단어들은 본래 각각 '的(dí, dì)', '得(dé)', '地(dì)' 등 고유의 발음이 있어, 현재에도 그 뜻에 해당할 때에는 그 발음을 유지한다. 그렇지만 허화하여 모두 허사로 쓰일 때에는 발음 중 모음부분이 모두 중성모음[schwa]으로 바뀌면서 [tə]라는 음으로 동일하게 된다. 즉 '的', '得', '地'가 모두 [tə]로 바뀌면서 음성상으로는 어떠한 차이도 나타나지 않는다. 따라서 구어(口語)에서 음성상으로 이들을 구별할 방법은 없다. 각각의 기능적 차이가 나타날 때 다르게 표기할 뿐이다.

魚韻과 之韻, 微韻 중에서 중성모음에 해당하는 [ə]와 관련이 있는 것은 之韻 [ə]과 微韻 [əi]으로, 魚韻 [a]은 관련이 있다고 보기는 힘들다. 그렇지만 아직 허사로서 완전히 정착된 상황을 반영하는 것이 아니라고 한다면 단순한 몇 가지 운모로 귀납한다는 것은 운모가 단순한 형태로 변하고 있다는 점으로 파악할 수 있다고 이 책에서는 판단한다.

3.2.3. 쌍성첩운(동음) 관계

이 외에도 쌍성첩운, 즉 동음 관계로 나타나는 것은 다음 6가지이다.

〈표 13〉《경전석사》에서 명시하지 않은 쌍성첩운, 즉 동음 관계

권	피훈석어	훈석어	음성 관계
1권	于	乎	雙聲疊韻(匣紐魚韻) 常語
3권	庸	用	雙聲疊韻(餘紐東韻)
4권	邪	歟	雙聲疊韻(餘紐魚韻) 常語
5권	幾	其	雙聲疊韻(羣紐微韻)
6권	直	特	雙聲疊韻(定紐職韻)
10권	匪	非	雙聲疊韻(幫紐微韻) 常語

이들에 대해 일일이 음성적 관계에 대한 설명을 하지 않은 것은 이들은 군이 그러한 설명을 더하면서 의미 관계를 찾지 않아도 설명이 가능하거나 매우 쉽게 인식할 수 있는 것으로 간주한 것은 아닐까 판단한다. 특히 동음간의 음성적 비교는 쌍성이나 첩운보다는 파악이 용이하기 때문에 설명을 하지 않아도 자연스럽게 알 수 있을 것이라는 점은 수긍할 만하다. 이는 이해하기 쉬울 것이라 설명을 생략한 상어(常語) 등과 유사한 점이 있다. 상어에 대해 정의하자면 "일반적으로 사용하는 말"을 가리킨다.[67] 동음 관계로 파악된 것 중에서도 '상어'로 설명하고 있는 항목이 6개 중 3개로, 절반 정도의 비중을 차지한다. 따라서 여기에서는 왕인지가 언급한 상어 관계와 비교하여 살펴보고자 한다.

왕인지가 ≪경전석사≫에서 명시하지 않은 음성 관계 중 상어(常語)에 해당하는 것으로는 쌍성에서는 64개 중에서 16개, 첩운에서는 36개 중에서 8개, 쌍성첩운, 즉 동음에서는 6개 중에서 3개가 상어이다. 즉 108개 중에서 27개이다. 이를 통하여 보면 상당한 부분에 대해 상어라 하고 설명을 자세히 하지 않았다.

≪경전석사≫ 서(序)에서 "그 중에서 쉽게 이해되는 것은 생략하고서는 설명하지 않았다."[68]라 하였는데, 이는 상어에 대해 언급한 것이다. 따라서 상어에 대한 설명은 그리 자세하지 않다. 아래의 예를 보자.

67) ≪한어대사전≫ "【常語】：1.通常詞語, 俗話."
68) "其易曉者, 則略而不論."

정현의 ≪예기≫ 단궁(檀弓)의 주69)에서 말하였다. "與, 及也"('與'
는 '及'의 뜻이다.) 상어이다.70)

위의 예는 간략하지만 여러 의미가 내포되어 있다. 첫째, 이는
왕인지가 임의적으로 정한 것이 아니다. 즉 이전에 이미 언급한 훈
고를 인용하여 제시하고 있는 것이다. 둘째, 피훈석어와 훈석어를
제시하면서 별도로 설명이 없고, 예문 또한 들고 있지 않다. 이는
이 둘의 관계를 예문을 들어가면서까지 설명할 필요가 없다는 의미
이다. 이러한 설명을 압축하여 제시하고 있는 것이 바로 상어이다.

앞에서도 언급한 대로 상어는 '일반적으로 사용하는 말'을 가리
킨다. 따라서 이는 당시의 이 책을 읽을 만한 독자들은 이미 숙지
하고 있는 내용으로 간주하고서 설명하지 않은 것이 된다. 그렇지
만 이는 왕인지가 제시한 것이 아니라 여러 내용을 검토하고 살펴
본 후에 서술한 것임에도 불구하고, ≪경전석사≫ 내에서 이와 같
은 상어로 선정해야 하는 기준은 무엇인지 확실히 나타나지 않는
다. 이는 경전(經傳)을 이해하는 데에 있어서는 도움을 줄 수 있지
만, 허사 자체의 이해를 위해서는 상어가 어떠한 기준에 의해 선정
된 것인지를 알려줄 필요가 있음을 의미한다. 이 기준이 명확하지
않다면 상어를 선정한 의의가 퇴색될 수밖에 없다. 또한 ≪경전석

---

69) 본문 "孔子之喪, 有自燕來觀者, 舍於子夏氏, 子夏曰: 聖人之葬人與人之葬, 聖人也, 子
何觀焉?(공자가 상을 당하였을 때, 연(燕)으로부터 와서 그것을 본 사람이 있었다.
그가 자하(子夏)의 집에 머물렀는데, 자하가 말하였다. '성인이 사람을 장례하는 것
과 다른 사람이 장례를 치르는 것에서, 성인이라는 것에 대해 그대는 어떻게 보셨습
니까?')"에 대한 정현의 주이다.
70) "鄭注禮記檀弓曰, 與及也. 常語也."(1권 '與' 항목)

사≫ 서에서 언급한 '其易曉者'라는 표현 또한 주관적인 것으로, 이는 당연히 각자의 한문 문장에 대한 이해에 있어 숙련도에 따라 차이가 나타나기 때문이다. 다음과 같은 예를 보도록 하자.

> '卽'은 '遂'와 같다. ≪서≫ 서백감려(西伯戡黎)의 "殷之卽喪"(은(殷) 이 마침내 망하였다.)이 이러한 것이다. 상어이다.[71]

이 '卽'이 '遂'로 쓰이는 점을 상어라 하였지만, 이것이 파악하기 쉬워 생략할 수 있는 내용인지는 의문이다. 특히 이 허사에 대한 예문인 ≪서≫ 서백감려와 관련한 훈고에서도 이 내용을 찾아볼 수 없다. 즉 ≪서≫ 서백감려의 해당 문장의 '卽'을 '遂'로 풀이하는 훈고는 왕인지의 의견으로 일반적이라 할 수 없다.[72]

이는 상어가 일정한 규칙에 의해 쉽게 이해가 가능하기 때문에 생략할 수 있는 내용이라 하기에는 부족하다. 따라서 상어에 대해 일부는 음성과 관련한 설명을 더하였지만, 이를 "생략하고서는 설명하지 않은 것"은 그의 고증적 태도에 비추어보면 엄밀하지 못한 것이라 할 수 있다.

---

71) "卽, 猶遂也, 書西伯戡黎曰, 殷之卽喪是也, 常語也."(8권 '卽' 항목)
72) 宗福邦 等(2003 : 285-287)에 의하면 '卽'에 대해 일반적으로 사용되는 훈고는 "就也."이다. ≪서≫ 서백감려에 대한 전에서도 "殷之就亡."으로 설명하였다.

4. 소결

지금까지 ≪경전석사≫에서 인성구의가 어떠한 방식으로 실현되고 있는지를 논의하였다. 여기에서는 왕인지가 ≪경전석사≫에서 논의 대상 허사를 확대한 점에 착안하여 검토하였다. 이는 이전에는 허사로 살펴보지 못하였던 것에 대해 허사로 편입시키는 것을 가리킨다. 이에 대해 이 책에서는 두 가지의 방향으로 접근하였다. 하나는 이미 허사였지만 그 기능과 의미가 확대되어 나타나는 것이다. 또 하나는 기능이 아닌 음성에 중점을 두고 설명하여 허사로 보지 않았던 단어들에 대해 허사로 살펴보고 있는 것이다. 이를 통해 허사로 쓰이고 있는 자가 가지고 있는 의미를 배제하고 음성을 통해 허사로 의심해 풀이를 해야만 본래의 의미가 드러날 수 있는 점을 적용한 왕인지 허사 연구의 특징과 성과를 살펴볼 수 있었다. 그리고 이로 인해 ≪경전석사≫의 허사 범주를 확대시키면서 이에 대한 새로운 해석에 영향을 미친 점을 밝혔다.

또한 편제에서 나타난 인성구의를 살펴보았다. ≪경전석사≫의 160항목 중에서 258개의 허사가 등장한다. 이들 중 하나의 항목에 여러 허사가 나타나는 중문에 대해 두 가지의 관점을 보았다. 하나는 이체자로 형태적 차이가 나타나지만 발음과 의미가 동일하게 나타나는 것들이다. 또 하나는 음성적 동일함이 나타나는 자로 비록 형태가 다르지만 음성적 동일함과 유사함이 존재하여 동일한 의미로 쓰일 수 있음을 확인하였다. 또한 표제어에 나란히 있는 것들은 모두 동일한 음으로 읽을 수 있지 않을까 하는 의문에서 출발

하여 이 점을 논의하였다. 결론적으로는 글자가 만들어지는 시점에
는 이 둘 사이의 음이 동일했을 가능성이 있지만, 정착되는 시기에
도 동일한 음으로 읽었을 것인지에 대해서는 의문으로 남겨두었다.
그렇지만 몇몇 자에서는 동일하게 읽을 수 있는 여지가 남아 있음
을 확인하였다. 편장에서의 배열과 관련한 음과 의미의 관계를 살
펴보면서 ≪경전석사≫에서는 각 편목을 성부에 맞추어서 배열한
점을 중점적으로 살펴보았다. 이를 통해 餘·影·匣·曉母에 속하
는 음에서 허사가 다량으로 나타나고 있다는 점과 표제어 간의 유
사한 점과 피훈석어와 훈석어에서 의미가 유사한 것 또한 확인할
수 있었다. 이는 이전 허사 연구에서는 나타나지 않았던 새로운 방
식으로, 허사의 특징을 잘 드러내는 편장의 구조로 보았다. 그리고
이러한 점이 이전 음운 연구에서 소홀했던 성모에 대한 연구를 청
대 전대흔 등에 의해 발전한 성과를 흡수하여 허사 연구에 적용하
였고, 이를 통해 진일보시켰다는 점에서 비롯된 것임을 설명하고
논의하였다. 이는 왕인지의 허사 연구를 통한 음운에 대한 성과로
볼 수 있다. 이러한 결과는 왕인지가 각각의 허사를 연구하여 귀납
한 것에서 드러난 것으로 이 책은 파악하였다.

  이전까지 살펴본 것이 표제어로 나타나는 피훈석어에 대한 논의
였다고 한다면, 이하로는 피훈석어와 훈석어 사이의 음성 관계를
통한 인성구의에 대한 논의를 살펴보았다. 이를 두 가지로 나누었
는데, 왕인지가 설명한 일성지전(一聲之轉)과 성상근(聲相近) 등의 술
어를 통해 피훈석어와 훈석어 사이의 관계에서도 음성적 관계가
나타남을 확인하였다. 구체적으로 일성지전은 성모와의 관계로 어

지전(語之轉)이라는 유사한 표현과 동일한 음성적 조건을 가지고, 성상근은 성모와 운모를 포함한 관계로 동성(同聲) 등의 설명과 동일하다. 이들 술어가 동일한 상황에서도 다르게 나타나는 점에 대해 왕인지가 술어에 대해 엄밀하지 못했음을 이 책은 지적하였다. 그리고 일성지전과 성상근은 단순한 음성적 관계만을 나타내는 것이 아니라, ≪경전석사≫에서 인성구의라는 관점에 의거해 설명할 때에 나타나는 술어로 의미상 유사함을 포함한 내용임을 이 책에서 밝혔다. 아울러 왕인지가 설명하지 않은 음성 관계를 상고음을 통하여 쌍성, 첩운, 쌍성첩운(동음) 관계로 나누어서 살펴보았다. 이를 수치상으로 살펴보면 쌍성, 첩운, 쌍성첩운(동음)의 순서로 등장함을 알 수 있었다. 쌍성 관계와 관련하여 허사간의 유사성이 많은 부분 쌍성으로 설명되는 점은 왕인지가 편장 배열 등을 성모 위주로 하는 등 구체적인 연구 성과에서 기반한 것임을 밝혔다. 첩운 관계에서는 魚韻과 之韻, 微韻 등 몇몇 운모에서 첩운이 집중적으로 나타나는 점에 착안하여 허사로 변화하기 위한 조건으로서의 음운 변화라는 점을 살펴보았다. 이를 현대 중국어의 허사와 비교하면서 음운 변화가 나타날 수 있는 개연성에 대해서 언급하였다. 동음 관계에서는 훈석어와 피훈석어 사이의 관계를 쉽게 인식할 수 있다는 점에서 생략한 것으로 보았고, 이 점에서 확대하여 ≪경전석사≫ 술어로 자주 등장하는 상어(常語)에 대해서도 동시에 논의하였다. 왕인지는 상어에 해당하는 항목에 대해 간략하게 언급할 뿐 구체적인 설명은 생략하였는데, 이들이 과연 쉽게 이해할 수 있기 때문에 상어로 볼 수 있는 것인지, 그리고 그 기준이 무엇인지를 명확하게 제시하지 않았다는 점에서 비판의 여지가 있음을 살펴보았다.

앞에서 살펴본 내용에 의해 지금까지 《경전석사》에서 인성구의에 대해 정리해보자면, 논의하고자 하는 허사를 확장하고 그에 대해 음성에 의거한 편제를 구축하는 형식적 측면과 피훈석어와 훈석어로 설명하고 있는 내용측면에서 모두 음성, 특히 성모에 대한 일관된 관심과 추구를 확인할 수 있었다. 그리고 왕인지는 허사 훈석에 있어 음과 의미를 분리하지 않고 동일한 관점에서 거론하여 음과 의미가 밀접하게 관계하고 있음을 지속적으로 제시하였다. 왕인지의 이와 같은 관심을 통해 허사 연구에 있어서 음운적으로 성모에 대한 발전된 논의를 살펴볼 수 있는 계기를 가졌다고 이 책에서는 결론지을 수 있을 것이다. 또한 이러한 연구를 바탕으로 새로운 허사에 대한 해석과 허사간의 관계 등을 체계적으로 파악할 수 있었다. 이러한 점은 왕인지가 허사 연구에 기여한 부분으로 볼 수 있다.

그렇지만 아직 명확한 성모에 대한 음성적 연구가 반영되지 못하여 허사간의 정확한 음가에 대한 설명이 미흡하였다. 일성지전과 성상근 등의 술어가 명확하게 드러나지 않았던 이유가 바로 여기에 있다.

다음 장에서는 이 장에서 언급한 논의를 바탕으로 《경전석사》에서의 성과와 한계에 대해 실제 예를 통해서 검토, 논의하고 실제적인 효용성 등을 살펴보도록 하겠다.

제4장

≪경전석사≫의 성과와 한계

제3장에서는 ≪경전석사≫에서 나타나는 인성구의에 대해 분석하면서 허사 연구에 있어서 기여한 점 등을 살펴보았다. 본 장은 이러한 점을 이전의 논의를 포함하여 역사적 관점에서 살펴보면서, ≪경전석사≫에서 허사에 대해 이전의 관점과 다르게 정의하고 해당 예문을 새롭게 해석하는 것이 어떠한 의의를 갖는지 검토하는 것을 목표로 한다. 본 장에서는 제3장에서 분석한 내용을 토대로 경전 해석에서의 성과와 한계로 나누어 살펴보고자 한다.

1. 음과 의미의 관계를 통해 본 성과

이 부분에서는 제3장에서 왕인지의 성과로 파악되는 허사 연구에 있어서 지평의 확대, 음과 의미의 관계가 허사 연구에

中國言語學研究叢書 1

도입되어 체계적으로 적용, 음에 대한 관심이 성모에 대한 관심으로 심화, 그리고 이를 토대로 경전 해석에 있어 새로운 내용과 방법의 시도로 나타나는 점에 대해 논의하고자 한다.

1.1. 논의 대상 허사의 증가

첫째는 허사 연구에 있어서 지평의 확대, 즉 논의 대상 허사가 증가한 점을 들 수 있다. 이에 대해 3장에서 논의하였던 허사에 있어서 의미가 확장하여 나타난 것 중 이전 훈고와 차이가 나타나는 점을 통해 의미상 확대가 일어나는 것과, 음성을 강조하여 실사로 보았던 단어에 대해 허사로 편입하는 내용을 반영하여 ≪경전석사≫에서의 성과가 역사적으로 어떠한 의의를 가지는지 검토하고자 한다.

1.1.1. '攸'

1권 '由·猶·攸·猷' 항목에서 나타나는 '攸'에 대해 보도록 하자. '攸'의 본래 의미는 "물이 천천히 흘러가는 모양"을 나타내는 말이다. 이는 ≪설문해자≫의 설명에 대한 단옥재의 주에서 근거한다.[1] 그렇지만 이 때 '攸'는 허사도 아니고 자주 사용되는 내용도

---

1) ≪설문해자≫ 3권하 '攸'에서는 "물이 가는 것이다.(水行也.)"로 되어 있는데, 이에 대해 단옥재는 "살피건대 '行水攸攸也.'로 되어야 한다.(按當作行水攸攸也.)"라고 하여 서현본의 설명이 잘못되어 변한 것임을 지적하였다. 이에 대한 단옥재의 주는 다음과 같다. "대동(戴侗)이 말하였다. '당본(唐本)'에서는 '水行攸攸也'로 되어 있다. 그 중에서 '≪'으로 구성된 것이 있다.(즉 '汝'로 된 것이 있다고 본 것이다.)' 단옥재가 살피건대 '行水攸攸也'로 되어야 한다. 물에 떠내려갈 때, 그 성질을 따르면 편안하게 흘러 유유히 바다에 들어간다. ≪시≫ 위풍·죽간(衛風·竹竿)의 "기수(淇水)가 흘러가

아니다. 일반적으로 '攸'는 '所'와 동일한 의미로 본다. 이는 ≪이
아≫ 석언(釋言)의 "攸, 所也."라는 풀이와 관련이 있다. 이에 대해
학의행(郝懿行)은 여러 예를 통해 장소를 나타낼 때 쓰는 '所' 뿐만
아니라 '所'가 허사로 쓰이고 있는 의미를 모두 포함하고 있다고
하였다.2)

네.(淇水攸攸.)"(≪모시≫에서는 '攸攸'가 '濿濿'로 되어 있다.)에 대한 모전에서 말하
였다. "'濿濿'는 흐르는 모양이다.(濿濿, 流兒.)' 이와 같은 것이다. '濿'로 된 것은 속
체(俗體)로 변한 것이다. ≪좌전≫ 애공(哀公) 3년에서 여름 5월 사탁궁(司鐸宮)에서
불난 것에 대해 설명하면서 말하였다. '불의 기운을 따라서, 공의 궁에 덮었다.(鬱攸從
之, 蒙茸公屋.)' 불이 나아가는 것은 물이 나아가는 것과 같다. 따라서 울유(鬱攸[불이
퍼져나가는 것])라고 한 것이다. ≪시≫ 대아·한혁(大雅·韓奕)에서 말하였다. '한길
(韓姞)을 위해 머무는 곳을 보았네.(爲韓姞相攸.)', ≪이아≫ 석언에서 말하였다. '攸는
所의 뜻이다.' 물이 편안하게 흘러가는 것을 '攸'라고 한다. 따라서 모든 편안할 수
있는 것을 '攸'라고 한다. 또한 '遒' 자의 뜻을 가차하였다. '遒'는 기운이 흘러가는
모양을 나타낸다. 물이 흘러가는 '攸'와 기운이 흘러가는 '遒' 등 모두 편안한 것을
위주로 한다. 따라서 '攸'를 쓰기도 하고, '遒'를 쓰기도 한다."(戴侗曰：唐本作水行攸
攸也. 其中從巛. 按：當作行水攸攸也. 行水順其性, 則安流攸攸而入於海. 衛風傳濿濿, 流
兒是也. 作濿者, 俗變也. 左傳說火曰：鬱攸從之. 蒙茸公屋. 火之行如水之行. 故曰鬱攸.
大雅曰：爲韓姞相攸. 釋言：攸, 所也. 水之安行爲攸. 故凡可安爲攸. 又借爲遒字. 遒,
气行兒. 水行之攸, 气行之遒皆主和緩. 故或用攸. 或用遒.)
2) "'所'에 대해 ≪일체경음의(一切經音義)≫ 2권에서 ≪삼창(三蒼)≫을 인용하여 말하
였다. "머무는 곳이다.(處也.)" '所'는 또한 허사이다. '所'는 '是'를 말한 것이다. 따라
서 ≪공양전≫ 문공(文公) 13년의 전인 '갈 때(往黨)'에 대한 하휴(何休)의 주에서 말
하였다. ''黨'은 '所'의 뜻이다. '所'는 '是'(이에 대해 李學勤(2000：354)에서는 '時'
의 오자로 보았다. 따라서 이 책에서는 '是'를 '時'로 고쳐서 해석하고 설명하고자 한
다.)와 같다. 제(齊)나라 사람의 말이다.(黨, 所也. 所猶是, 齊人語也.)' '所'는 또한 '許'
와 같다. ≪문선≫ 26권의 <재군와병시(在郡臥病詩)>에서 말하였다. "좋은 때 결국
언제던가?(良辰竟何許.)" 이에 대한 이선(李善) 주에서 말하였다. ''許'는 '所'와 같다.'
학의행이 살피건대 ≪시≫ 소아·벌목(小雅·伐木)의 "伐木許許.(나무를 벨 때 헛
헛!)"에 대해 ≪설문≫에서는 '許許'를 '所所'로 인용하였다. 이것이 그 증거이다.
'所'와 '許'는 음성적으로 所와 비슷하다. 이 둘 사이는 음성이 변한 것이다. '攸'라는
것은 경전에서 모두 '所'로 뜻풀이 하였다. '遒'로 통가하여 쓴다. ≪설문≫에서는
'遒'에 대해서 말하였다. "기운이 움직이는 모양이다. '攸'와 같은 발음으로 읽는다.
(气行兒. 讀若攸.)" 학의행이 살피건대 ≪한서≫의 '攸'는 대부분 '遒'로 나타냈다. 예
를 들어 ≪한서≫ 지리지(地理志)의 "풍수(酆水)가 같아졌다.(酆水遒同.)", "구주(九州)

학의행의 관점에 의하면 '攸'는 장소만을 나타내는 것은 아니고 허사의 내용을 모두 포함하는 것이다. 그렇지만 그는 '攸'를 '所'의 뜻으로 볼 때 어떠한 용도로 쓰고 있는지를 정확히 지적하고 있지는 않다. 이 설명은 '攸'는 '所'로 뜻풀이하고 '所'는 '장소, 때'³⁾의 뜻으로 사용하면서 '許'와 통용함을 나타내는 것이다. 따라서 '攸'는 '所'의 뜻으로 쓰이면서 '所'의 모든 의미를 포함할 수 있음을 나타낸다고도 볼 수 있다.

그럼에도 불구하고 '攸'를 '所'가 가지고 있는 의미 중 허사로서 보는 관점으로도 풀리지 않는 문제가 있다. 예를 들어 ≪시≫ 대아 · 영대(大雅·靈臺)의 "王在靈囿, 麀鹿攸伏"(왕이 뜰에 있고, 암사슴이 엎드려 있다.)에 대해, 정전에서는 "攸, 所也."로 풀이하였다. 이 때의 '所'가 어떠한 의미인지는 이어지는 설명에서 알 수 있다. "文王親至靈臺, 視牝鹿所遊伏之處."(문왕이 직접 영대에 이르러, 암사슴이 쉬면서 엎드린 곳을 보았다.) 정현의 설명에 의하면 이때의 '所'는 서술어 앞에 사용하여 동작의 피동을 나타내는 것으로 보았다. '攸'에 '所'라는 뜻풀이가 있기 때문에, '攸'를 '所'로 풀이하고 '所'가 가지고 있

가 같아졌다.(九州攸同.)" 그리고 ≪한서≫ 오행지(五行志)의 "일정한 도리가 펼쳐졌다.(彝倫攸敍.)", "일정한 도리가 무너졌다.(彝倫攸斁.)" 등이 있다. 모두 '迫'를 가지고 '攸'로 여긴 것이다. 지리지의 주에서 말하였다. '迫'는 옛날의 '攸' 자이다."(所者, 一切經音義二引三蒼云, 處也. 所又語詞. 所之言是也. 故公羊文十三年傳注, 黨, 所也. 所猶是, 齊人語也. 所又與許同. 文選在郡臥病詩云：良辰竟何許. 李善注：許, 猶所也. 按詩伐木許許. 說文引詩作所所. 是其證. 所許聲近所, 是聲轉也. 攸者, 經典俱訓所. 通作迫. 說文作迫云气行皃. 讀若攸. 按漢書之攸多借迫爲之. 如地理志酆水攸同, 九州迫同. 五行志彝倫迫敍, 彝倫迫斁. 並以迫爲攸也. 地理志注迫古攸字.)(학의행 ≪이아의소(爾雅義疏)≫ "攸, 所也."에 대한 의소)

3) 앞에서 '是'는 '時'의 잘못임을 확인하였다.

는 의미에 근거하여 해석하고 있는 것임을 알 수 있다. 그렇지만 이는 자연스럽지 못한 설명이다. 해당 구절에 대한 정전의 내용은 본문의 풀이라는 관점에서 볼 때 해당 본문과 직접적으로 관련하지 않는 부연된 설명이 많다. 일단은 본문 어디에서도 '보다[視]'의 의미를 갖는 부분이 없음에도 불구하고 정현은 이러한 점을 추가하여 해석하고 있다. 또한 '攸'를 '所'로 풀이한다는 점에서 착안하여 우록(麀鹿)이 '버릇없이' 엎드려 있는 모습을 문왕이 '인자하게' 바라보는 점으로 자의적으로 해석한 후, 이를 문왕이 사물을 아끼는 점을 나타내는 근거로 사용하고 있다. 따라서 정현은 이어지는 설명에서 "만물을 아끼는 것에 대해 말한 것이다.(言愛物也.)"라고 풀이하였다. 이 설명도 본문을 근거로 했을 때 받아들이기 힘든 견강부회(牽强附會)하는 측면이 있다.

이에 대해 왕인지는 '攸'를 '所'로 보지 않고 허사 '用'으로 파악하고 문왕과 우록 사이의 관계를 특별히 연결시키지 않았다.

> '猶'와 '攸' 두 글자는 '由'와 음성 상으로 같고 뜻이 서로 통하니, 모두 허사 '用'의 뜻이다. 경을 설명하는 자는 '猶' 자를 보면 '尙'(오히려)으로 해석하고, '攸' 자를 보면 '所'(~하는 것)로 해석하였다. 모두 글자를 보고서는 뜻을 만들어 내는[망문생훈(望文生訓)] 것으로 그것들이 본래 가리키는 뜻이 아니다.[4]

이는 '攸'가 '由' 등과 동일한 자이고, 이는 모두 '以'라는 의미를

---

4) "猶攸二字, 與由同聲而相通皆語詞之用也, 說經者, 見猶字則釋之爲尙, 見攸字則釋之爲所, 皆望文生訓, 而非其本指."(1권 '由' '猶' '攸' '猷' 항목)

가진다고 하는 것이다. 이는 곧 음성적으로 유사하기 때문에 의미
적으로도 유사하게 나타난다고 보는 것에 근거하여 풀이하는 것이
다. 이로 인해 이후 해석에서는 문왕이 뜰에 있는 일과 우록이 엎
드려 있는 일을 병렬로 놓고 보고 있다.[5]

이러한 점을 통해 '攸'의 의미를 일반적으로 파악하고 있는 '所'
에서 음성적 유사함에 근거하여 '由'로 확장하면서 '由'가 가지고
있는 '用'이라는 의미로 확장하는, 허사 의미의 확장을 살펴보았다.
다음으로 해당자가 가지고 있는 의미에 천착하지 않고 음성적 특
징을 통해 허사로 파악하고 있는 또 다른 예를 보도록 하겠다.

1.1.2. '夷'

3권 '夷'에 대해서는 일반적으로 중국의 동쪽에 사는 이민족으로
풀이하지만, 또는 '고르다', '평범하다'의 '平'의 의미로 사용한다.
이는 《이아》 석고(釋詁)의 "平·均·夷·弟, 易也."에서 유래한 것
이다. 이 때 《좌전》의 다음 문장을 보도록 하자.

　　紂有億兆夷人.(《좌전》 소공(昭公) 24년)

《좌전》에서 이 문장은 《상서》 태서(泰誓)에서 인용한 것으로
되어 있다.[6] 왕인지가 이를 《상서》 태서에서 직접 인용하지 않고

---

5) 《평석본백화십삼경》에서는 "文王이 뜰에서 노닐고, 암사슴은 놀다 쉬다 한다."로
　　풀고 있다.(文王在園內游歡, 母鹿時游時睡.)(王寧 主編(1992 : 168) 참조)
6) 《좌전》에서는 이 부분을 '태서(太誓)'에서 인용한 것으로 되어 있는데 '太誓'와 '泰
　　誓'는 동일한 편명이다. 《상서》 태서에서는 "受有億兆夷人"으로, '紂'가 '受'로 되
　　어 있다. 주왕(紂王)의 이름이 '수(受)'이다.

≪좌전≫에서 인용한 것으로 분석하는 것은 현존하는 ≪상서≫ 태서가 고문상서(古文尙書)에 속하기 때문이다.

위의 문장에 대해 두예(杜預)는 주에서 말하였다. "兼有四夷."(더불어 사이(四夷)가 있다.) 이는 '夷'를 '이민족'으로 본 것이다. 또한 ≪상서≫ 위공전(僞孔傳)에서는 해당 문장에 대해 "夷人, 平人."으로 풀이하였다.[7] 이는 '夷'를 평범한 사람들로 본 것이다. 이들 설명을 요약하자면, 두예의 설명은 이민족까지 모두 거느리고 있었다는 의미이고, 위공전의 풀이는 일반 백성들을 지배하고 있었던 사람을 주왕으로 보고 있는 것이다. 이들 설명은 모두 어색하다. 은(殷)의 주왕이 거느렸던 사람을 이민족과 평범한 사람들로 굳이 한정하여 설명할 이유가 없기 때문이다. 이러한 설명은 모두 '夷'라는 단어의 뜻에 얽매였기 때문이다.

이러한 점에 착안하여 왕인지는 '夷'를 어조(語助)를 나타내는 허사로 특별한 의미를 지니지 않은 것으로 보았다. 이러한 점을 적용하면 주왕에게는 이민족도 아니고 평범한 사람뿐만이 아닌 여러 사람들이 주변에 있었다는 의미로 해석할 수 있다. 이는 주왕이 그 당시 은의 왕으로 모든 백성과 관료뿐만 아니라 주변의 소국에도 영향을 미치고 있었다는 점에 비추어보면 적당한 풀이로 볼 수 있다. 이는 '夷'를 음성에 주목하여 통용하는 의미를 부여하지 않은 왕인지의 인성구의적 방식에서 유래한 것이다.

---

7) 이는 ≪좌전정의≫의 풀이에 따른 것이다.(正義曰 : 孔安國云, 夷人謂平人.) ≪상서주소≫에서는 "平人, 凡人也"(夷人은 平人으로 평범한 사람[凡人]이다.)로 되어 있다.

1.1.3. '爽'

9권 '爽'에 대해서 살펴보자. ≪서≫ 강고(康誥)의 "爽惟民迪吉康"
과 "爽惟天其罰殛我"에서의 '爽'에 대해 위공전에서는 '明', 즉 '밝
히다'로 풀이하였다. 따라서 두 문장은 각각 "明惟治民之道而善安
之."(백성들을 다스리는 도로 편안하게 잘 대할 것을 밝혀라.), "明惟天其以
民不安罰誅我"(하늘이 백성들을 불안하게 하였기 때문에 나를 벌주고 죽이
는 것을 밝혀라.)로 풀이된다.8) 이들은 문맥상으로 어색하다. 특히
"明惟天其以民不安罰誅我"에서는 하늘이 나에게 벌을 주는 점을 밝
힌다는 것이 내 죄가 정확히 드러날 것임을 언급하는 것인지, 아니
면 나에게 벌을 주는 점이 명확하다는 것인지 잘 드러나지 않는다.
이는 결국 '爽'을 '明'의 뜻으로 풀이했을 때 어색하기 때문이다.
이에 대해 왕인지는 '爽惟'라는 형식으로 '爽'이 발어사로 쓰이고
특별한 의미가 없다고 보았다. 이러한 점을 적용하면 "民迪吉康"과
"天其罰殛我"로 보아 각각 "백성들의 목표를 제시해주고", "하늘이
나의 잘못을 벌하는" 의미로 해석이 가능하다.9) 아울러 ≪서≫에
서 등장하는 '洪惟', '爽惟', '丕惟', '誕惟', '迪惟', '率惟' 등의 표
현은 모두 발어사로서 특별한 의미가 없다고 밝혔다. 이러한 논의
이후 '洪惟'가 발어사로 쓰이는 점은 3장에서 확인하였다. '爽惟'에
대해서는 비록 사전에 수록되어 있지는 않지만 또한 3장에서 언급
한 내용을 통해 허사로 보는 것이 타당함을 밝혔다.

---

8) 이상의 번역들은 주어진 문장에 최대한 맞추어서 한 것으로, 핵심은 '明'이 전체 문
   장의 서술어가 된다는 것이다.
9) 현재의 백화본(白話本)도 이 설명과 크게 다르지 않다.

1.1.4. '能'

마지막으로 서론에서 언급했던 6권 '能'에 대해 논의하도록 하겠다. ≪시≫ 위풍·환란(衛風·芄蘭)의 "雖則佩觿, 能不我知."에 대해 모전과 정전의 풀이, 그 차이점 및 이와 관련한 이후의 풀이 등은 서론에서 이미 언급하였다. 요약하자면 '能'에 대해 모전에서는 '할 수 있음', 정전에서는 '재능'으로 풀이하였고, 이를 근거로 송대에도 여전히 동일하게 해석하고 있다는 점이다. 이에 대해 왕인지는 '能'이 '乃'와 동일한 어사에서 출발하여 나타난 것으로 보고, '能'을 '而'의 뜻으로 풀이하고자 하는 시도를 다음 세 가지 방식으로 하였다.

첫째 서론에서 제시한 예문과 유사한 의미를 나타내고 있는 ≪시≫의 문장을 제시하여 '재능(才能)'의 '能'이 아닌 접속사로서 기능할 수 있는 가능성을 제시하였다. 이를 위해 왕인지는 ≪시≫ 정풍·교동(鄭風·狡童)의 "彼狡童兮, 不與我言兮. 彼狡童兮, 不與我食兮.(저 멋진 소년이여, 나와 말하지 않는구나. 저 멋진 소년이여, 나와 함께 밥 먹지 않는구나.)"라는 ≪시≫ 위풍·환란의 예문과 동일한 의미를 나타내고 있으면서 '能'을 사용하지 않는 예문을 제시하였다. 이는 '能'이 특별한 의미 없이 사용되고 있다는 근거로, '能'을 허사로 풀이할 수 있는 기반이 된다.10) 둘째로는 ≪시≫에서 '雖則'과 '而'가 함께 나타남을 들었다. 이에 대한 예로서 ≪시≫ 대아·민로(大雅·民勞)의 "戎雖小子, 而式弘大也.(왕인 그대가 비록 작은 아이이지만, 쓰이는 것

---

10) 이에 대해서는 서론에서 이미 언급하였다.

은 넓고 클 것이다.)"를 들었는데, 앞에는 '雖'가, 뒤에는 '而'가 나타
나는 것이 구조상 ≪시≫ 위풍·환란의 예문과 동일하다고 보았다.
그렇기 때문에 구조상으로 '而'의 위치에 있는 '能' 또한 '而'의 의
미로 쓰일 수 있음을 상정하였다. 두 번째에서 나타난 가설을 사실
로 증명하기 위해 왕인지는 셋째로 '能'으로 표기하고 '而'의 의미
로 풀이하는, 즉 '能'으로 '而'를 가차하는 고문헌상의 자료를 제시
하였다. ≪역≫ 이(履) 육삼(六三),[11] ≪관자(管子)≫ 치미편(侈靡篇),[12]
≪묵자(墨子)≫ 천지편(天志篇),[13] ≪한시외전(韓詩外傳)≫[14]과 최인(崔
駰)의 ≪대리잠(大理箴)≫[15]에서는 모두 동일한 구조 내에서 '而'와
'能'이 번갈아 쓰이는 것을 통해 '能'이 '而'의 의미로 쓰일 수 있
음을 제시하였다. 그리고 ≪순자(荀子)≫ 해폐편(解蔽篇),[16] ≪전국책

---

11) "眇能視, 跛能履.(흘기다가 보고, 절룩대다가 밟는다.)"이에 대한 우번본(虞翻本)에서
   는 '能'이 '而'로 되어 있다. 이에 대한 왕인지의 주에서는 ≪주역집해(周易集解)≫
   에서의 우번 주를 인용하여 말하였다. "離目不正兌爲小, 故眇而視(이목(離目)이 바르
   지 못하고, 태(兌)가 작다. 따라서 흘기다가 보게 된다.)" 우번의 설명에서 '故' 이후
   는 본문을 반복하는 것이기 때문에 우번본에서는 "眇而視"로 되어 있을 것으로 왕
   인지는 파악한 것이다.
12) "不欲强能不服智而不牧.(강하여 복종하지 않고, 지혜로워 다스려지지 않음을 원하지
   않는다.)"
13) "少而示之黑, 謂黑. 多示之黑, 謂白. (…) 少能嘗之甘, 謂甘. 多嘗之甘, 謂苦.(조금만 검
   은 것을 보여주면 검다고 하지만, 검은 것을 많이 보여주면 희다고 한다. (…) 조금
   만 단 것을 맛보여주면 달다고 하지만, 단 것을 많이 맛보여주면 쓰다고 한다.)"
14) "貴而下賤, 則衆弗惡也. 富能分貧, 則窮士弗惡也. 智而教愚, 則童蒙者弗惡也.(귀하지
   만 천한 자들에게 겸손할 수 있다면 많은 사람들이 싫어하지 않는다. 부유하지만 빈
   천한 자들과 나눌 수 있다면, 궁핍한 선비들이 미워하지 않는다. 지혜롭지만 어리석
   은 자들을 가르칠 수 있다면, 덜 깨달은 자들이 미워하지 않는다.)"
15) "或有忠能被害, 或有孝而見殘(충성스러우면서도 해를 입기도 하고, 효성스러우면서
   도 잔혹한 일을 당하기도 한다.)"
16) "爲之無益於成也, 求之無益於得也, 憂戚之無益於幾也, 則廣焉能弃之矣.(해도 이루는
   데에 보탬이 되지 않고, 구하여도 얻는 데에 보탬이 되지 않으며, 걱정해도 비슷해
   지는 데에 보탬이 되지 않는다면, 멀리 하고 버려야 한다.)"

(戰國策)≫ 조책(趙策)[17])에서는 앞에서와 달리 비교 대상 없이 의미상으로 '能'이 '而'로 쓰이는 것을 제시하였다. 이 또한 '能'에 대해 허사가 아닌 실사의 뜻인 '가능', '재능'으로 잘못 분석하고서는 그 의미를 맞추기 위해 구문을 어지럽게 하였고, 결국은 본래의 뜻을 제대로 해석하지 못함을 지적하여, 문맥에 맞는 뜻을 추구할 수 있었던 것이다.

이러한 점 등은 왕인지가 해당자가 가지고 있는 의미에 얽매이지 않고 발성 등의 음성적 특징을 통해 의미를 갖지 않는 허사로 분석될 수 있다는 점을 적용한 실례이다. 이로 인해 기존의 번잡한 해석을 간결하면서도 명확하게 하였다.

1.2. 음과 의미의 관계에 대한 종합적, 체계적 적용

둘째는 음과 의미의 관계가 종합적으로 허사 연구에 도입되어 체계적으로 적용되었다는 점이다. 이에 대해 표제어에서 동일하게 나타난 것을 예로 들고, 이들이 어떠한 맥락 속에서 동일한 의미로 볼 수 있는지 분석하고자 한다.

1.2.1. '衆'

허사로 쓰인 9권 '終'을 '衆'의 형태를 통해서 나타내는 것 중에

---

17) "建信君(…)入言於王厚任聾以事能重責之.(건신군(建信君)은 (…) 들어가서 왕에게 말하였다. '일은 즙(聾 : 사람 이름이다.)에게 두터이 맡겨서 무겁게 책임지게 하십시오.')"

서 다음 ≪시≫의 예문을 보도록 하자.

許人尤之, 衆穉且狂.(≪시≫ 용풍·재치(鄘風·載馳))

이에 대해 왕인지는 여기에서의 '衆'이 '終'과 마찬가지로 모두 '旣'의 뜻이 있다고 보았다. 그리고 이를 증명하는 방식은 다음과 같다. 먼저 판본 사이에서 차이점이 나타나는 것을 확인하였다. ≪사기≫ 오제기(五帝紀)의 "怙終賊刑."(믿는 구석이 있어 죽을 때까지 죄를 짓는 사람은 사형으로 다스려야 한다.)에 대해 ≪사기≫의 다른 판본에서 '終'을 '衆'으로 쓴 것이 있다고 하였다.[18]

또 하나는 다른 책에서 인용했을 때 다르게 쓰는 점을 이용해 증명하였다. ≪시≫ 주송·진로(周頌·振鷺)의 "以永終譽."(영원히 칭송받네.)에 대해 ≪후한서(後漢書)≫ 최인전(崔駰傳)에서는 '終'이 '衆'으로 되어 있다. 즉 "庶幾夙夜, 以永衆譽."로 인용되어 있다. ≪전국책≫ 한책(韓策)의 "臣使人刺之, 終莫能就"(신[엄수(嚴遂)를 가리킨다.]이 사람을 시켜 그를 찌르려고 하였으나 끝내 이룰 수 없었습니다.)를 ≪사기≫ 자객전(刺客傳)에서는 '終'이 '衆'으로 되어 있다. 사고전서본 ≪사기≫ 자객전에서는 "臣欲使人刺之, 衆終莫能就"로 되어 있다. 이에 대해서는 ≪독서잡지(讀書雜志)≫ 사기 자객열전의 '衆終莫能就' 항목에서 다음과 같이 설명하고 있다.

"臣欲使人刺之, 衆終莫能就."에 대해, 왕념손이 생각하건대 '衆'과

---

18) 이에 대한 서광(徐廣)의 설명은 ≪사기집해(史記集解)≫에 수록되어 있다.("徐廣日：一作衆.")

'終'은 동일한 자이다. (…) 고자(古字)에서는 자주 '衆'을 '終'의 뜻으로 가차하였다. 금본(今本)에서 "衆終莫能就."라고 되어 있는 것은 어떤 판본에서는 '衆'으로 되어 있고 어떤 판본에서는 '終'으로 되어 있었으나, 후대의 사람들이 그것을 잘못하여 합쳐놓은 것일 뿐이다. "臣欲使人刺之衆"을 한 구절로 끊어서 읽기도 하는데, 이는 잘못된 것이다. "欲使人刺之"라는 내용은 '衆' 자와는 의미가 통하지 않는다. ≪전국책≫ 한책에서는 "臣使人刺之, 終莫能就"라고 하였으니, 이는 그 풀이에 대한 명확한 증거이다.[19]

≪독서잡지≫의 설명 중에서 ≪경전석사≫와 차이가 나타나는 부분은 표점(標點)에 대한 제시이다. '衆'과 '終'이 연달아 나오는 부분에 대해 이전 사람들도 의심을 품고 이 둘 사이에서 구두를 하고 앞부분을 하나의 구절로 본 것이다. 이 때 뒷부분의 "終莫能就."는 의미가 명확하다. 그렇지만 해당 구절인 "臣欲使人刺之衆"이라는 부분은 해석상 문제가 있다. 내용을 억지로 끼워 맞추어 본다면 "제가 사람을 시켜서 찌르려고 했던 것이 여러 차례이다."라는 풀이가 가능할 것이다. 즉 술어는 '衆'이고 앞의 내용 전체가 주어와 관련한 상황이 된다. 그렇다면 '之'의 역할에 의문을 갖게 된다. '之'가 "臣欲使人刺"와 '衆'을 연결해주는 조사라고 한다면 '刺'의 목적어 위치에 나타나야 할 것이 없게 된다. 또한 '之'가 '刺'의 목적어라고 한다면 이는 구문상으로 '衆'과 직접 연결되어 매우 어색

---

19) "臣欲使人刺之, 衆終莫能就. 念孫案 : 衆與終, 一字也. (…) 是古字多借衆爲終也. 今本作衆終莫能就者, 一本作衆, 一本作終, 而後人誤合之耳. 或讀臣欲使人刺之衆爲句, 非也. 欲使人刺之, 與衆字意不相屬. 韓策作'臣使人刺之, 終莫能就.', 是其明證矣."(≪독서잡지≫ 사기 자객열전의 '衆終莫能就' 항목)

하다.20) 그리고 "臣欲使人刺之"만으로도 충분히 구절이 성립되고 의미가 통한다. 현재 중화서국(中華書局)의 ≪사기≫에서는 이에 대해 '衆'을 괄호로 처리하였다. 이는 본문에 편입시키지 않겠다는 것으로 보는 것이다. 또 하나의 증거로는 ≪사기≫의 원문에 대한 저본(底本)이라 할 수 있는 ≪전국책≫의 문장이다. ≪전국책≫ 한책(韓策)에서는 "臣使人刺之, 終莫能就."라고 하였으니 이 문장에 근거하여 ≪사기≫가 작성된 것으로 볼 때, '衆'이 없어야 하는 것은 명백하다.21) 그리고 '衆'과 '終'이 한꺼번에 나타나게 된 원인으로는 여러 판본에서 '衆'과 '終'이 번갈아 쓰이다가 기록하는 사람이 이를 오인하여 합쳐 놓았기 때문으로 왕인지는 보았다. 그렇지만 합쳐놓은 이후에도 위에서 제시한 "臣欲使人刺之衆"과 같은 의미가 통할 수도 있는 구두에 의해 '衆'이 의심받지 않고 이후에도 계속적으로 나타날 수 있었던 것이다. 이는 '衆'과 '終'이 통용하였다는 사실을 통해 이 둘이 연결되어 쓰인 것을 의심하고, 동일한 내용을 담고 있는 ≪전국책≫의 문장에서는 쓰고 있지 않음을 통해서 '衆'이 덧붙은 것임을 파악한 것이다. 이를 통해 '衆'과 '終'이 통용하여 쓰일 수 있음을 확인할 수 있다.

이와 같이 '衆' 또한 '終'과 호용하면서 앞에서 설명한 "許人尤

---

20) 일반적으로 이와 같은 상황에서는 '者' 등이 추가되어야 구절에서 균형을 이루게 된다. ≪묵자(墨子)≫ 법의(法儀)의 "천하에 학문을 한다고 하는 사람은 많지만 어진 사람은 드물다.(天下之爲學者衆而仁者寡.)" 등이 그러한 예이다.

21) ≪전국책≫의 성립이 ≪사기≫보다 앞서지 않음에 유의할 필요가 있기도 하다. 그렇지만 ≪전국책≫에 사용된 문장이 모두 유향(劉向)이 직접 서술한 것이 아니라 그 전의 기록을 모아 둔 것이라고 할 때에는 ≪전국책≫에 기록된 문장, 특히 인용문이 ≪사기≫보다 앞서는 것으로 보는 것은 무리가 없다고 할 수 있다.

之, 衆稺且狂."에서의 '衆' 또한 '終'으로 볼 수 있는 가능성을 열어 두었다. 마지막으로 왕인지는 전체 내용과의 연관성, 문맥의 자연스러움을 통해서 이 구절을 파악하였다. 이를 위해 처음 이 논의가 나타나게 된 배경부터 살펴보아야 한다. ≪시≫ 용풍・재치의 "許人尤之, 衆稺且狂"에 대한 모전의 해석은 다음과 같다.

> 이는 곧 무리들이 유치하고 또한 급히 나아간다는 것으로, 하나의 뜻을 취한 것이다.[22]

위의 구절만으로는 모전에서의 '衆'이 '여럿'을 나타내는 것인지 혹은 '旣'와 동일한 의미로 쓰인 것인지 알 수 없다. 만약 '衆'을 '여러 사람'으로 보았다면 "여러 사람이 유치하고 망령되었다."로 보는 것이다. 이는 현재 왕인지가 비판하고 있는 내용과 동일하다. 그렇지만 이 구조 또한 '衆…且…'의 구조로 되어 있기에 이와 같은 기준에서 본다면 이는 '旣'와 마찬가지이다. 즉 "이는 곧 유치하고 망령된 것이다."로 모전의 주장이 왕인지의 그것과 별 차이가 없게 된다. 그렇지만 모공(毛公)이 이 점을 알고 있었다면 '旣' 등으로 바꾸어 풀이하였을 것이다. 그렇다면 이를 '여러 사람'으로 해석하더라도 왕인지만의 오해로 볼 수는 없다. 정현은 이에 대해 별다른 의미를 제시하지 않았다.[23] 공영달의 정의에서 보는 본문에

---

22) "是乃衆幼稺且狂進, 取一旣之義."
23) 이 부분에 이어지는 정전의 해석은 다음과 같다. "'許人'은 허대부(許大夫)이다. '過之'라고 하는 것은, 부인이 그 형에게 돌아가 위로를 하고자 한 것을 잘못으로 여긴 것이다.(許人, 許大夫也. 過之者, 過夫人之欲歸唁其兄.)" 즉 본 내용에서 다루고자 하는 내용을 설명하고 있는 것이 아니다.

대한 해설은 다음과 같다.

　허(許)나라 대부가 예를 지키면서 나를 꾸짖은 것으로, 이 허나라
사람이 잘못을 꾸짖는 것은 곧 여러 사람이 어린이처럼 알지 못하고
또한 망령된 사람이라 하는 것이다. 오로지 한 가지의 옳음만을 지
켜서는 내 고국이 이제 망하려고 하는 것을 알지 못하기에 일정하고
동일한 원칙을 적용할 수 없는데, 어째서 일상적인 예로 나를 그치
게 하는가?[24)

　이 설명은 이 시 전체에 대한 이해가 선행되어야 파악할 수 있
다. ≪시≫ 용풍·재치에 대한 소서(小序)에서는 다음과 같이 설명
하고 있다.

　재치 시는 허목공(許穆公)의 부인이 지은 것이다. 그의 고국이 망
하여 스스로 상처를 입고서는 구할 수 없음을 안타깝게 여긴 것이
다. 위의공(衛懿公)은 적인(狄人)에게 멸망을 당하고, 나라 사람들은
뿔뿔이 흩어져 조읍(漕邑)으로 옮겨갔다. 허목부인(許穆夫人)은 위(衛)
가 망한 것을 불쌍히 여기고, 허(許)의 작은 힘으로는 구제할 수 없
는 것에 마음 아파하였다. 그 오빠를 위로하고자 생각했지만 또한
그 뜻을 얻지 못하였다. 따라서 이 시를 지은 것이다.[25)

　즉 이 설명을 통해보면 왕인지가 설명에 있어 착안한 부분이 나
타난다. 즉 "穉且狂"에 해당하는 사람은 꾸짖는 사람이 되어야지,

---

24) "許人守禮尤我, 言此許人之尤過者, 是乃衆童穉無知且狂狷之人也, 唯守一槩之義, 不知
　我宗國今之敗滅, 不與常同, 何爲以常禮止我也？"
25) "載馳, 許穆夫人作也, 閔其宗國顚覆, 自傷不能救也. 衛懿公爲狄人所滅, 國人分散, 露於
　漕邑, 許穆夫人閔衛之亡, 傷許之小力不能救, 思歸唁其兄, 又義不得故賦是詩也."

꾸짖는 내용이 되지 않는다. 모전과 공영달 모두 꾸짖는 사람에 대
한 평가로서 지은이가 설명하는 것으로 보았다. 공영달의 정의에서
본 모전에 대한 해설은 다음과 같다.

> 정의에서는 다음과 같이 풀이하였다. ≪논어≫ 자로편(子路篇)에
> 서 말하였다. "과격한 사람은 옳은 일에 진취성이 있다.(狂者進取.)"[26]
> 이에 대한 주에서 말하였다. " '狂者進取'라는 것은 옛날의 사례를
> 법도로 숭상하고 당시의 풍속을 돌아보지 않는다.(狂者進取, 仰法古
> 例, 不顧時俗.)" 여기에서는 하나의 변함없는 뜻을 나아가 취한다는
> 것이다. '일개(一槩)'라는 것은, 한 가지가 변화하고 통하는 것에 변
> 통하지 못하고서 일정한 예법으로 막고자 하여, 돌아가 위로하겠다
> 는 것을 듣지 않는 것이니, 이는 곧 유치하고 망령된 것이다.[27]

여기에서도 확실히 '衆'이 여러 사람을 가리키는지, 혹은 '衆…
且…'의 구조로 이해한 것인지 알기 힘들다. 지금까지 살펴보았을
때, 모전과 정의가 모두 '衆'을 '여러 사람'으로 보고 있는지에 대
한 정확한 답은 나타나지 않는다. 그렇지만 그와 비슷한 정도로 이
를 '여러 사람'으로 보고 있지 않다는 확실한 증거 또한 없다.

그렇다면 일반적으로 이 시를 어떠한 관점으로 보고 있는지 확
인하기 위해 송대(宋代) 이후 ≪시≫의 해석에 있어 지속적으로 영
향을 준 주희(朱熹)의 ≪시집전(詩集傳)≫을 보자.

> 허나라의 여러 사람들은 잘못이라고 여겼다. 따라서 그들 또한 일

---

26) 번역은 이강재(2006 : 261) 참조.
27) "正義曰 : 論語云 : '狂者進取', 注云 : '狂者進取, 仰法古例, 不顧時俗.' 是進取一槩之
義. 一槩者, 一端不曉變通, 以常禮爲防, 不聽歸唱, 是童蒙而狂也."

을 조금도 바꾸지 않고서 망령된 사람일 뿐이다.28)

이곳에서는 확실하게 '許國之衆人'으로 표현하였다. 주희의 해석
은 모전과 정의의 애매한 해석을 '중인(衆人)'으로 확실하게 풀이하
였다. 왕인지의 비판은 이와 같은 점에서 비롯된 것으로 볼 수 있
다. 이를 통해 이전에 나타났던 해석상의 애매함과 오류를 해결하
고자 하였다.29) 이처럼 '終'에 동일하게 나열된 표제어인 '衆'을 통
해 허사로서 풀이한 내용을 살펴보았다.

1.2.2. '抑'

3권 '抑' 항목과 관련하여 논의하고자 한다. 이들 또한 동일하게
'抑', '意', '噫', '億', '懿' 등의 표제어로 되어 있으며 이들이 모두
동일한 어조(語助)의 뜻으로 쓰인다. 다음 예문을 보도록 하자.

> 二公及王, 乃問諸史與百執事. 對曰, 信, 噫公命我勿敢言.(≪서≫ 금
> 등(金縢))

이 예문에서는 '噫'의 해석에 대한 차이를 살펴보고자 한다. ≪서≫
금등의 "對曰, 信, 噫公命我勿敢言."에 대해 모전(某傳)에서는 "噫,
恨辭."라 풀이하였다. 이때의 주어진 문장에 대한 풀이는 "대답하

---

28) "許國之衆人以爲過, 則亦少不更事而狂妄之人爾."(≪시집전≫ 용풍・재치)
29) 그렇지만 왕인지가 모전의 애매함이 아닌 잘못을 비판한 부분으로 미루어 볼 때, 모
전의 내용을 한 가지로만 본 것이 아닌가 한다. 오히려 모전에 대한 비판이 아닌 주
희의 ≪시집전≫에서 제시한 내용을 직접적으로 비판하는 것이 더욱 정확한 지적일
것이다.

여 말하였다. 그렇습니다. 안타깝게도 주공(周公)께서 우리더러 감히 말하지 말라 하였습니다."가 된다. 이 뜻풀이가 어색하지는 않다. 즉 이 문장만을 보았을 때에는 그럴듯하다. 그렇지만 '噫'가 한탄 을 나타내는 허사[恨辭]로 쓰인 예는 ≪서≫에서 이곳이 유일하다. 또한 한(恨)을 나타내건 감탄을 나타내건 대부분 문장의 앞에서 쓰 인다. 그런데 현재 제시된 예문에서는 이 문장 앞에 '信'이라고 하 는 자가 있다. 이러한 어색함을 해결하고자 송대 채침(蔡沈)의 ≪서 경집전(書經集傳)≫에서는 '命' 뒤에서 구두를 하여서 문장을 나누었 고, 그에 대해서 다음과 같이 설명하였다.

주공이 무왕(武王)의 병과 관련하여 점을 친 것에 대해 이공(二公) 은 반드시 몰랐다고 할 수는 없겠지만, 주공이 축(祝)으로 쓴 글에 대해서는 이공이 아마도 알지 못했을 것이다. 여러 사관(史官)과 많 은 벼슬아치들은 아마도 점을 치는 데에 일을 담당했던 사람으로, 성왕(成王)이 하늘의 변화에 대해서 점치도록 시킨 사람은 곧 이전 에 주공이 무왕의 병에 대해서 점치도록 시킨 사람이다. 이공 및 성 왕이 주공 스스로 공(功)이라고 여기는 이야기를 얻고 나서는 그것 을 근거로 물어보았다. 따라서 모두가 말하였다. "진실로 그러한 일 이 있었습니다." 그렇지만 탄식하면서 말하였다. "이는 실제로 주공 의 명령으로, 우리가 감히 말하지 못했을 뿐입니다." 공씨(孔氏)가 말 한 주공이 말하지 못하도록 시켰다고 하는 것은 잘못된 것이다.[30]

---

30) "周公卜武王之疾, 二公未必不知之. 周公冊祝之文, 二公蓋不知也. 諸史百執事, 蓋卜筮 執事之人, 成王使卜天變者, 卽前日周公使卜武王疾之人也. 二公及成王得周公自以爲功 之說, 因以問之. 故皆謂信有此事已而歎息言, 此實周公之命而我勿敢言爾. 孔氏謂周公 使之勿道者非是."(≪서경집전≫ 금등)

이 설명 또한 정황을 따져서 가장 타당한 점을 선택한 것이다. 여기서도 설명으로 '歎息言'이라 하며 감탄을 나타내는 것으로 보았다. 채침의 설명은 이전의 것과 비교할 때 단지 문장의 구조가 다르다는 것만을 나타낼 뿐이다. 이에 대해 왕인지는 '噫'와 '抑'이 동일함을 여러 증거를 통해 제시하고서 이를 통해 '抑'을 설명하는 '전환을 나타내는 허사'로 보아야 한다고 주장하였다.

여기서의 핵심 논점 사항은 '噫'가 감탄사인가 문장의 전환인가이다. 이에 대해 ≪경전석사≫에서 언급한 내용을 정리해보면 다음과 같다. 모전(某傳)에서는 한사(恨辭)로 보았고, 이는 감탄사와 동일하게 사용한다. 그렇다면 의심을 가질 수 있는 부분으로는 감탄을 나타내는 내용은 문장의 가장 앞에 나오는 것이 일반적이라는 것이다. 감탄을 나타내는 '噫'가 문장 앞에 나오지 않는 것은 ≪서≫ 금등의 해당 문장이 유일하다. 따라서 여전히 어색함이 남게 된다. 이러한 점에 의거하면 구두라는 문제에 있어서는 왕인지가 보고 있는 관점이 더 탁월하다고 할 수 있다. 또한 의미상으로도 이후와 연결됨에 있어 전환이 이루어져야 하기 때문에 '噫'를 문장의 전환을 나타내는 '抑'과 동일하게 보는 것이 좋다.

이와 같이 ≪경전석사≫ 표제어에서 나타난 동의 관계를 이용해 이전의 오류를 수정하였다. 이러한 점을 통해 경전의 새로운 해석을 이끌어낸 점에 대해서는 이후에 다시 살펴보고자 한다.

1.3. 성모(聲母)에 대한 관심

셋째로 음에 대한 관심이 성모(聲母)에 대한 관심으로 심화한 것이다. 이는 허사 분석에 있어 성모를 중심으로 둔 사유에 의거한 것이라 할 수 있으며, 성모에 대한 관심의 확대로 볼 수 있다. 제3장 1.1에서는 ≪경전석사≫ 표제어의 편장이 성모 중심으로 되어 있음에 대해 논의하였다. 이로 인해 특정 발음에서 허사가 많이 나타나는 것과, 동일한 권에 의미적으로 유사한 허사가 배치되는 내용에 대해서 파악할 수 있었다. 이 부분에서는 이와 관련하여 나타난 음운에 대한 관심에 의해 이전 해석의 내용이 변경된 것을 살펴보고자 한다.

이에 앞서 왕씨 부자의 성모에 대한 관심과 성모 중심의 사유를 논의해보고자 한다. 왕념손과 왕인지는 성모에 대한 음운학적 논의를 직접 하지는 않았다. 이는 ≪경전석사≫가 허사에 대한 전문 연구서라는 점과 ≪경의술문≫이 경(經)에 대한 연구서로 음운적인 내용을 직접적으로 기술한 저서를 남기지 않았다는 것으로도 일정 부분 그 상황을 파악할 수 있다. 이미 2장과 3장에서 언급한 내용이지만 성모와 관련한 이론적 토대는 동시대의 학자인 전대흔(錢大昕)의 영향을 받은 것으로 보인다. 이러한 점이 ≪경전석사≫에 반영되었을 때 이에 대한 왕인지 등의 새로운 의견을 확인할 수는 없었다. 그렇다면 이러한 항목을 발전시켜 논리적으로 전개한 것은 전대흔에게 속하는 공로이지 왕씨 부자에게 속하는 공로라고 할 수는 없다. 그렇다면 어떠한 점에서 성모에 대한 관심이 왕인지의

공로로 인정받을 수 있을까? 왕인지의 성과는 오히려 전대흔의 이
론적 설명과 내용을 허사에 적용하여 허사간의 체계와 설명에서
새로운 관점을 밝혔고, 이를 경전 해석에 적용하여 해석상의 문제
를 해결한 것이다.

이러한 적용에 입각하여 의미적으로 유사한 내용을 기술하고 있
는 점을 살펴보자.

1.3.1. '用'/'以'

1권 '用'과 '以'에 대한 설명이다.

> '用'은 허사 '以'이다. (…) 以와 用은 일성지전이다. 일반적으로
> ≪춘추공양전(春秋公羊傳)≫의 경(經)을 풀이한 부분에서 모두 '何以'
> 라고 말한 것을 ≪곡량전(穀梁傳)≫에서는 '何用'이라고도 하였다.
> 그 실제는 한 가지이다.[31]

이와 같이 ≪공양전≫에서의 설명 중 '何以'라고 한 부분을 ≪곡
량전≫에서는 '何用'으로 풀이한 것으로 ≪경전석사≫에서 들고 있
는 예문은 다음과 같다.

> ≪곡량전≫ 환공(桓公) 15년[32]의 "何用見其未易災之餘而嘗也."(어
> 째서 가을 8월에 창고에 불이 났던 재앙[33]의 여파가 바뀌지도 않았
> 는데 가을 제사를 지내는가?)이다.[34]

---

31) "用, 詞之以也, (…) 以用一聲之轉, 凡春秋公羊傳之釋經, 皆言何以穀梁則或言何用, 其
實一也."(1권 '用' 항목)
32) 환공 14년의 일이다.
33) 가을 8월에 창고에 불이 난 일을 가리킨다.

여기서 이 내용을 이해하기 위해 한 가지 살펴보아야 할 점이 있다. '以'와 '用'이 동일한 쓰임을 보인다고 하면서 내세우고 있는 근거인 ≪공양전≫과 ≪곡량전≫에서 '何以'와 '何用'이 쓰이는 점에 대한 것으로, ≪공양전≫에서 '何以'로 쓰인 것이 ≪곡량전≫에서는 모두 '何用'으로 쓰이는가이다. 그리고 혹시 ≪공양전≫, ≪곡량전≫ 각각에서 '何以'와 '何用'이 동시에 사용되었던 것은 아닐까 하는 점 또한 제기할 수 있다.

각각의 본문을 검토한 결과, ≪공양전≫에서는 '何以'를 341회 사용하였고, '何用'은 단 1회도 사용하지 않았다. ≪곡량전≫에서는 '何以'를 37회 사용하였고, '何用'은 8회 사용하였다.35) 이와 같이 ≪공양전≫과 ≪곡량전≫을 통해 '何以'보다는 '何用'이 드물게 나타나는 것을 알 수 있다. 그렇다면 ≪공양전≫과 ≪곡량전≫ 내에서 '何用'의 쓰임은 예외적인 것으로 볼 수 있다. 그리고 ≪공양전≫과 ≪곡량전≫에서 '何以'와 '何用'의 쓰임을 일괄적으로 비교할 수는 없다. 그 이유는 다음과 같다. ≪공양전≫에서 '何以'를 사용하는 부분에 대해 ≪곡량전≫에서 '何用'으로 사용하였다고 했을 때, 그 내용상 일치하는 것이 거의 없기 때문이다. 즉 ≪공양전≫과 ≪곡량전≫에서 '何以'와 '何用'을 사용하고 있는 부분이 서로

---

34) "桓十五年傳曰, 何用見其未易災之餘而嘗也."(1권 '用' 항목)

35) ≪곡량전≫에서 '何用'은 다음과 같이 총 8군데에서 나타난다. "何用見其未易災之餘而嘗也?"(환공(桓公) 14년), "어째서 받아들이지 않았는가?(何用弗受也?)"(장공(莊公) 6년), "어떻게 밤중에 본 것인가?(何用見其中也.)"(장공 7년) "何用不受也?"(장공 24년), "어떻게 그가 齊侯인지 알았는가?(何用見其是齊侯也?)"(희공(僖公) 원년), "何用不受也?"(선공(宣公) 11년), "何用不受也?"(애공(哀公) 2년), "何用不受?"(애공 6년) 등이다.

다르다. 예를 들어 위에서 들고 있는 《곡량전》 환공(桓公) 14년의 "何用見其未易災之餘而嘗也."를 《공양전》 환공 14년에서는 찾아 볼 수 없다. 그 외에도 나머지 7가지 《곡량전》의 '何用'으로 된 질문에 대해 《공양전》은 동일한 질문을 하지 않는다. 그렇기 때문 에 동일한 내용을 가리키는 구문간의 직접적인 비교는 불가능하다.

그렇다면 《경전석사》에서 말하는 내용은 무엇을 가리키는 것 일까? 아마도 《공양전》에서 사용하지 않는 '何用'을 《곡량전》 에서는 사용하고 있다는 점을 지적한 것이 아닌가 한다. 즉 《공양 전》에서는 질문을 함에 있어 오로지 '何以'를 사용하고 있다면, 《곡량전》에서는 '何以'도 사용하기는 하지만 '何以'의 뜻을 가지 는 내용에 대해 '何用'을 사용하고 있고, 이는 곧 '何以'로 치환할 수도 있기 때문에 '以'와 '用'이 동일한 의미를 가지고 있음을 이야 기한 것으로 볼 수 있다. 그리고 왕인지는 이러한 점을 '以'와 '用' 이 동일한 성모로 이루어진 쌍성관계라는 점에 착안하여 밝혀낸 것으로 볼 수 있다.

1.3.2. '曷'

4권 '曷'이 '何'뿐만 아니라 '何不'로도 쓰이는 점에 대해서 보도 록 하자.

'盍'은 '何不'이기도 하고 또한 '何'이기도 하며, '曷'은 '何'이기도 하고 또한 '何不'이기도 한다. 소리가 비슷하여 뜻이 통한다. 따라서 《이아》 석언(釋言)에서는 "曷, 盍也."(曷은 盍의 뜻이다.), 《광아》 석고(釋詁)에서는 "曷, 盍, 何也."(曷, 盍은 何의 뜻이다.)이라 하였다.

학자들이 그 뜻을 잃은 지 오래되었다.36)

이는 '盍'과 '曷'이 각각 '何不'과 '何'로만 쓰이는 것은 아니고, '盍'은 '何', '曷'은 '何不'로도 쓰임을 말한 것이다. 이에 대한 근거로는 ≪이아≫와 ≪광아≫에서 제시한 설명을 인용하였다. ≪이아≫의 설명에 따르면 '盍'과 '曷'은 동일한 허사이다. ≪광아≫에서는 두 자가 모두 '何'의 뜻으로 쓰이고 있음을 나타냈다. 여기에서는 '曷'이 '何不'의 쓰임에 대해서는 나타나지 않았지만, 이는 '曷' 항목에 그 설명이 있다.

가대인(家大人)37)이 말하였다. ≪이아≫ 석언의 "曷, 盍也"('曷'은 '盍'의 뜻이다.)에 대해 곽박(郭璞)이 설명하였다. "盍, 何不也"('盍'은 '何不'의 뜻이다.)38)

이는 왕념손이 ≪이아≫ 본문을 인용하여 '曷'이 '盍'으로 쓰인 증거를 들었고, 이에 대한 풀이로서 곽박의 주에서 한 설명을 통해 이 '盍'이 '何不'이므로, '曷' 또한 '何不'의 뜻으로 쓰일 수 있음을 밝힌 것이다. 이에 대해 다음 예문을 보도록 하겠다.

中心好之, 曷飮食之.(≪시≫ 당풍·유체지두(唐風·有杕之杜))39)

---

36) "盍爲何不而又爲何, 曷爲何而又爲何不[見曷字下] 聲近而義通也, 故爾雅曰, 曷, 盍也, 廣雅曰, 曷, 盍, 何也, 學者失其義久矣."(4권 '盍' '蓋' '闔' 항목)
37) 왕인지의 아버지 왕념손을 가리킨다.
38) "家大人曰, 爾雅曰, 曷, 盍也. 郭注曰, 盍, 何不也."
39) 이에 대한 올바른 해석은 "마음속으로 좋아하는데 어째서 함께 먹고 마시지 않는가?"이다.

이에 대해 정전에서는 "曷, 何也"라 풀이 하였다. 이어지는 설명에서 정현은 다음과 같이 말하였다. "마음속에서 정성껏 좋아하는데, 어찌 단지 음식만을 제공하겠는가? 예를 다하고 환대를 극진히하여서 대접해야 함을 말한 것이다."40) 여기에서 어째서 '曷'을 일반적인 '何'나 '何不'이 아닌 '何但'으로 풀이했는가를 살펴볼 필요가 있다. 만약 그대로 '何'를 적용하여 ≪시≫의 문장을 해석해본다면 "마음속으로 좋아하는데, 어째서 함께 먹고 마시는가?(中心好之, 何飮食之.)"라는 문맥상으로 걸맞지 않은 해석이 등장하게 된다. 정현은 이 시가 전달하고자 하는 내용을 모르지 않았을 것이고, '曷'을 '何'로 풀이했을 때의 해석이 어색함을 고민하다 문맥에 맞추어 해석에 있어 '但'이라는 표현으로 바꾸고, '飮食之'의 내용을 음식을 제공하는 것으로 바꾼 것이다. 이러한 점을 살펴보면 ≪시≫에 대한 정현의 풀이가 자연스럽지 못함을 알 수 있다. 정현의 계속된 설명인 "극진한 예로 환대해야 한다.(當盡禮極歡以待之.)" 또한 앞의 어색함을 만회하기 위한 방편일 따름이다.

이러한 점 또한 이미 주어진 해당 허사에 대한 의미에 혼동하지 않고 음성을 중시하는 방식으로 해석을 도모하여 올바른 의미를 추구할 수 있게 된 것이다.

---

40) "言中心誠好之, 何但飮食之, 當盡禮極歡以待之."

1.4. 경전 해석의 새로운 시도

넷째로 경전 해석에 있어서의 새로운 내용과 방법에 대한 시도
가 이루어졌다. 이 부분에서는 앞의 내용을 종합하여 경전 해석에
있어서 새롭게 밝히고 있는 점 등을 논의하고자 한다.

1.4.1. '幾'

5권 '幾' 항목에서 '其'라는 뜻으로 해석하는 데에 있어 ≪역≫
소축(小畜) 상구(上九)의 "月幾望."을 예로 들었다. 일반적으로 '幾望'
이라는 단어에 대해서는 '15일에 가까운'이라는 뜻으로, 즉 '14일'
로 풀이하고 있다.41) 그에 대한 근거로 우번(虞翻)의 " '幾'는 '近'의
뜻이다.(幾, 近也.)"라는 설명을 제시하였다. 즉 우번의 설명에 의하
면 '幾'는 '近', '幾乎'의 뜻으로 '~에 가깝다'로 본 것이며, "月幾
望."은 그 뜻으로 풀어야 한다고 보았다. 그 외에 공영달 등도 이를
'가깝다.'로 풀고 있다.

그러나 왕인지는 이 중에서 우번의 설명은 후대에 그 내용을 고
친 것으로 보았다. 왜냐하면 같은 구절에 대한 설명에 대해 일치하
지 않는 형태로 나타나기 때문이다. 동일한 구절인 ≪역≫ 귀매(歸
妹) 육오(六五)의 "月幾望."의 '幾'에 대해 우번은 "幾, 其也."라 설명
한 일이 있고, 그 설명 방식이 ≪역≫ 소축(小畜) 상구(上九)와 동일
하다. 이 둘 중 왕인지는 '其'가 옳고 '近'은 고친 것으로 보았다.

---

41) ≪한어대사전≫에서는 '幾望'에 대해 "음력 달에서 14일을 가리킨다. '幾'는 '近'의
뜻이다. 望은 음력 매월 15일이다.(称農歷月之十四日. 幾, 近 ; 望, 農歷每月的十五
日.)"이라 풀이하고서는 예로서 ≪역≫의 해당 구절을 인용하였다.

그 이유로는 ≪역≫ 중부(中孚) 육사(六四)의 "月幾望."에서는 '幾'에 대해 우번 등이 별도의 설명을 더하지 않았기 때문이다. 이는 '幾'가 의미를 갖지 않을 수 있다는 단서가 된다.

또한 왕인지는 이 구절에 대한 ≪경전석문≫의 설명에서 서막(徐邈)의 음주(音注)인 "音祈."를 들고 있다. 이는 ≪역≫ 준(屯) 육삼(六三)의 "君子幾不如舍."(군자가 그만두는 것만 못하다.)[42]에 대해 서막이 '幾'를 설명한 "音祈."와 동일하기 때문이다. ≪역≫ 준 육삼의 '幾'에 대해 왕필(王弼)은 "幾, 辭也"(幾는 허사이다.)라 하였고, 이에 대한 공영달은 ≪주역정의≫에서 "幾爲語辭, 不爲義也."('幾'는 허사로 뜻풀이를 하지 않는다.)라 하였다. 이에 근거하면 ≪역≫ 소축 상구에 있는 서막의 음주 또한 허사를 나타내는 것으로 볼 수 있다. 따라서 이 부분은 음성적 차이뿐만 아니라 의미적 차이도 등장하고, 이를 근거로 하여 왕인지는 이 구절에 대한 해석을 일반적으로 풀이한 것과는 달리할 수 있었던 것이다.

이러한 해석의 변화가 주는 내용은 다음과 같다. 이는 곧 독음이 바뀌는 것으로, 그 경전을 어떠한 방식으로 읽어야 한다는 점이 결정된다. 이는 또한 의미의 변화를 수반한다. 그렇다면 이 자의 해석상의 변화로 인해 이전의 주석서에서 나타났던 관점으로 구축한 체계에 대한 비판과 반박이 된다. 예를 들어 정이(程頤)의 ≪역전(易傳)≫에서의 풀이를 보자.

달이 보름달이면 해와 대적할 수 있게 된다. '기망(幾望)'은 그것이

---

42) 번역은 김경탁(1971 : 88) 참조.

성장하여 장차 상대할 수 있음을 말한다. 음이 이미 양을 저지하고
서 기망이라고 한 것은 무엇인가? 이는 유순으로 그 뜻을 저지한 것
이다. 힘으로 제압할 수 있는 것은 아니다. 그렇지만 그치지 않는다
면 장차 양보다 커져서 흉하게 된다. 기망으로 그것을 경계하여 말
하였다. 부인이 장차 상대할 수 있음을 경계한 것이다. 군자가 움직
이면 흉하다고 한 것이니, 군자는 양을 가리키고 정(征)은 움직임이
다. 기망은 장차 차는 때로, 만약 이미 보름달이라면 양이 이미 소멸
하게 된다. 오히려 무엇을 경계하겠는가?[43]

이는 철저히 "月幾望"에서의 '幾望'이 보름이 되기 직전의 단계
를 근거로 하여 서술하고 의미를 부여한 것이다. 왕인지는 바로
《역전》의 설명을 염두에 두고 풀이한 것으로 보인다. 왕인지의
해석은 이전에 권위를 가지고 있는 해석에 대한 직접적인 지적으
로, 그 지적한 부분이 비록 작지만 그로 인해 발생하는 파장은 해
석체계에 대한 강한 반박이 될 수 있다. 실상 위의 해석들이 옳고
그름을 떠나 객관적인 측면에서 보았을 때, 그 달이 보름달이건 보
름이 되기 직전의 달이건 상관없이 해석이 가능하고 의미를 부여
할 수는 있다.[44] 그러나 경이 고대사회에 가지고 있었던 위상에 비
추어 보았을 때, 이 차이는 세계관에 대한 중요한 차이점으로 나타
난다. 이와 같이 이전의 권위 있는 해석에 구애되지 않고 해당자의

---

43) "月望則與日敵矣. 幾望, 言其盛將敵也. 陰已能畜陽而云幾望, 何也? 此以柔巽畜其志也.
非力能制也. 然不已則將盛於陽而凶矣. 於幾望而爲之戒曰婦將敵矣. 君子, 動則凶也. 君
子, 謂陽. 征, 動也. 幾望, 將盈之時, 若已望則陽已消矣. 尙何戒乎?"(정이 《주역전(周
易傳》 소축 상구)
44) 특히 우번의 설명 중 소축괘에서 '幾'를 '近'으로 설명했을 때와 귀매, 중부 괘 등에
서 '幾'를 '其'로 설명했을 때 이후 설명에서 차이가 드러나지 않는다는 것에서 이
러한 점을 더욱 의심하게 한다.

의미를 확실히 하여 새로운 해석을 이끌어낸 것은 경전 해석에 있
어서 왕인지의 성과라 할 수 있다.

1.4.2. ‘不’

≪이아≫에서 ‘不’이 허사로서 발성을 나타내어 해석을 하지 않
는 것에 대해 논의해 보고자 한다.

> ≪이아≫ 석구(釋邱)의 “夷上洒下, 不漘.”(물가의 언덕 위가 평탄하
> 고 수심이 깊은 곳이 순(漘)이다.)[45]

이에 대해 곽박은 주에서 말하였다. “ ‘不’은 발성(發聲)이다.(不, 發
聲.)” 그러나 형병(刑昺)이 소(疏)에서 인용한 손염(孫炎)의 견해에 따
르면 이 ‘不’은 연자(衍字)이다. 이와 같이 두 가지 의견이 제시되었
을 때 왕인지는 어떠한 의견을 드러냈는지 살펴보고자 한다.

≪이아≫ 석구의 예에 해당하는 경문은 ≪시≫ 왕풍·갈류(王風
·葛藟)의 “在河之漘”이다. 이에 대한 ≪정의≫에서는 손염의 견해
를 인용하여 ‘不’을 연자로 보았다. 이와 같은 의견은 송대 정초(鄭
樵)의 ≪이아주(爾雅註)≫에서도 나타난다.[46] 그러나 이에 대해 왕인
지는 손염이 ‘不’의 쓰임을 알지 못하여 이야기한 것으로 보고 곽
박의 발성이라는 의견을 받아들였다.

그렇지만 ‘漘’이 ‘不’을 포함하여 사용된 곳은 ≪이아≫외의 예
를 경전(經傳) 내에서 찾을 수 없다. 이러한 점을 고려한다면 ≪이아≫

---

45) “釋邱曰, 夷上洒下, 不漘.”(10권 ‘不’ ‘조’ ‘즘’ 항목)
46) “不者, 衍字.”(≪이아주≫ 권중(卷中))

에서 사용하고 있는 '不'을 손염의 의견대로 연자로 볼 수 있는 가
능성은 있다. 그러나 ≪이아≫의 곽박 또한 '不'을 발성으로 사용
했던 방식을 알고 적용하였다는 점에 비추어 보면, 손염처럼 단순
하게 연자라고 할 수는 없다. 이 논의 속에서 알 수 있는 것은 '不'
이 부정사의 의미를 갖지 않을 수 있다는 점이다.

　이 외에도 여러 예들을 통해 '不'이 부정사가 아닌 허사로서 사
용하고 있음을 볼 수 있다.47) 이후 왕인지는 이를 다음과 같이 설
명하였다.

　　모두 앞 문장을 잇는 허사[승상지사(承上之詞)]이다. 일반적으로
　이는 모두 옛사람들의 글을 짓는 일상적인 법식이었다. 후대에 경을
　해설하는 자들이 다만 '不'이 '弗'로, '否'가 '不'로, '조'가 '大'로 뜻
　풀이하는 것만 알았지, 그것들이 또한 발성을 나타내는 허사가 되는
　것은 알지 못하였다. 이에 억지로 주석을 하여 경문이 대부분 통할
　수 없었다.48)

　이는 '不', '否', '조'에 대해 발성을 나타내는 허사로 풀이하는
것을 잊고 모두 이전 훈고에 안주하여 설명하고 있음을 비판한 것
이다. 이에 대해 왕인지는 자신이 제시한 예가 전부가 아님을 밝히
고 다음과 같이 말하였다.

　원하건대 배우는 자들이 다른 것들과 비교한 후 유추해서 구해야

---

47) 10권 '不' '조' '否' 항목에 그 예가 자세하다.
48) "皆承上之詞也, 凡此皆古人屬詞之常禮. 後世解經者, 但知不之訓弗, 否之訓不, 조之訓
　　大, 而不知其又爲語詞, 於是强爲注釋, 而經文多不可通矣."(10권 '不' '조' '否' 항목)

할 것이다.[49)

이는 왕인지가 허사의 새로운 해석을 통해 경전에 대해 새로운 관점으로 접근할 것을 제안하는 발언이다. 이로 인해 경전에 대해 새로운 해석을 할 수 있는 여지를 남긴 것은 왕인지의 성과라 할 수 있다.

2. 음과 의미의 관계를 통해 본 한계

지금까지 음과 의미의 관계라는 관점에서 본 ≪경전석사≫의 성과를 살펴보았다. 이 성과를 통해 이후 경전의 이해에 새로운 시각을 제시하였음은 이전에서 논의하였다. 그렇지만 그 성과에 비견되는 실수나 한계점 또한 적지 않다. 이 부분에서는 설명상의 전면적이고 체계적이지 못하여 나타나는 문제점과 자의적인 해석에 의해 일관되지 못하고 혼란을 일으키는 점, 문자로서 쓰이는 자와 의미를 나타내는 단어인 사를 구별하지 못하여 발생하는 문제점 등에 대해서 기술하고자 한다.

2.1. 전면적, 체계적이지 못한 설명

첫째로는 설명이 전면적, 체계적이지 못하다. 이 부분에서는 '일

---

49) "願學者比物醜類以求之."(10권 '不' '조' '否' 항목)

성지전(一聲之轉)'과 '어지전(語之轉)' 등의 술어를 혼동하여 사용하고
있는 점과 합음(合音)과 관련한 일관적이지 못한 설명에 대하여 논
하겠다.

일성지전과 어지전을 혼용하여 사용하고 있음에 대해서는 앞에
서 이미 밝혔다.[50] 이를 발전이라는 측면에서 본다면 '어(語)'라고
하는 추상적인 단위에 비해 '성(聲)'이라고 하는 성모(聲母)를 연상할
수 있도록 하는 좀 더 자세한 술어로 나타내고 있는 것으로 볼 수
있다. 그렇지만 ≪경전석사≫ 내에서 일성지전과 어지전이 동일하
게 나타나는 것은 왕인지가 술어를 혼용하고 있다는 것으로, 이는
약점이 된다.

≪경전석사≫에서 어지전을 사용하여 설명하고 있는 항목은 모
두 4군데이다. 이들을 살펴보면 6권의 '甯',[51] 7권의 '如',[52] '若',[53]
8권의 '曾'[54] 항목에서 볼 수 있다.

50) 이에 대한 설명은 제3장 3.1. 참조.
51) " '甯'은 '乃'와 같다. 대진의 ≪모정시고정≫에서 말하였다. '≪시≫ 소아·사월(小
雅·四月) 첫 장의 '胡甯忍予'(어찌 나를 차마 이러한 난리에 놓이게 하시나?)에 대
해 전(箋)에서 말하였다. '甯, 猶曾也.'(甯은 曾과 같다.) 대진이 살피건대 '甯'은 '乃'
와 같다. 어지전이다.' "(甯, 猶乃也, 毛鄭詩考正曰, 四月首章胡甯忍予, 箋云甯猶曾也,
案甯猶乃也, 語之轉.)(6권 '甯' 항목)
52) " '如'와 '然'은 어지전이다. 따라서 ≪시≫ 위풍·갈구(魏風·葛屨)의 '宛然左辟'(공
손하게 왼쪽으로 비키네.)을 ≪설문해자≫ 8권상 인부(人部) 벽(僻) 자에서 인용하여
'宛如左僻.'이라 하였다."(如然語之轉, 故詩葛屨宛然左辟, 說文引作宛如左僻.)(7권 '如'
항목)
53) "가대인(家大人)이 말하였다. ≪서≫ 금등편(金縢篇)의 '予仁若考.'(내가 인자하고 교
묘하니)를 ≪사기≫ 노세가(魯世家)에서는 '旦巧'로 되어 있다. '巧'와 '考'는 옛 글
자가 통한다. '若'과 '而'는 어지전이다."(家大人曰, 書金縢篇, 予仁若考, 史記魯世家
作旦巧, 巧考古字通, 若而語之轉.)(7권 '若' 항목)
54) " '曾', '曾'은 모두 허사이다. 따라서 그 글자에 대해서 나란히 따라서 말하였다. '或
言曾.'('曾'이라고도 한다.) 또는 '或言曾.'('曾'이라고도 한다.) 어지전일 뿐이다."(曾,

이들을 검토하면 6권 '甯'은 대진(戴震)이 사용한 것으로 이를 그
대로 계승한 것으로 볼 수 있다. 비록 7권 '若' 또한 왕인지 자신의
의견이 아니라 왕념손이 제시한 의견으로 볼 수도 있지만 이는 왕
씨 부자의 의견이 반영된 것으로 이를 계승한 것으로 보기에는 무
리이다. 이러한 점을 차치하더라도 7권 '如'와 8권 '暜'에 대해 사
용한 것은 모두 일성지전으로 설명할 수 있는 내용들이다. 이를 어
지전을 통해 설명하는 것은 술어에 대한 혼용이 나타나는 것으로
볼 수 있다. 이는 ≪경전석사≫에서 용어 사용에 있어 치밀하지 못
한 점을 나타내는 예이다.

이러한 점의 기원은 아마도 대진에게서 영향을 받은 것은 아닌
가 한다. 대진이 어지전이라는 표현을 통해서 '甯'과 '乃'가 서로
관련이 있음을 설명하였다. 그렇지만 대진은 또한 ≪대동원집(戴東
原集)≫에서 일성지전이라는 술어를 통해 '胡', '遐'가 활용하여 모
두 '何'의 뜻으로 쓰임을 밝힌 적이 있다.

> ≪시≫ 조풍·시구(曹風·鳲鳩)의 "胡不萬秊"(어찌 만년이 아니겠
> 는가?)과 ≪시≫ 소아·남산유대(小雅·南山有臺)의 "遐不眉壽"(어찌
> 장수하지 않겠는가?)라는 구절은 또한 '胡', '遐', '何'가 일성지전이
> 기 때문에 '胡', '遐' 모두 '何'가 되는 것에 속한다.[55]

이 내용과 관련하여 왕인지 또한 그 내용을 그대로 일성지전으

暜, 皆詞也, 故其字竝從曰, 或言曾, 或言暜, 語之轉耳.)(8권의 '暜' 항목)
55) "胡不萬秊, 遐不眉壽, 又因胡遐何一聲之轉, 而胡遐皆從爲何."(≪대동원집≫ 3권 '論韻
書中字義荅秦尙書蕙田'(상서(尙書) 진혜전(秦蕙田)에게 답한 운서(韻書) 중 글자의 뜻
을 논함))(신원철(2007 : 38)에서 재인용)

로 설명하였다.

> '何', '胡', '奚', '遐', '侯', '號', '曷', '盍' 등은 일성지전이다.56)

이러한 점을 통해 일성지전 또한 왕인지가 새롭게 술어를 창안한 것이 아니라 이전부터 사용한 것을 계승하여 사용하고 있음을 알 수 있다. 그렇다면 일성지전과 어지전에 대해 아직 하나의 술어로 귀납시키지 못한 상태로 볼 수 있다. 이는 왕인지가 ≪경전석사≫에서 인성구의를 설명할 때 사용한 술어인 '일성지전', '어지전' 등이 전면적이고 체계적이지 못한 증거가 된다.

그리고 음에 기반한 설명을 함에 있어서 합음(合音)에 대해 이해하기 힘든 결론을 내리는 부분이 있다. 여기서는 두 가지에 대해서 지적하고자 한다.

9권 '諸' 항목에서는 '諸'에 대해 각각 '於'와 '之' 등으로만 풀이하고 있다. 또한 '之乎'로 설명하는 부분에서도 예로는 '乎'가 의문이나 감탄을 나타내는 내용에 대해서만 언급하고 있을 뿐이다.

이에 대해 왕인지의 입장에서 고려해본다면 한문에서 '於'와 '之'를 생략하면서도 그 뜻이 나타나는 문장이 비일비재하기 때문에 이러한 점을 고려하여 해석한 것이라고 볼 수도 있다. 또한 주석상에서 나타나는 근거를 가지고 설명을 하기 때문에 정현이 ≪의례(儀禮)≫에서 한 설명57)에 근거하여 이와 같은 내용을 제시하였다

---

56) 何也, 胡也, 奚也, 遐也, 侯也, 號也, 曷也, 盍也, 一聲之轉也.(4권 '號' 항목)

57) ≪의례≫ 사혼례(士昏禮)의 "視諸衿鞶"(금반[衿鞶 : 띠 위에 매단 주머니, 예의의 상징]을 보아라.)에 대한 정현의 주에서 "諸, 之也"('諸'는 '之'의 뜻이다.)라 한 것과,

볼 수 있다. 그렇지만 '諸'라는 것이 '於'와 '之'의 합음과 관련이 있기 때문에 그러한 풀이가 가능하다는 설명이 누락되었다는 점은 문제로 지적해야 할 것이다.

10권 '不' 항목에서의 ≪이아≫ 석기(釋器) "不律謂之筆."(불률(不律)은 붓[筆]을 가리킨다.)에 대한 설명에서도 문제점은 나타난다. 이에 대한 왕인지의 설명은 다음과 같다.

'律'·'筆'은 소리가 비슷하고 말이 변한 것이다. '不'은 발성이다.[58]

이에 대한 보충 설명으로는 해당 항목에 대한 ≪경의술문≫에서 의 설명이 자세하다.

≪이아≫ 석기의 "不律謂之筆."에 대해 곽박이 말하였다. "촉(蜀) 사람은 '筆'을 '不律'이라고 한다. 말이 변한 것이다." 내가 살펴보건 대 '不'이라는 것은 발성으로, ≪이아≫ 석구(釋邱)에서 '滸'을 '不滸' 이라 하고, ≪이아≫ 석어(釋魚)에서 '類'를 '不類', '若'을 '不若'이라 하는 것과 같다. ≪설문해자≫ 3권하 율부(聿部)에서 말하였다. "초(楚)에서는 '聿'이라 하고, 오(吳)에서는 '不律'이라 하고, 연(燕)에서 는 '弗'이라 하였으며, 진(秦)에서는 '筆'이라 하였다." '聿'과 '律'은 음성이 서로 비슷하다. '弗'과 '筆'도 음성이 서로 비슷하다. '不'은 발성이다. '不律'을 '筆'이라고 하는 것은 '律'을 '筆'이라고 하는 것 과 같을 뿐이다. 정초의 ≪이아주≫에서 말하였다. "천천히 소리 내 면 '不律'이 되고 급히 소리 내면 '筆'이 된다." 그 설명이 맞는 것처

≪의례≫ 향사례(鄕射禮) "則薦諸其席"(그 자리로 옮겨 간다.)에 대한 정현의 주에서 "諸, 於也"('諸'는 '於'의 뜻이다.)라 한 것을 가리킨다.
58) "律筆聲近而語轉, 不則發聲也."(10권 '不' '조' '否' 항목)

럼 보이지만 옳지 않다.[59]

분명 '不律'이라는 기술이 '筆'과 음성적 유사함이 있는 것은 맞다. '不律'이라는 표기가 '筆'의 성모와 운모를 나누어 놓은 것처럼 보이기 때문이다.[60] ≪경의술문≫의 설명에서 문제점은 붓을 나타내는 뜻으로 '律'이 쓰인 용례를 들고 있지 않다는 것이다.

'律'은 ≪설문해자≫ 3권하 율부(聿部)에 의하면 "均布也. 從彳, 聿聲."으로 보고 있으며, ≪한어대사전≫ 등의 예를 보아도 나타나지 않는다. 또한 훈고(訓詁)를 모아 놓은 ≪고훈회찬(古訓匯纂)≫에서는 ≪이아≫ 석언(釋言)에서 학의행(郝懿行)의 의소(義疏)를 들면서 이야기하고, 소진함(邵晉涵)의 예를 들면서 '律' 또한 붓이라고 설명하고 있지만 학의행과 소진함 또한 여러 경전(經傳)을 포함한 다른 문헌에서의 예를 들지 못하고 있는 것은 마찬가지이다.

'律'의 설명에 대해 단옥재는 다음과 같이 말하였다.

'均'과 '律'은 쌍성이다. '均'의 옛 음은 '勻'과 같다. ≪역≫ 사(師) 초륙(初六)에서 말하였다. "군대는 법도로써 나아간다.(師出以律.)" ≪서≫ 요전(堯典)에서 말하였다. "날짜를 바로 잡고, 계량을 동일하게 하였다.(正日, 同律度量衡.)" ≪이아≫ 석언(釋言)에서 말하였다.

---

59) "郭曰 : 蜀人, 呼筆爲不律也. 語之變轉. 引之謹案 : 不者, 發聲, 猶滂謂之不滂.[見釋邱] 類謂之不類, 若謂之不若也.[見釋魚] 說文曰 : 楚謂之聿, 吳謂之不律, 燕謂之弗, 秦謂之筆. 聿, 律, 聲相近. 弗, 筆, 聲相近. 不, 發聲也. 不律謂之筆, 猶言律謂之筆耳. 鄭樵注曰 : 緩聲爲不律, 急聲爲筆. 其說似是而非."(≪경의술문≫ 이아중(爾雅中) '不律謂之筆' 항목)

60) '筆'의 상고음은 幫紐物韻이다. '不'의 상고음은 幫紐之韻이고, '律'의 상고음은 來紐物韻이다. 즉 '筆'의 발음은 '不'의 聲母와 '律'의 韻母로 구성되었다고 할 수 있다.

"'坎', '律' 등은 '銓'[무게를 재는 추]이라는 뜻이다. (坎律銓也.)"
'律'이라는 항목은 천하에 동일하지 않은 것을 한 가지로 귀납하게
하는 것이다. 따라서 '균포(均布)'라고 한 것이다.[61]

이러한 주석의 내용을 보더라도 여기에서 '자'나 '추'라는 의미
를 찾을 수는 있지만, '붓'에 대한 내용은 볼 수 없다. 따라서 '律'
에 붓이라는 의미를 찾기는 쉽지 않다. 단옥재는 '聿' 자의 주에서
다음과 같이 말하고 있다.

　한 가지의 말이지만 음성과 해당자는 각각 다르다. ≪이아≫ 석기
(釋器)에서 말하였다. "'不律'은 '筆'을 가리키는 것이다." 이에 대해
서 곽박이 말하였다. "촉(蜀) 사람은 '筆'을 '不律'이라고 한다. 말이
변한 것이다." 살피건대 곽박이 말한 촉어(蜀語)는 허신이 말한 것과
는 다르다. ≪이아≫ 곽박 주와 ≪방언(方言)≫ 곽박 주에서는 모두
≪설문해자≫를 거론하지 않았다. '弗'은 '拂拭[닦다.]'의 '拂'과 같
다.[62]

단옥재는 ≪설문해자≫에서 오(吳) 지방에서 '不律'이라고 하지만
곽박은 이를 촉(蜀) 지방에서 한 것이라고 한 점에 대해 지적하면서
별다른 설명을 더하지는 않았다. 또한 이 '聿' 자 뒤에 바로 '筆'이
나타난다. 이러한 점을 보면 왕인지가 말한 '聿'과 '律'의 음이 동

---

61) "均律雙聲. 均古音同勻也. 易曰. 師出以律. 尚書. 正曰. 同律度量衡. 爾雅. 坎律銓也.
律者所以范天下之不一而歸於一. 故曰均布也."(≪설문해자주≫ 2권하 척부(彳部) '律'
자에 대한 단옥재의 주)
62) "一語而聲字各異也. 釋器曰. 不律謂之筆. 郭云：蜀人呼筆爲不律也. 語之變轉. 按郭云
蜀語與許異. 郭注爾雅、方言皆不偁說文. 弗同拂拭之拂."(≪설문해자주≫ 3권하 율부
(聿部))

일하기에 '律' 또한 '筆'과 같다고 보면서 아울러 '不'이 발성이라는 점은 충분히 주장할 만하다. 따라서 '不律'의 '不'이 발성이라는 부분은 의미적 측면에서는 일견 타당한 면이 있지만 '律'만이 붓이라고 하기에는 근거가 부족하다. 요약하자면 왕인지가 주장한 '律'이 붓을 나타낸다는 점은 '不律'의 합음이 '筆'인 점을 인정하지 않았던 것에서 출발한 것으로, 그러한 개연성은 있지만 근거가 부족하다는 점을 확인하였다.

앞의 두 예를 보면 왕인지는 합음에 대해 인정하지 않는 것으로 볼 수 있다. 그렇지만 ≪경전석사≫의 설명에 의하면 반드시 그렇지는 않다. 왕인지는 9권 '旃'에 대해서는 합음일 수도 있다는 견해를 제시한다.

> '之'와 '旃'은 소리가 서로 전변(轉變)한 것이고, '旃'과 '焉'은 소리가 서로 비슷하다. '旃'은 또한 '之'와 '焉'의 합성(合聲)이다.[63]

이러한 점에 근거하면 왕인지 자신이 합음에 대해서 전혀 고려하지 않았다고 할 수만은 없는 것이다. 또한 9권 '諸' 항목에서도 '諸'에 대해 '之'와 '乎'의 합음으로 설명하고 있는 부분이 있다.

> '諸'는 '之乎'이다. 급하게 말하면 '諸'이고, 천천히 말하면 '之乎'이다.[64]

---

63) "之旃, 聲相轉, 旃焉, 聲相近, 旃又爲之焉之合聲."(9권 '旃' 항목)
64) "諸, 之乎也, 急言之曰諸, 徐言之曰之乎."(9권 '諸' 항목)

분명히 '之乎'로 설명하고 있지만, 이는 앞에서 이미 언급한 것
으로 '乎'를 의문사로만 보고 '於'로 풀이하지는 않았다. 이러한 점
은 다른 곳에서 나타나는 엄밀함과는 다른 부분으로, 음성적 동일
함을 강조하면서도 그에 해당하는 정확한 자료를 제시하지 못하는
점을 볼 수 있다. 이는 왕인지의 합음에 대한 명확하지 못한 시각
을 보여준다.

지금까지 ≪경전석사≫에서의 설명이 전면적, 체계적이지 못하
다는 점에 대해 일성지전과 어지전 등의 인성구의를 설명하는 술
어에 대한 혼동과 합음에 대한 일관적이지 못한 설명 등을 통해 살
펴보았다. 이와 같은 문제점은 ≪경전석사≫의 편장이 체계적으로
갖추어져 있었던 점에 비해 약점이라 할 수 있다.

2.2. 자의적 해석에 의한 설명의 혼동

둘째로는 자의적인 해석에 의해 설명 방식에 있어 혼동이 나타
남을 들 수 있다. 청대 고증학이 해석에 있어 자의적인 내용으로
병폐가 나타나는 점은 그 당시 학술상 최고봉이라 할 수 있는 왕씨
부자에게도 여전히 나타났다. 이 책에서는 이 중 毛毓松(1991)에서
비판한 내용에 대해 구체적인 설명을 더하여 보충하고자 한다.

'于'가 '聿'의 가차라는 점에 대한 毛毓松(1991 : 55)의 설명에 따
르면 '于' 자체에 어조사의 의미가 있고, 이는 ≪설문해자≫ 5권상
'于' 자에 대한 설명을 통해서 확인할 수 있다 하였다. 따라서 이를
'聿'의 가차로 보는 것은 불필요한 것으로 보았다.[65] 이 설명은 옳

다. '聿'에 대해 살펴보면 ≪설문해자≫ 3권하 율부(聿部)에서 말하였다. " '聿'은 글을 쓰는 도구이다. 초(楚)에서는 '聿'이라 하고, 오(吳)에서는 '不律'이라 하고, 연(燕)에서는 '弗'이라 하였다.(聿, 所以書也. 楚謂之聿, 吳謂之不律, 燕謂之弗.)" 즉 '聿'이 가지고 있는 의미는 '붓'이라고 하는 구체적 사물이다. '于'는 앞에서 살펴본 바와 같이 "기운이 뻗어나가는 것을 형상화한(象气之舒于)" 것이다. 이러한 설명에 기반하면 '于'에서 어기사와 어조사의 의미가 나타날 수 있다는 점이 더 설득력이 있다. 이 점에 비추어 보면 허사로서 '聿'은 오히려 '曰'의 의미를 가차하여 쓰는 것으로 볼 수 있다. '曰'에 대해 살펴보면 ≪설문해자≫ 5권상 왈부(曰部)에서 "허사이다.(⋯) 기운이 나오는 모습을 본뜬 것이다.(詞也.(⋯) 象气出也.)"라 하여 ≪설문해자≫가 발행될 당시 이미 허사로 쓰이는 점을 볼 수 있다. 왕인지 또한 이 점을 간과하진 않았다.

  '曰'은 옛날에는 '聿'처럼 읽었다.[66]

이들 사이의 음성 관계를 보았을 때 '聿'이 가지는 허사로서의 의미는 '曰'에서 유래한 것이고, 그 의미가 '于'와 동일하다는 점으로 보는 것이 타당할 것이다. 이를 성모 사이의 유사함을 통해 살펴보는 일성지전으로 '聿'과 '于'를 직접 연결하여 둘 사이의 의미

---

65) "于"字條. 王氏認爲"于、曰、聿"皆"一聲之轉", 故釋"黃鳥于飛""于以采蘩"等"于"爲 "聿"之借字. 其實, "于"本身卽爲語助詞. ≪說文≫ : "於也. 象气之舒于. 從丂, 從一. 一者, 其气平也." 段注 : "气出而平, 則舒于矣." 又說 : "以於釋于", "取其助气". 可見 "黃鳥于飛"等句中的"于"爲"于"之本義用法, 不必訓爲"聿".
66) "曰, 古讀若聿."(1권 '于' 항목)

가 동일하다고 분석하고 이를 의미 해석에 사용한 것은 왕인지의 잘못으로 판단된다.

또한 9권의 '適'에 대해 毛毓松(1991 : 55)에서는 그 뜻을 부사(副詞) '恰好'로 보고 '來'라는 서술어를 수식해주는 것으로 보았다.[67]

이를 살펴보면 다음과 같다. 이하는 9권의 '適'을 '是'로 훈석하는 내용이다.

> '適'은 '是'와 같다. 《순자》 왕패편(王霸篇)의 "孔子曰, 審吾所以適人, 適人之所以來我也"(공자가 말하였다. '내가 다른 사람에게 가는 까닭과 다른 사람이 나에게 오는 까닭을 살펴야 한다.')에서 앞의 '適' 자는 '往[가다]'으로 뜻풀이하고, 뒤의 '適' 자는 '是'로 뜻풀이한다. "我之所以往, 卽是人之所以來, 不可不審."(내가 가는 까닭이 곧 다른 사람이 오는 까닭으로, 살피지 않으면 안 된다.)을 말한 것이다.[68]

이에 대해 양수달(楊樹達)은 비어(批語)를 통해 다음과 같이 말하였다.

> 이 '適'은 곧 '恰是['딱, 알맞게'의 뜻]'의 뜻이다.[69]

이 점에 대해서는 毛毓松의 판단이 잘못되었다고 할 수는 없지만, 그렇다고 해서 왕인지의 판단이 잘못된 것으로 볼 수도 없다.

---

67) "如'适'字條. 擧《荀子》例 : '審吾所以适人, 适人之所以來我也.' 王解后'适'爲語詞 '是'. 按此'适'爲副詞'恰好'之義, 修飾謂語'來'. 楊樹達《<經傳釋詞>批語》已指出其誤."

68) "適, 猶是也, 荀子王霸篇, 孔子曰, 審吾所以適人[句] 適人之所以來我也, 上適字訓爲往, 下適字訓爲是, 言我之所以往, 卽是人之所以來, 不可不審也."(9권 '適' 항목)

69) "楊案 : 此'適'乃'恰是'二字之義."(9권 '適' 항목)

양수달의 비어는 이 내용이 잘못되었다고 한 것이 아니라 '是'가 나타내는 내용 중에서 이 구절에 해당하는 것은 '恰是'로 확정해 준 것이다. 다만 여기에서 왕인지가 범한 문제점은 '適'에 포함된 동일하지 않은 의미에 대해 형태상 같은 자이기 때문에 같은 항목에서 취급한 것이라 할 수 있다. 이는 또한 '是'가 여러 의미를 가지고 있지만, 이를 각각 다른 곳에서 동일한 형태로 한꺼번에 드러내는 잘못과도 관련이 있다.

지금까지 자의적 해석에 의해 의미적으로 혼란을 가지고 오는 경우에 대해서 살펴보았다. 이러한 문제점이 청대 고증학의 정점이라 여기는 왕씨 부자에게서도 나타나고 있다는 점에서 단순한 개인의 실수가 아니라 고증학의 한계와 시대적 문제로 미루어 언급할 수 있겠다. 다음은 허사를 설명하는 훈고에 있어 표기와 의미를 혼동하는 문제 등을 언급하고자 한다.

2.3. 자(字)와 사(詞)에 대한 모호한 구분

셋째로는 자와 사에 대한 구분이 모호하다. ≪경전석사≫에서도 허사를 설명하면서 표기 수단인 문자와 의미를 나타내는 단어에 대한 구분이 이루어지지 않았다.

현대 언어학, 특히 의미론적 입장에서 접근해볼 때, ≪경전석사≫ 또한 여전히 문자와 단어를 구별하지 않고 있다는 한계를 갖고 있다. 중국 전통 훈고학에서 단어에 대한 인식이 부족하였고 이 때문에 서로 다른 단어도 한 단어의 다른 의미항목으로 분류한 것이 적지 않은데, ≪경전석사≫에서도 이러한 현상은 그대로 나타난다.

이와 관련하여 앞에 제시한 9권의 '適' 항목의 예에서 유사한 점을 발견할 수 있었다. 이는 훈고에 있어 자주 등장하는 오류이고 문제로, 여기에서도 언급하고자 한다. 그 대표적인 예가 2권 '爲' 항목이다.

훈석어로서의 '爲'는 평성(平聲)과 거성(去聲)으로 그 의미를 구별한다. 이는 분명히 동일한 자임에도 불구하고 의미상 차이가 나타나는 단어에 대한 구별을 하고 있다는 것을 알 수 있는 점이다. 이러한 내용이 1권 '與',70) '於',71) '于'72)와 2권 '謂'73)에서 '爲'로 훈석할 때에 나타난다.

그렇지만 '爲'가 2권에서 표제어로 나타날 때에는 이와 같은 구분이 나타나지 않는다. ≪경전석사≫ 2권 '爲' 항목은 다음과 같다. 예문에 대해서는 생략하여 훈석 관계만을 살펴보도록 하겠다.74)

> 2권 '爲' 항목
> 1 '爲'는 '曰'이다.
> 2 '爲'는 '以'와 같다.
> 3 '爲'는 '用'과 같다.
> 4 '爲'는 '將'과 같다.
> 5 가대인(家大人)이 말하였다. '爲'는 '如'와 같다. 가정을 나타내는

---

70) "家大人曰, 與, 猶爲也.[此爲字, 讀平聲]", "家大人曰, 與, 猶爲也.[此爲字, 讀去聲]"
71) "於, 猶爲也.[此爲字, 讀平聲]", "於, 猶爲也.[此爲字, 讀去聲]"
72) "于, 猶爲也.[此爲字, 讀平聲]", "于, 猶爲也.[此爲字, 讀平聲]"
73) "家大人曰, 謂, 猶爲也.[此爲字, 讀平聲]", "家大人曰, 謂, 猶爲也.[此爲字, 讀平聲]"
74) 훈석 관계의 앞에 붙인 번호는 등장 순서에 맞추어 필자가 붙인 것으로 ≪경전석사≫ 본문에는 존재하지 않는다.

허사이다.

6 '爲'는 '使'이다. 또한 가정을 나타내는 허사이다.

7 가대인이 말하였다. '爲'는 '於'와 같다.

8 '爲'는 '則'과 같다.

9 가대인이 말하였다. '爲'는 '與'와 같다.

10 가대인이 말하였다. '爲'는 '有'와 같다.

11 가대인이 말하였다. '爲'는 '謂'와 같다.

12 '爲'는 어조(語助)이다.

왕인지는 '爲'를 총 12가지의 의미로 나누어 놓았다. 이중 8, 11
은 ≪한어대사전≫ 및 기타 예문 등을 참조하여 살펴볼 때 항상 거
성으로 읽어야만 하는 '爲'이고, 2, 7, 9는 의미에 따라 거성과 평
성의 구분이 존재하는 것이다. 훈석어로 '爲'를 설명할 때 평성과
거성의 구분을 하였다면 이 부분에서도 반드시 구분을 했어야만
했을 것이다. 그러나 ≪경전석사≫에서는 이에 대해 구분하지 않았
다. 구분을 하지 않은 이유는 아마도 훈고상에 있어 '爲'를 풀이하
는 여러 훈석어가 이미 의미를 확정해주기 때문으로, 선진양한(先秦
兩漢) 시대에 그 쓰임을 반드시 구분하고 쓰지 않았을 것이라는 점
을 염두에 둔 것으로도 볼 수 있다. 그렇지만 훈석어로서의 '爲'에
서 보였던 엄격한 구별이 표제어에서 나타나지 않은 것은 표기수
단인 자(字)와 의미 단위인 단어[사(詞)]를 구분하지 못한 것으로 이
해할 수밖에 없다. 이러한 점은 훈석의 엄밀함을 추구하는 왕인지
로서도 실수한 점으로 파악된다.

3. 소결

지금까지 음과 의미의 관계의 관점에서 본 ≪경전석사≫의 성과와 한계에 대해 논의하였다. 3장에서 밝힌 내용을 토대로 해당 예문을 역사적으로 검토하고 고찰하면서 그 속에서 성과와 한계를 드러내고자 하였다.

성과로는 허사 연구에 있어서의 지평의 확대, 즉 논의 대상 허사가 증가한 것에 대해 '攸'에 대한 허사로서의 확장에 대해 논의하였다. 여러 예증을 통하여 '攸'를 일반적으로 파악하고 있는 '所'에서 음성적 유사함에 근거하여 '由'로 확장하면서 '由'가 가지고 있는 '用'의 쓰임으로 확장하는 것으로 파악하였다. 또한 음성적 특징에 근거하여 '夷'와 '爽'을 특별한 의미를 갖지 않는 어조와 발성으로 설명하는 것을 살펴보았다. 이들은 모두 논의 대상 허사를 확대한 왕인지의 성과에 의해 드러난 것이다.

음과 의미의 관계에 의해 종합적으로 허사 연구에 대입되어 나타난 점과 관련하여 표제어로 동일하게 나타난 허사로 '衆'과 '抑'을 들고 이에 대한 문헌적 검토를 통해 이 또한 '終', '噫' 등과 같은 기능을 가지는 허사임을 확인하고 이전 훈고에서 잘못 풀이한 내용을 바로 잡을 수 있었다. 이는 음과 의미의 관계가 종합적으로 허사 연구에 대입되어 나타난 성과라 보았다.

또한 음에 대한 관심이 성모에 대한 관심으로 심화, 즉 성모 중심의 사유에 대해 논의하였다. 여기서는 왕씨 부자가 성모의 체계에 대한 공로를 세운 것이 아니라, 이전 연구 성과를 자신의 허사 연구 체계 속에 적용하여 경전 해석에서 문제점을 해결하는 훈고적 성과를 거둔 것을 그 공로로 보아야 한다고 보았다. 이와 관련하여 ≪공양전≫과 ≪곡량전≫에서의 '何以'와 '何用'에 대한 분석과 '盍'과 '曷'이 '何不'과 '何'로 통용하는 것을 통하여 확인하였다.

위에서 드러난 성과들을 종합하여 경전 해석에 있어서 새로운 내용을 밝혀낸 것을 왕인지의 성과로 이 책에서는 보았다. '幾'와 관련하여 '幾望'에 대한 풀이를 이전 경전에서 설명하고 있는 내용과 다른 관점으로 주장하였다. 또한 '不' '否' '彄'를 어사로 보아 별도의 해석을 하지 않는 점 등을 통해 경에 대한 새로운 해석과 관점을 제시하였다. 이들은 모두 왕인지를 포함한 왕씨 부자의 공로이다.

한계로는 전면적이고 체계적이지 못한 설명을 들었다. 이와 관련해서는 일성지전과 어지전에 대한 혼용과 합음에 대한 일관적이지 못한 설명을 통해 아직 체계적으로 정착하지 못한 술어와 설명 방식에 대해서 검토하였다.

자의적인 해석에 의한 혼동과 관련하여 왕인지의 설명인 '于'가 '聿'의 가차라는 점은 잘못된 것이고, '聿'과 '曰'의 음성 관계에서 '聿'이 허사 '曰'의 의미를 빌려 쓰게 되고, 그 의미가 '于'와 동일하게 된 것으로 분석하였다. '適'에 대해서도 훈석어로 제시한 '是'가 어떠한 의미를 가리키는지 정확하게 제시하지 않아 양수달의 비어를 통해 정확한 의미를 확인할 수 있었다.

마지막으로 표기수단으로서의 자(字)와 의미를 나타내는 단어[사(詞)]에 대한 구분의 모호함과 관련하여 훈석어 '爲'에 대해서는 평성과 거성으로 구별하여 둘 사이의 의미가 차이가 나타남을 밝혔음에도 불구하고, 피훈석어로서의 표제어에서는 이와 같은 구분이 나타나지 않아 '爲'의 의미가 혼재되어 나타남을 살펴보았다. 이는 표기수단인 자와 의미 단위인 단어를 구분하지 못한 것으로 이해할 수밖에 없다.

제5장
나가며

이 책은 청대 왕인지의 ≪경전석사≫에 나타나는 인성구의
(因聲求義)란 무엇이며 그것이 경전 해석에 기여한 부분은 무엇
인지를 논의하였다.

이 논의를 진행하기 위하여 먼저 왕인지가 ≪시(詩)≫ 위풍
·환란(衛風·芄蘭)의 "雖則佩觿, 能不我知."라는 구절을 어떻게
분석하였는지를 살펴보았다. 이 구절에 대해 왕인지는 과거의
해석이 허사를 실사로 오해하여 잘못 풀이한 곳이 있다고 하
면서 이를 인성구의라는 관점에 의해 새로운 분석을 시도하였
다. 이 책에서는 이 때문에 ≪경전석사≫를 허사에 대해 인성
구의라는 분석 방법을 통해 검토한 연구 성과라 파악하고, 허
사와 인성구의라는 두 가지 항목에 대해 살펴보았다.

2장에서는 ≪경전석사≫ 이전의 연구를 통해 인성구의로 대
표되는 음과 의미의 관계와 허사의 연구 상황에 대해 논의하

였다. 한대(漢代)에 연구된 대표적인 훈고서로서 ≪이아(爾雅)≫, ≪설문해자(說文解字)≫, ≪석명(釋名)≫과 남북조(南北朝) 시대의 음과 의미의 연구를 집대성한 당대(唐代)의 ≪경전석문(經典釋文)≫의 설명 방식에 대해 분석하고 논의하여 각 문헌에 드러난 인성구의와 관련된 특징을 서술하였다.

≪이아≫, ≪설문해자≫ 모두 별다른 음성적 설명이 없이 음성과 의미 양쪽으로 유사한 단어를 통해 훈석을 하는 점을 살펴보았다. 이는 훈고에 있어 성훈이라는 특성을 나타내는 것인데, 음성과 의미에 대해 동시에 파악할 수 있다는 장점이 있는 것이며 또한 중국어에서 의미를 나타내는 방식으로서 독특한 점으로 볼 수 있는 여지도 있다는 것을 논의하였다. 이 특성이 문헌 전체에 등장하는 것이 ≪석명≫이다. 그렇지만 ≪석명≫의 설명은 ≪이아≫나 ≪설문해자≫와는 달리 의미의 동일성보다는 음성의 유사성에 더욱 초점을 두고 설명하고 있음을 확인하였다. 따라서 일반적으로 납득할 수 없는 훈고가 나타나고, 이러한 점은 이후 연구에서 ≪석명≫이 중시되지 않는 이유가 되었다.

≪경전석문≫은 음의 제시를 통한 의미의 차이를 드러내고 이를 근거로 해당 경전의 해석에 영향을 주고 있는 점에 착안하여 음과 의미가 동일하게 나타난다는 점을 밝혔다는 것이 이 분야에 대한 공헌으로 보았다. 또한 이러한 점 때문에 ≪경전석문≫의 설명을 ≪경전석사≫에서 많이 인용하고 있음을 알 수 있었다.

또한 이 책은 허사에 대한 연구서로서의 ≪경전석사≫를 이해하기 위해 이전의 허사에 대한 논의를 검토하고 본격적 허사 연구서

를 분석하여 그 특징을 살펴보았다. 각 경전에 나타난 허사에 대한
관심과 단편적인 설명, 그리고 ≪이아≫에서 허사로 쓰인 항목과
≪설문해자≫의 '사(詞)'에 대해 논의를 분석하여, ≪이아≫에서는
피훈석어와 훈석어의 동일한 의미 관계만을 제시하면서 허사인지
아닌지를 밝히지 못하였고, ≪설문해자≫에서는 가차(假借)로 쓰인
자에 대한 설명이 부족하다는 것을 살펴보았다.

　본격적 허사 연구에 있어 ≪어조(語助)≫, ≪허자설(虛字說)≫, ≪조
자변략(助字辨略)≫ 등의 전문 허사 연구서를 대상으로 ≪경전석사≫
와 비교 가능한 편제상의 특징과 허사에 대한 풀이를 살펴보고, 이
를 통해 그 장단점과 발전 상황에 대해 논의하였다. ≪어조≫는 최
초의 허사 연구서이지만 무의미한 편제를 이루고 있어서 하나의
표제어 내에서의 의미적 동일성이 나타나지 않으며, 용례가 없는
주관적 설명이 많다는 약점을 보였다. ≪허자설≫은 하나의 표제어
내에서의 의미의 동일성을 추구하였고 허사의 기세에 대한 설명으
로 이전보다 변화한 점을 나타내었다. 그러나 불규칙한 편제와 용
례가 제시되지 않음은 이전과 마찬가지의 한계를 보여주었다. ≪조
자변략≫은 운모(韻母)를 기준으로 한 편제로 검색의 편리함을 추구
하였고, 용례를 제시하면서 그에 맞는 해설을 통해 이전과는 다른
발전된 점을 제시하였다. 그러나 시대적으로 동일하지 않은 허사의
쓰임을 동일한 항목 내에 제시하여 엄밀함을 추구하지 못한다는
점을 단점으로 갖고 있다. 이러한 논의를 통해 ≪경전석사≫ 이전
의 허사 연구에 있어 선구적인 측면과 그 한계를 살펴보았다.

　3장에서는 구체적으로 ≪경전석사≫에서 나타나는 인성구의라는

특징을 분석하였다. 여기서는 크게 편제상의 특징과 논의 대상 허사에 대한 확대로 나누어 보았다. 이들을 다시 세분하여 보면, 전체 편장의 배열에서 이전 연구에서는 볼 수 없는 성모를 기준으로 발음 기관 상의 순서에 맞추어 배치하였는데, 이는 이전 연구 성과를 왕인지가 허사의 영역에 적용한 것이라고 할 수 있다. 이로 인해 동일한 편장 내에 의미적으로 유사한 허사들이 배열되고 이들 간의 훈석 관계가 발생하고 있음을 확인할 수 있었다. 또한 표제어 사이의 음과 의미 관계에서, 표제어 및 그와 함께 등장하는 중문(重文) 사이에 형태적 차이에도 불구하고 음성적 유사함으로 인해 동일한 허사로 쓰이는 상황에 대해 논의하였다. 이는 뒤에서 언급한, 논의하는 허사의 대상이 확대된 것과도 연결된다. 또한 논의 대상 허사의 확대에 대해서는, 이전에도 허사로 쓰이긴 하였지만 의미적 확장을 이루는 허사와 허사로 인식하지 못하였지만 허사로 분석한 것으로 나누어 논의하였다.

또 이 책은 ≪경전석사≫에서 설명하고 있는 훈석 관계에서 나타나는 음과 의미의 관계를 검토하면서, 왕인지가 설명한 것과 설명하지 않은 경우로 나누어 분석하였다. 왕인지가 직접 언급하여 설명한 것은 ≪경전석사≫에서 술어로 등장한 '일성지전(一聲之轉)'과 '성상근(聲相近)' 등을 분석하면서 유사한 술어인 '어지전(語之轉)'과 '동성(同聲)' 등을 검토하고 그 쓰임에 대해 논의하였다. 그 결과 '일성지전'은 성모(聲母)간의 유사성인 쌍성(雙聲) 관계가 집중적으로 나타나고 '성상근'은 성모를 포함한 운모의 유사성인 첩운(疊韻) 등도 포괄하는 점을 밝혀냈다. 왕인지가 설명하지 않은 경우에 대해서는 음성적 유사함을 쌍성(雙聲), 첩운(疊韻), 쌍성첩운(雙聲疊韻)으로 나누어 살펴보았다. 이를 통해 왕인지가 비록 직접 설명하지는 않았지만 쌍성, 첩운, 쌍성첩운의 순서대로 음성적 유사함이 나타난다는 점을 밝혔다. 뿐만 아니라 이를 근거로 쌍성에서는 ≪경전석사≫에서 주로 분석하고 있는 음운의 단위를 중심으로, 첩운에서는 소수의 운모로 귀납하는 점을 근거로 허사의 조건을 중심으로, 쌍성첩운에서는 동일한 음성에 대해 설명이 빠진 점을 중심으로 상어(常語)와의 관련에 초점을 두고 논의하였다.

4장에서는 3장에서 분석한 ≪경전석사≫의 인성구의라는 특징을 통해 이것이 경전에 쓰인 예를 검토, 분석하면서 ≪경전석사≫의 성과와 한계에 대해 논하였다. 성과로는 논의 대상 허사의 증가를 통한 지평을 확대함, 인성구의라는 관점이 종합적으로 허사 연구에 대입되어 체계적으로 적용됨, 허사에 있어 음에 대한 관심을 성모로 발전시켜 의미적 유사성을 추구함, 이러한 점을 종합하여 경전 해석에 있어 새로운 내용과 방법을 시도함 등 네 가지로 분석하였다. 각각의 항목에 대해 ≪경전석사≫에서 분석하는 논의를 이전의 훈고와 비교하여 ≪경전석사≫의 성과임을 밝혔다. 한계로는 설명에 있어 전면적이고 체계적이지 못함을 술어상의 혼동과 합음에 대한 이중적 태도를 통해 논하였고, 인성구의라는 관점을 잘못 적용하여 자의적인 해석을 함으로써 원래는 옳은 의미를 추구하였지만 결과적으로는 그 방법상, 의미상의 혼동을 초래한 점, 그리고 피훈석어와 훈석어에서 의미를 엄밀하게 구분하지 못한 점으로 인해 표기 문자와 단어를 혼동하는 경우가 나타난다는 것을 밝혔다.

이상의 논의를 통해 이 책은 ≪경전석사≫에서의 인성구의를 통해 중점적으로 연구된 '성(聲)'이 '성모(聲母)'와 관련이 있음을 드러냈다. ≪경전석사≫의 표제어와 중문 사이에는 형태적으로는 차이가 나타나지만 음성적 유사함과 동일함이 나타나는 점에 착안하여, 이를 동일한 의미를 지니는 허사로 파악하고 이러한 현상을 인성구의라는 관점에서 설명해야 함을 밝혔다. 또한 ≪경전석사≫의 훈석 관계에서는 유사한 의미의 허사를 성모를 중심으로 재편되어 설명하고 있음을 확인하였다. 이는 이전의 연구에서 밝혀내지 못한 이 책의 성과이다.

사실 인성구의를 논의하기 위해서는 음운론에서 이견이 적지 않은 상고음을 다시 체계화시켜 재론할 필요도 있을 것이다. 그러나 필자가 ≪경전석사≫에 나타난 음과 의미의 관계를 분석하면서 사용한 상고음은, 기존의 연구에 근거하여 논의했을 뿐 필자 나름대로의 독자적인 음운체계를 설명하는 단계까지는 이르지 못했다. 이는 필자의 한계이면서 동시에 향후의 과제라고 할 것이다. 그럼에도 이 책에서 시도한 청대의 경전 해석에 있어서 음과 의미의 관계를 무분별하게 적용한 문제점이 있으며 좀 더 엄밀하게 분석해야 한다고 밝혀낸 점은, 향후 음과 의미의 관계에 대한 생산적인 논의를 이끌어내는 데 일정한 역할을 할 것이라고 기대한다.

참고문헌

* 底本

[淸] 王引之(2000), ≪經傳釋詞≫, 高郵王氏四種之四, 江蘇古籍出版社.

기타 ≪經傳釋詞≫ 참고본.
[淸] 王引之(1984), ≪經傳釋詞≫, 岳麓書社(黃侃, 楊樹達 批點 包含).
[淸] 王引之(1985), ≪經傳釋詞≫, 中華書局.
[淸] 王引之(1970), ≪經傳釋詞≫, 世界書局, 民國59.
[淸] 王引之 著, 王雲五 主編(1967), ≪經傳釋詞≫, 臺灣商務印書館, 民國56.

* 書籍

[春秋] 孫武 撰, [魏] 曹操 等注(1999), ≪十一家注孫子校理≫, 中華書局.
[西漢] 賈誼 撰, 閻振益 鍾夏 校注(2000), ≪新書校注≫, 中華書局.
[西漢] 司馬遷 撰(1959), ≪史記≫, 中華書局.
[西漢] 韓嬰 著(1985), ≪韓詩外傳≫, 中華書局.
[西漢] 孔鮒 撰, ≪孔叢子≫, 四庫全書本.
[西漢] 揚雄, ≪方言≫, 四庫全書本.
[西漢] 劉向 撰, ≪新序≫, 四庫全書本.
[西漢] 劉向 撰, ≪列女傳≫, 四庫全書本.
[東漢] 高誘 注, ≪戰國策≫, 四庫全書本.
[東漢] 劉熙 撰, [淸] 畢沅 疏證, 王先謙 補(2008), ≪釋名疏證補≫, 中華書局.
[東漢] 班固 撰(1962), ≪漢書≫, 中華書局.
[東漢] 許愼 撰, [宋] 徐鉉 校定(1963), ≪說文解字≫, 中華書局.
[東漢] 許愼 撰, [淸] 段玉裁 注(1981), ≪說文解字注≫, 上海古籍出版社.
[東漢] 許愼 撰, ≪五經異義≫, 四庫全書本.
[魏] 張揖 撰, [唐] 曹憲 音(1985), ≪廣雅≫, 中華書局.
[晉] 郭璞 傳(1985), ≪山海經≫, 中華書局(정재서 譯註(1993), ≪山海經≫, 민음사).

[晉] 郭璞 注, [宋] 刑昺 疏(2000), ≪爾雅注疏≫, 北京大學校出版社.

[晉] 荀悅 撰(1968), ≪漢紀≫, 臺灣商務印書館, 民國57年.

[晉] 陳壽 撰, [劉宋] 裴松之 注(1959), ≪三國志≫, 中華書局.

[後魏] 酈道元 注(1970), ≪水經注≫, 世界書局.

[劉宋] 范曄 撰(1965), ≪後漢書≫, 中華書局.

[梁] 顧野王(1966), ≪玉篇≫, 臺灣中華書局.

[梁] 顧野王, ≪玉篇≫, 四庫全書本.

[梁] 劉勰(1985), ≪文心雕龍≫, 中華書局.

[梁] 蕭統 編, [唐] 李善 注(1962), ≪文選注≫, 世界書局.

[梁] 沈約 撰(1974), ≪宋書≫, 中華書局.

[唐] 歐陽詢 撰, ≪藝文類聚≫, 四庫全書本.

[唐] 杜甫 著, [淸] 仇兆鰲 注(1979), ≪杜詩詳注≫, 中華書局.

[唐] 令狐德棻 長孫無忌 魏徵 等撰(1973), ≪隋書≫, 中華書局.

[唐] 陸元朗, ≪經典釋文≫, 四庫全書本.

[唐] 李鼎祚(1985), ≪周易集解≫, 中華書局.

[唐] 徐堅, ≪初學記≫, 四庫全書本.

[唐] 姚思廉 撰(1973), ≪梁書≫, 中華書局.

[宋] 賈昌朝 撰(1985), ≪羣經音辨≫, 中華書局.

[宋] 郭忠恕, ≪佩觿≫, 四庫全書本.

[宋] 劉義慶 撰, ≪世說新語≫, 四庫全書本.

[宋] 李昉 等撰(1985), ≪太平御覽≫, 上海書店.

[宋] 蘇轍, ≪詩集傳≫, 四庫全書本.

[宋] 王應麟, ≪王氏詩攷≫, 四庫全書本.

[宋] 王質, ≪詩總聞≫, 四庫全書本.

[宋] 丁度 等撰(1968), ≪集韻≫, 臺灣商務印書館, 民國57年.

[宋] 鄭樵(1991), ≪爾雅鄭注≫, 中華書局.

[宋] 朱熹, ≪詩集傳≫, 四庫全書本.

[宋] 蔡沈(1987), ≪書經集傳≫, 上海古籍出版社.

[宋] 黃公紹 等著(2000), ≪古今韻會擧要≫, 中華書局.

[南宋] 毛晃 增註, ≪增修互注禮部韻略≫, 四庫全書本.

[元] 戴侗 撰, ≪六書故≫, 四庫全書本.

[元] 盧以緯 著(1988), ≪助語辭集注≫, 中華書局.

[元] 李文仲, ≪字鑒≫, 四庫全書本.

[明] 方以智(1988), ≪方以智全書≫, 上海古籍出版社.

[明] 姚舜牧, ≪重訂詩經疑問≫, 四庫全書本.

[明] 張自烈 撰, ≪正字通≫, 中國基本古籍庫本.

[明] 胡廣 等, ≪周易傳義大全≫, 四庫全書本.

[淸] 顧炎武 著(1968), ≪音學五書≫, 臺灣商務印書館, 民國57年.

[淸] 顧炎武 著(1978), ≪日知錄≫, 臺灣商務印書館, 民國67年.

[淸] 郭慶藩 撰(1961), ≪莊子集釋≫, 中華書局.

[淸] 劉淇 著(1954), ≪助字辨略≫, 中華書局.

[淸] 李道平 撰(1994), ≪周易集解纂疏≫, 中華書局.

[淸] 邵晉涵(1995), ≪爾雅正義≫, 續修四庫全書本, 上海出版社.

[淸] 孫詒讓 撰(2001),≪墨子閒詁≫, 中華書局.

[淸] 永瑢 等撰(1978), ≪合印四庫全書總目提要及四庫未收書目禁燬書目≫, 臺灣商
　　　　　務印書館, 民國67年.

[淸] 王聘珍(1983), ≪大戴禮記解詁≫, 中華書局.

[淸] 王先謙(1988), ≪荀子集解≫, 中華書局.

[淸] 王先愼 撰(1998), ≪韓非子集解≫, 中華書局.

[淸] 袁仁林 著(1989), ≪虛字說≫, 中華書局.

[淸] 陳立 撰(1994), ≪白虎通疏證≫, 中華書局.

[淸] 郝懿行(1995), ≪爾雅郭注義疏≫, 續修四庫全書本, 上海出版社.

[淸] 惠棟 學(1985), ≪九經古義≫, 中華書局.

[淸] 惠棟, ≪春秋左傳補注≫, 四庫全書本.

[淸] 戴震(1995), ≪戴震全書≫, 黃山書社.

[淸] 段玉裁, ≪六書音均表≫, 中國基本古籍庫本.

[淸] 錢大昕(1995), ≪十駕齋養新錄≫, 續修四庫全書本, 上海出版社.

[淸] 阮元 編(1971), ≪皇淸經解≫, 復興書局, 民國61年.

[淸] 王念孫(2000), ≪廣雅疏證≫ 高郵王氏四種之一, 江蘇古籍出版社.

[淸] 王念孫(2000), ≪讀書雜志≫ 高郵王氏四種之二, 江蘇古籍出版社.

[淸] 王引之(2000), ≪經義述聞≫ 高郵王氏四種之三, 江蘇古籍出版社.

郭錫良(1986), ≪漢字古音手冊≫, 北京大學校出版社.

裘錫奎(1990), ≪文字學槪要≫, 商務印書館(이홍진 譯(2001), ≪중국문자학≫, 신아사).

屈萬里(1956), ≪尙書釋義≫, 中華文化出版事業委員會, 民國45年.

김경탁(1971), ≪주역(周易)≫, 명문당.

김학주(1971), ≪시경(詩經)≫, 명문당.

唐作藩(2011), ≪漢語語音史敎程≫, 北京大學出版社.

黎翔鳳 撰(2004), ≪管子校注≫, 中華書局.

陸德明 撰, 吳承仕 疏證(2008), ≪經典釋文序錄疏證≫, 中華書局.

李守奎, 李軼(2003), ≪尸子譯注≫, 黑龍江人民出版社.

李珍華, 周長楫 編撰(1999), ≪漢字古今音表≫, 中華書局.

李學勤 主編(2000), ≪公羊傳注疏≫, 北京大學出版社.

李學勤 主編(2000), ≪尙書注疏≫, 北京大學出版社.

李學勤 主編(2000), ≪禮記注疏≫, 北京大學出版社.

李學勤 主編(2000), ≪論語注疏≫, 北京大學出版社.

李學勤 主編(2000), ≪孟子注疏≫, 北京大學出版社.

李學勤 主編(2000), ≪毛詩注疏≫, 北京大學出版社.

李學勤 主編(2000), ≪儀禮注疏≫, 北京大學出版社.

李學勤 主編(2000), ≪爾雅注疏≫, 北京大學出版社.

李學勤 主編(2000), ≪左傳注疏≫, 北京大學出版社.

李學勤 主編(2000), ≪周禮注疏≫, 北京大學出版社.

濮之珍(1987), ≪中國語言學史≫, 上海古籍出版社(濮之珍 著, 김현철 등 譯(1997), ≪중국언어학사≫, 신아사).

符定一(1954), ≪聯緜字典≫, 中華書局.

徐元誥 集解(2002), ≪國語集解≫, 中華書局.

孫玉文(2007), ≪漢語變調構詞研究≫, 商務印書館.

楊伯峻 撰(1979), ≪列子集釋≫, 中華書局.

楊伯俊(1981), ≪古漢語虛詞≫, 中華書局.

楊伯俊(1990), ≪春秋左傳注≫, 中華書局.

王寧 主編(1992), ≪評析白話十三經≫, 北京廣播學院出版社.

王力 著, 이종진·이홍진 共譯(1986), ≪중국언어학사(中國言語學史)≫, 계명대학교출판부.

王　力(1982), ≪同源字典≫, 商務印書館.

王　力(2004), ≪漢語史稿≫, 中華書局.

王利器 撰(1993), ≪顔氏家訓集解≫, 中華書局(김종완 역(2007), ≪안씨가훈≫, 푸른역사).

袁愈荌 譯詩, 唐莫堯 注釋(1981), ≪詩經全譯≫, 貴州人民出版社.

俞　樾(2004), ≪古書疑義擧例≫, 中華書局.

이강재(2006), ≪논어-개인윤리와 사회윤리의 조화≫, 살림.

이영주(2000), ≪한자자의론(漢字字義論)≫, 서울대출판부.

이재돈(1993), ≪中國語 音韻學≫, 書光學術資料社.

章炳麟(1958), ≪章氏叢書≫, 世界書局印行.

鄭張尙芳(2003), ≪上古音系≫, 上海敎育出版社.

程俊英, 蔣見元 著(1991), ≪詩經注析≫, 中華書局.

宗福邦 等主編(2003), ≪古訓匯纂≫, 商務印書館.

朱謙之 撰(1984), ≪老子校釋≫, 中華書局.

周祖謨(1988), ≪廣韻校本≫, 中華書局.

何寧 撰(1998), ≪淮南子集釋≫, 中華書局.

漢語大詞典編撰委員會(2002), ≪漢語大詞典≫, 漢語大詞典出版社.

許維遹 撰(2009), ≪呂氏春秋集釋≫, 中華書局.

胡樸安(1939), ≪中國訓詁學史≫, 商務印書館.

黃 侃(2007), ≪爾雅音訓≫, 中華書局.

Jones, Daniel (1924), English Pronouncing Dictionary, London.

中國大百科全書編輯委員會(1988), ≪中國大百科全書≫ 語言文字, 中國大百科全書
　　　　出版社.

＊ 論文

이강재(1995), "訓詁術語'讀若', '讀爲'試論", ≪중국언어연구≫ 3권.

염정삼(2003), "≪說文解字注≫ 部首字譯解", 서울대학교 대학원 박사학위 논문.

손민정(2004), "≪爾雅≫의 語彙意味論的 研究", 서울대학교 대학원 박사학위 논문.

신원철(2007), "≪經傳釋詞≫ 互訓研究", 서울대학교 대학원 석사학위 논문.

馬玉萌(2008), "≪經傳釋詞≫連詞類術語小議", ≪南方論刊≫ 2008年 第10期.

張瑞芳(2009), "試析王引之≪經傳釋詞≫中的虛詞'爰'", ≪哈爾濱學院學報≫ 第30
　　　　卷 第3期.

趙宣, 單殿元(2011), "王引之≪經傳釋詞≫編撰思想述論", ≪山東圖書館學刊≫ 2011
　　　　年第2期.

郭靈雲(2011), "清人虛詞研究中的語法思想－－以≪虛字說≫≪助字辨略≫≪經傳釋
　　　　詞≫爲例", ≪時代文學≫ 2001.4 上半月.

馬克冬(2008), "語源學、 詞族學和廣義'因聲求義'說", ≪河西學院學報≫ 2008/01
　　　　(pp.80-82).

李韋良(2008), "淺論因聲求義法的使用－－以≪毛詩傳箋通釋≫爲例", ≪科教文匯≫
　　　　(中旬刊)(p.159) 2008/03.

甘 勇(2008), "論清人'因聲求義'的二元性", ≪語言研究≫ vol.28 (pp.79-81) 2008/
　　　　02.

李嘉翼(2008), "論邵晉涵≪爾雅正義≫因聲求義的訓詁成就", ≪江西社會科學≫ 2008/
　　　　04(pp.214-217).

徐玲英(2007), "論≪方言疏證≫因聲求義之法", ≪現代語文≫(語言研究版) (pp.28-31) 2007/02.

張亭立(2009), "因聲求義－－≪黃帝內經太素≫重言詞例釋三則", ≪中醫教育≫ 28 號(pp.50-51).

楊 琳(2008), "論因聲求義法", ≪長江學術≫(pp.94-102) 2008/03.

張其昀, 謝俊濤(2008), "論音義關系與訓詁之因聲求義", ≪揚州大學學報≫(人文社會 科學版) vol.12 (pp.67-72) 2008/02.

張海媚(2007), "義素分析在'因聲求義'中的合理運用", ≪周口師範學院學報≫ vol. 24 (pp.116-118) 2007/01.

洪麗娣(1998), "試談鄭玄箋注中'因聲求義'方法的運用", ≪瀋陽師範學院學報≫(社會 科學版) 1998/02(pp.67-69).

彭 慧(2006), "論≪廣雅疏證≫的'因聲求義' ", ≪中州學刊≫ 2006年2期 (pp.248-250) 2006/02.

齊沖天(2006), "≪廣雅疏證≫的因聲求義與語源學研究", ≪漢字文化≫ 2006年1期 (pp.38 - 40) 2006/01.

陳 穎(2006), "試論方以智對戴侗'因聲求義'的繼承與發展", ≪四川師範大學學報≫ (社會科學版) 33卷(pp.113-118) 2006/06.

馬君花(2005), "鄭玄'因聲求義'的訓詁實踐及其訓詁原則", ≪寧夏大學學報≫(人文社 會科學版) 2005年2期(pp.28-32) 2005/02.

陳亞平(2005), "清人'因聲求義'述評", ≪玉溪師範學院學報≫ 2005/04 (pp.78-82).

郭 瓏(2005), "因聲求義與詞義訓詁", ≪閱讀與寫作≫ 2005/10(p.26).

韓陳其, 立紅(2004), "論因聲求義－－≪經義述聞≫的語言學思想研究", ≪北京理工 大學學報≫(社會科學版) 2004/01(pp.36-39).

楊建忠(2004), "方以智≪通雅≫'因聲求義'的實踐", ≪黃山學院學報≫ 2004/01 (pp. 68-74).

楊建忠, 賈芹(2003), "方以智≪通雅≫'因聲求義'的理論", ≪古籍整理研究學刊≫ 2003/04 (pp.36-40).

王 敏(2001), "形聲字聲符的辨義作用－－因聲求義", ≪繼續教育研究≫ 2001/03 (pp. 39-40).

朱冠明(1999), "方以智≪通雅≫中的因聲求義", ≪解放軍外國語學院學報≫ 1999/02 (pp.50- 52).

李好音(1996), "≪爾雅≫中的聲訓類型", ≪懷化師專學報≫ 第15卷 第4期, 1996. 12.

毛毓松(1991), "詞氣、訓詁與音韻－－≪經傳釋詞≫的得失", ≪廣西師範大學學報≫

(哲學社會科學版) 1991年 第3期.

李葆嘉(1992), "論淸代上古聲紐硏究", ≪語言硏究≫1992年第2期.

董志翹(1980), "郭璞訓釋中的'輕重'、'聲轉、語轉'", ≪中國語文≫ 1980年 第六期
(pp.456-457).

王　平(1984), "郭璞≪方言≫注釋中的'聲轉'和'語轉'－－兼與董志翹同志商榷", ≪山
東師大學報≫ 1984(03)(pp.87-88).

王一軍(1989), "揚雄≪方言≫語轉說探微", ≪十堰大學學報≫(綜合版) 1989年第2期
(pp.24- 25).

杜麗榮(2004), "試析≪廣雅疏證・釋詁≫'一聲之轉'的語音關係", ≪漢字文化≫ 2004
年 第3期.

* 전자매체

劉俊文 總纂(2001), ≪中國基本古籍庫≫, 北京愛如生數字化技術硏究中心.

≪文淵閣四庫全書電子版≫, 迪志文化出版有限公司, 1999.

≪四部叢刊電子版≫, 北京書同文數字化技術有限公司, 2001.

≪漢語大詞典≫, 商務印書館(香港), 2002.

≪경전석사≫ 음관계 분석표

[범례]

1. 이하 분석표에서 사용하고 있는 상고음은 李珍華 周長楫 編撰(1999), ≪漢字古今音表≫, 中華書局을 근거로 한다.
2. 피훈석어와 훈석어에 부여된 번호는 필자가 순서에 따라 붙인 것으로 ≪經傳釋詞≫ 본문에는 없는 것이다.
3. 훈석어가 둘 이상이고 발음이 각기 다를 때 각각의 발음 옆에 해당자를 ( ) 속에 넣어 표시하였다.

▌1권

피훈석어	상고음	훈석어	상고음	본문에서의 설명	상고음간의 관계
1. 與	餘紐魚韻	1. 及	羣紐緝韻	常語	·
		2. 以	餘紐之韻	·	雙聲
		3. 爲{平聲}	匣紐歌韻	·	·
		4. 爲{去聲}	匣紐歌韻	·	·
		5. 謂	匣紐微韻	·	·
		6. 如	日紐魚韻	·	疊韻
		7. 語助	·	·	·
2. 㠯(以已)	餘紐之韻	1. 用	餘紐東韻	常語	雙聲
		2. 由	餘紐幽韻	常語	雙聲
		3. 爲	匣紐歌韻	常語	·
		4. 謂	匣紐微韻	·	·

피훈석어	상고음	훈석어	상고음	본문에서의 설명	상고음간의 관계
2. 㠯(以己)	餘紐之韻	5. 與	餘紐魚韻	·	雙聲
		6. 及	羣紐緝韻	·	·
		7. 而	日紐之韻	·	疊韻
		8. 旣	見紐微韻	常語	·
		9. 太/甚	透紐月韻(太)/禪紐侵韻(甚)	常語	·
		10. 此	淸紐支韻	·	·
		11. 語終辭			·
		12. 歎詞	·	·	·
3. 猶(猷)	餘紐幽韻	1. 尙	禪紐陽韻	常語	·
		2. 若	日紐鐸韻1)	常語	·
		3. 均	見紐眞韻	·	·
		4. 可	溪紐歌韻	·	·
4. 由(猶攸猷)	餘紐幽韻	1. 以/用	餘紐之韻(以)/餘紐東韻(用)	一聲之轉	雙聲
		2. 所以	·	·	·
		3. 語助	·	·	·
5. 繇(由猷)	餘紐宵韻	1. 於	影紐魚韻	古字通	·
6. 因	影紐眞韻	1. 由	餘紐幽韻	聲之轉/常語	·
		2. 猶	餘紐幽韻	聲之轉	·
7. 用	餘紐東韻	1. 以	餘紐之韻	一聲之轉	雙聲
		2. 由	餘紐幽韻	一聲之轉	雙聲
		3. 爲	匣紐歌韻	一聲之轉	·
8. 允	餘紐文韻	1. 用	餘紐東韻	·	雙聲
		2. 以	餘紐之韻	一聲之轉	雙聲
		3. 發語詞	·	·	·
9. 於	影紐魚韻	1. 于	匣紐魚韻	常語	疊韻

---

1) '若'에 대한 상고음으로는 日紐魚韻과 日紐鐸韻이 있다. 이 중에서 日紐魚韻은 ≪광운≫ 상성·마운(馬韻)에 있는 반절(反切)이 人者切인 것과 대응하는 것으로, 불가(佛家)의 용어인 '반야(般若)'나 지명을 나타낼 때 사용한다. 즉 한국어 한자 발음 '야'에 해당하는 것이다. 따라서 이는 배제한다.

피훈석어	상고음	훈석어	상고음	본문에서의 설명	상고음간의 관계
9. 於	影紐魚韻	2. 在	從紐之韻	常語	·
		3. 之	章紐之韻	同義	·
		4. 爲{平聲}	匣紐歌韻	·	·
		5. 爲{去聲}	匣紐歌韻	·	·
		6. 如	日紐魚韻	·	疊韻
		7. 語助	·	·	·
		8. 發聲	·	·	·
		9. 承上之詞	·	常語	·
10. 于	匣紐魚韻	1. 於	影紐魚韻	常語	疊韻
		2. 曰	匣紐月韻	一聲之轉	雙聲
		3. 乎	匣紐魚韻	常語	雙聲疊韻
		4. 爲{平聲}	匣紐歌韻	·	雙聲
		5. 爲{去聲}	匣紐歌韻	·	雙聲
		6. 如	日紐魚韻	古字通	疊韻
		7. 是	禪紐支韻	·	·
		8. 越/與	匣紐月韻(越)/ 餘紐魚韻(與)	·	雙聲/疊韻

▌2권

피훈석어	상고음	훈석어	상고음	본문에서의 설명	상고음간의 관계
1. 爰	匣紐元韻	1. 于	匣紐魚韻	同義	雙聲
		2. 曰	匣紐月韻	一聲之轉	雙聲
		3. 於是	·	·	·
		4. 爲	匣紐歌韻	·	雙聲
		5. 與	餘紐魚韻	一聲之轉	·
2. 粤(越)	匣紐月韻	1. 于	匣紐魚韻	·	雙聲
		2. 曰	匣紐月韻	聲相近	雙聲疊韻
		3. 惟	餘紐微韻	·	·
		4. 與	餘紐魚韻	·	·
		5. 及	羣紐緝韻	·	·

피훈석어	상고음	훈석어	상고음	본문에서의 설명	상고음간의 관계
3. 曰	匣紐月韻	1. 言	疑紐元韻	常語	·
		2. 爲(謂之)	匣紐歌韻	·	雙聲
4. 欥{音聿} (聿遹曰)	餘紐物韻	詮詞	·	·	·
5. 安(案)	影紐元韻	1. 何	匣紐歌韻	·	·
		2. 於	影紐魚韻	一聲之轉	雙聲
		3. 於是/乃/則	泥紐之韻(乃)/ 精紐職韻(則)	·	·
		4. 焉/然	匣紐元韻(焉)/ 日紐元韻(然)	聲相近	疊韻
6. 焉	匣紐元韻	1. 語已之詞	·	常語	·
		2. 安	影紐元韻	常語/聲相近	疊韻
		3. 狀事之詞/然	日紐元韻	同義/常語	疊韻
		4. 比事之詞/然	日紐元韻	同義/常語	疊韻
		5. 乎	匣紐魚韻	同義	雙聲
		6. 也	餘紐歌韻	·	·
		7. 於	影紐魚韻	·	·
		8. 是	禪紐支韻	·	·
		9. 於是/乃/則	泥紐之韻(乃)/ 精紐職韻(則)	·	·
		10. 於是	·	·	·
7. 爲	匣紐歌韻	1. 曰	匣紐月韻	·	雙聲
		2. 以	餘紐之韻	·	·
		3. 用	餘紐東韻	·	·
		4. 將	精紐陽韻	·	·
		5. 如/假設之詞	日紐魚韻	·	·
		6. 使/假設之詞	生紐之韻	·	·
		7. 於	影紐魚韻	·	·
		8. 則	精紐職韻	·	·
		9. 與	餘紐魚韻	·	·
		10. 有	匣紐之韻	·	雙聲
		11. 謂	匣紐微韻	·	雙聲
		12. 語助	·	·	·

피훈석어	상고음	훈석어	상고음	본문에서의 설명	상고음간의 관계
8. 謂	匣紐微韻	1. 爲{平聲}	匣紐歌韻	一聲之轉	雙聲
		2. 爲{去聲}	匣紐歌韻	·	雙聲
		3. 與	餘紐魚韻	一聲之轉	·
		4. 如/奈	日紐魚韻(如)/ 泥紐月韻(奈)	·	·

▌3권

피훈석어	상고음	훈석어	상고음	본문에서의 설명	상고음간의 관계
1. 惟 (唯 維 雖)	餘紐微韻 (雖 : 心紐微韻)	1. 發語詞	·	·	·
		2. 獨	定紐屋韻	常語	·
		3. 有	匣紐之韻	·	·
		4. 乃	泥紐之韻	·	·
		5. 是	禪紐支韻	·	·
		6. 爲	匣紐歌韻	·	·
		7. 以	餘紐之韻	·	雙聲
		8. 與/及	餘紐魚韻(與)/ 羣紐緝韻(及)	·	雙聲
2. 云(員)	匣紐文韻	1. 言/曰	疑紐元韻(言)/ 匣紐月韻(曰)	常語	·
		2. 是	禪紐支韻	·	·
		3. 有	匣紐之韻	·	雙聲
		4. 或	匣紐職韻	古同聲 (或有)	雙聲
		5. 如	日紐魚韻	·	·
		6. 然	日紐元韻	·	·
		7. 發語詞	·	·	·
		8. 語中助詞	·	·	·
		9. 語已詞	·	·	·
		10. 語已詞 (云爾/云乎)	·	·	·

피훈석어	상고음	훈석어	상고음	본문에서의 설명	상고음간의 관계
3. 有	匣紐之韻	1. 或	匣紐職韻	古同聲	雙聲
		2. 又	匣紐之韻	古同聲	雙聲疊韻
		3. 爲	匣紐歌韻	一聲之轉	雙聲
		4. 狀物之詞	·	·	·
		5. 語助	·	·	·
4. 或	匣紐職韻	1. 疑之	·	常語	·
		2. 有	匣紐之韻	聲相近	雙聲
		3. 又	匣紐之韻	聲相近	雙聲
		4. 語助	·	·	·
5. 抑 (意噫億懿)	影紐職韻	1. 詞之轉, 疑辭	·	常語/ 聲義竝同	·
		2. 發語詞	·	·	·
		3. 詞之轉	·	·	·
		4. 疑詞	·	·	·
6. 一(壹)	影紐質韻	1. 皆	見紐脂韻	·	·
		2. 或	匣紐職韻	·	·
		3. 乃	泥紐之韻	·	·
		4. 語助	·	·	·
7. 亦	餘紐鐸韻	1. 承上之詞	·	常語	·
		2. 語助	·	·	·
		3. 語助	·	·	·
		4. 語助	·	·	·
8. 伊(繄)	餘紐脂韻	1. 維	餘紐微韻	常語	雙聲
		2. 是	禪紐支韻	·	·
		3. 有	匣紐之韻	·	·
9. 夷	餘紐脂韻	1. 語助	·	·	·
10. 洪	匣紐東韻	1. 發聲	·	·	·
11. 庸	餘紐東韻	1. 用	餘紐東韻	·	雙聲疊韻
		2. 何/安/詎	匣紐歌韻(何)/ 影紐元韻(安)/ 羣紐魚韻(詎)	·	·
12. 台 {㠯飴}	餘紐之韻	1. 何/安/詎	匣紐歌韻(何)/ 影紐元韻(安)/ 羣紐魚韻(詎)	·	·

▌4권

피훈석어	상고음	훈석어	상고음	본문에서의 설명	상고음간의 관계
1. 惡{音烏}(烏)	影紐魚韻	1. 安/何	影紐元韻(安)/ 匣紐歌韻(何)	·	雙聲
		2. 不然之詞	·	·	·
2. 侯	匣紐侯韻	1. 伊/維	餘紐脂韻(伊)/ 餘紐微韻(維)	·	·
		2. 乃	泥紐之韻	·	·
		3. 何	匣紐歌韻	·	雙聲
3. 遐(瑕)	匣紐魚韻	1. 何	匣紐歌韻	·	雙聲
4. 號{音豪}	匣紐宵韻	1. 何	匣紐歌韻	一聲之轉	雙聲
5. 曷(害)	匣紐月韻	1. 何	匣紐歌韻	常語	雙聲
		2. 盍	匣紐葉韻	聲近而義通	雙聲
6. 盍(蓋闔)	匣紐葉韻	1. 何不	·	常語	·
		2. 何	匣紐歌韻	·	雙聲
7. 許	曉紐魚韻	1. 所	生紐魚韻	聲近而義同	疊韻
8. 行	匣紐陽韻	1. 且	清紐魚韻	·	·
9. 況(兄皇)	曉紐陽韻	1. 矧	書紐眞韻	常語	·
		2. 比	並紐脂韻/ 幫紐脂韻2)	常語	·
		3. 與/如	餘紐魚韻/ 日紐魚韻	·	·
		4. 滋/益	從紐之韻/ 影紐錫韻	·	·
10. 鄉{音向}(嚮)	曉紐陽韻	1. 方	幫紐陽韻	·	疊韻
11. 汔{音迄}	曉紐物韻	1. 幾	羣紐微韻	·	·
		2. 其	羣紐微韻	·	·
12. 歟(與)	餘紐魚韻	1. 語末辭	·	·	·
		2. 兮	匣紐支韻	·	·
		3. 也	餘紐歌韻	古同聲/同義	雙聲

2) ≪廣韻≫에서도 평성 1개, 상성 1개, 거성 2개, 입성 1개 등 총 다섯 가지의 발음법
　이 존재한다.

피훈석어	상고음	훈석어	상고음	본문에서의 설명	상고음간의 관계
13. 邪{以遮反}	餘紐魚韻	1. 歟/乎	餘紐魚韻/匣紐魚韻	常語	雙聲疊韻/疊韻
		2. 兮	匣紐支韻	·	·
		3. 也	餘紐歌韻	·	雙聲
14. 也	餘紐歌韻	1. 所以窮上成文	·	常語	·
		2. 焉	匣紐元韻		
		3. 矣	匣紐之韻	·	·
		4. 者	章紐魚韻	·	·
		5. 耳	日紐之韻	·	·
		6. 兮	匣紐支韻	·	·
		7. 邪/歟/乎	餘紐魚韻/餘紐魚韻/匣紐魚韻	·	雙聲/雙聲/·
15. 矣	匣紐之韻	1. 語已詞	·	常語	·
		2. 起下之詞	·	·	·
		3. 乎	匣紐魚韻	·	雙聲
		4. 也	餘紐歌韻	一聲之轉	·
		5. 耳	日紐之韻	同義	疊韻
16. 乎	匣紐魚韻	1. 語之餘/疑辭	·	常語	·
		2. 於	影紐魚韻	常語	疊韻
		3. 狀事之詞	·	常語	·
17. 俞	餘紐侯韻	1. 然	日紐元韻	·	·
18. 於{音烏}	影紐魚韻	1. 歎詞	·	·	·
19. 猗	影紐歌韻	1. 歎詞	·	·	·
		2. 兮	匣紐支韻	·	·
20. 噫(意懿抑)	影紐之韻	1. 歎聲	·	·	·
21. 譆(譆唉誒熙)	曉紐之韻	1. 歎聲	·	·	·
22. 吁	曉紐魚韻	1. 歎聲	·	常語	·
		2. 驚語	·	·	·

▌5권

피훈석어	상고음	훈석어	상고음	본문에서의 설명	상고음간의 관계
1. 孔	溪紐東韻	1. 甚	禪紐侵韻	·	·
2. 今	見紐侵韻	1. 卽	精紐職韻	同義	·
		2. 指事之詞	·	·	·
		3. 若	日紐鐸韻	·	·
3. 羌(慶)	溪紐陽韻	1. 乃	泥紐之韻	·	·
4. 憖{魚覲反}	疑紐文韻	1. 且	清紐魚韻	·	·
5. 言	疑紐元韻	1. 云	匣紐文韻	·	·
6. 宐(儀義)	疑紐歌韻	1. 殆	定紐之韻	·	·
		2. 助語詞	·	·	·
7. 可	溪紐歌韻	1. 所	生紐魚韻	同義	·
8. 幾	羣紐微韻	1. 詞	·	·	·
		2. 其	羣紐微韻	·	雙聲疊韻
9. 祈	羣紐微韻	1. 是	禪紐支韻	·	·
10. 豈(幾)	溪紐微韻	1. 安/焉/曾	影紐元韻(安)/ 匣紐元韻(焉)/ 精紐蒸韻(曾)	常語	·
		2. 其	羣紐微韻	·	疊韻
11. 蓋	見紐月韻	1. 大略之詞	·	常語	·
		2. 疑詞	·	常語	·
		3. 語助	·	·	·
12. 厥	見紐月韻	1. 其	羣紐微韻	常語	·
		2. 之	章紐之韻	·	·
		3. 語助	·	·	·
13. 及	羣紐緝韻	1. 與	餘紐魚韻	常語	·
		2. 若	日紐鐸韻	同義	·
14. 其	羣紐微韻	1. 指事之詞	·	常語	·
		2. 狀事之詞	·	·	·
		3. 擬議之詞	·	·	·
		4. 殆	定紐之韻	同意	疊韻
		5. 將	精紐陽韻	·	·

피훈석어	상고음	훈석어	상고음	본문에서의 설명	상고음간의 관계
14. 其	羣紐微韻	6. 尙/庶幾	禪紐陽韻	·	·
		7. 若	日紐鐸韻	·	·
		8. 乃	泥紐之韻	·	疊韻
		9. 之	章紐之韻	同義	疊韻
		10. 甯	泥紐耕韻	·	·
		11. 更端之詞	·	·	·
		12. 語助	·	·	·
		13. 擬義之詞	·	·	·
15. 其{音記} (記忌已迊)	見紐之韻	1. 語助	·	·	·
16. 其{音姬} (期居)	見紐之韻	1. 問詞之助	·	·	·
17. 居	見紐魚韻	1. 詞	·	·	·
18. 詎 (距鉅巨渠遽)	羣紐魚韻	1. 豈	溪紐微韻	·	·
		2. 苟	羣紐侯韻	·	雙聲
19. 固(故顧)	見紐魚韻	1. 必	幫紐質韻	·	·
		2. 乃	泥紐之韻	·	·
20. 故	見紐魚韻	1. 申事之辭	·	常語	·
		2. 本然之詞	·	·	·
		3. 則	精紐職韻	·	·
21. 顧	見紐魚韻	1. 但	定紐元韻	·	·
		2. 反	幫紐元韻	·	·
22. 苟	羣紐侯韻	1. 誠	禪紐耕韻	常語	·
		2. 且	清紐魚韻	常語	·
		3. 但	定紐元韻	同義	·
		4. 若	日紐鐸韻	·	·
		5. 尙	禪紐陽韻	·	·
23. 皋	見紐幽韻	1. 發語之長聲	·	·	·

▌6권

피훈석어	상고음	훈석어	상고음	본문에서의 설명	상고음간의 관계
1. 乃(酒)	泥紐之韻	1. 於是	·	常語	·
		2. 然後	·	常語	·
		3. 而	日紐之韻	·	疊韻
		4. 急詞	·	·	·
		5. 則	精紐職韻	·	·
		6. 其	羣紐微韻	同義/連文	·
		7. 是	禪紐支韻	·	·
		8. 方/裁	幫紐陽韻(方)/ 從紐之韻(裁)	·	·/疊韻
		9. 若	日紐鐸韻	同義	·
		10. 且	淸紐魚韻	同義	·
		11. 甯	泥紐耕韻	一聲之轉	雙聲
		12. 異之之詞	·	常語	·
		13. 轉語詞	·	常語	·
		14. 轉語詞(乃如)	·	·	·
		15. 轉語詞(乃若)	·	·	·
		16. 發語詞(乃若)	·	·	·
		17. 發聲	·	·	·
2. 甯	泥紐耕韻	1. 願詞	·	常語	·
		2. 何	匣紐歌韻	常語	·
		3. 豈	溪紐微韻	常語	·
		4. 將	精紐陽韻		·
		5. 乃	泥紐之韻	語之轉	雙聲
		6. 語助			
3. 能	泥紐之韻/ 泥紐蒸韻3)	1. 而	日紐之韻	聲相近	疊韻
		2. 乃	泥紐之韻	聲相近	雙聲疊韻/ 雙聲
4. 徒	定紐魚韻	1. 但	定紐元韻	常語	雙聲
		2. 乃	泥紐之韻	·	

---

3) 두 발음 모두 가능하다. 특히 之韻은 '態' 등의 발음과도 관련이 있다.

피훈석어	상고음	훈석어	상고음	본문에서의 설명	상고음간의 관계
5. 獨	定紐屋韻	1. 宵	泥紐耕韻	·	·
		2. 將	精紐陽韻	·	·
		3. 孰	禪紐覺韻	·	·
6. 奈	泥紐月韻	1. 如	日紐魚韻	·	·
		2. 如何	·	·	·
7. 那	泥紐歌韻	1. 奈	泥紐月韻	·	雙聲
		2. 奈何之合聲	泥紐月韻(奈)/ 匣紐歌韻(何)	合聲	雙聲/疊韻
		3. 於	影紐魚韻	·	·
8. 都	端紐魚韻	1. 於	·	聲相近 (都諸)	·
		2. 歎詞	·	·	·
9. 當	端紐陽韻	1. 將	精紐陽韻	同義	疊韻
		2. 則	精紐職韻	同義	
		3. 如	日紐魚韻	·	·
10. 儻 (黨當尙)	透紐陽韻(尙) :禪紐陽韻)	1. 或然之詞	·	·	·
11. 殆	定紐之韻	1. 近/幾/將然之詞	羣紐文韻(近)/ 羣紐微韻(幾)	·	·
12. 誕	定紐元韻	1. 發語詞	·	·	·
		2. 句中助詞	·	·	·
13. 迪	定紐覺韻	1. 用	餘紐東韻	·	·
		2. 發語詞	·	·	·
		3. 句中詞助	·	·	·
14. 直	定紐職韻	1. 特/但	定紐職韻(特)/ 定紐元韻(但)	古同聲	雙聲疊韻/ 雙聲
		2. 特/專	定紐職韻(特)/ 章紐元韻(專)	·	雙聲疊韻/ ·
15. 疇 (嚋 壽)	定紐幽韻	1. 誰	禪紐微韻	·	·
		2. 發聲	·	一聲之轉 (誰疇)	·

7권

피훈석어	상고음	훈석어	상고음	본문에서의 설명	상고음간의 관계
1. 而	日紐之韻	1. 承上之詞	·	常語	·
		2. 句絶之辭	·	·	·
		3. 如	日紐魚韻	同義	雙聲
		4. 若	日紐鐸韻	古同聲(若如)	雙聲
		5. 然	日紐元韻	·	雙聲
		6. 乃	泥紐之韻	·	疊韻
		7. 則	精紐職韻	同義	·
		8. 以	餘紐之韻	同義	疊韻
		9. 與/及	餘紐魚韻(與)/ 羣紐緝韻(及)	聲之轉	·
2. 如	日紐魚韻	1. 若	日紐鐸韻	常語	雙聲
		2. 奈	泥紐月韻	·	·
		3. 語助	·	·	·
		4. 然	日紐元韻	語之轉	雙聲
		5. 而	日紐之韻	同義	雙聲
		6. 乃	泥紐之韻	·	·
		7. 則	精紐職韻	·	·
		8. 不如	·	·	·
		9. 當	端紐陽韻	同義	·
		10. 將	精紐陽韻	同義	·
		11. 與/及	餘紐魚韻(與)/ 羣紐緝韻(及)	聲相近	疊韻/·
		12. 於是	·	·	·
		13. 乎	匣紐魚韻	·	疊韻
3. 若	日紐鐸韻	1. 如	日紐魚韻	常語	雙聲
		2. 奈	泥紐月韻	·	·
		3. 詞	·	·	·
		4. 然	日紐元韻	同義	雙聲
		5. 猶然	·	·	·
		6. 如此	·	·	·

피훈석어	상고음	훈석어	상고음	본문에서의 설명	상고음간의 관계
3. 若	日紐鐸韻	7. 此	淸紐支韻	同義	·
		8. 及/至	羣紐緝韻	·	·
		9. 及/與	羣紐緝韻(及)/餘紐魚韻(與)	·	·
		10. 或	匣紐職韻	·	·
		11. 轉語詞	·	·	·
		12. 發語詞	·	·	·
		13. 轉語詞	·	·	·
		14. 不定之詞(若而)	·	·	·
		15. 不定之詞(若干)	·	·	·
		16. 其	羣紐微韻	·	·
		17. 而	日紐之韻	語之轉	雙聲
		18. 乃	泥紐之韻	·	·
		19. 則	精紐職韻	·	·
		20. 惟	餘紐微韻	·	·
4. 然	日紐元韻	1. 是	禪紐支韻	常語	·
		2. 應	影紐蒸韻		
		3. 是故	·		
		4. 如是	·	常語	
		5. 詞之轉	·	常語	
		6. 詞之轉(然而)	·	·	·
		7. 詞之承上而轉者/如是而	·	·	·
		8. 狀事之詞	·	常語	·
		9. 比事之詞	·	常語	·
		10. 焉	匣紐元韻	古同聲	疊韻
		11. 而/乃	日紐之韻(而)/泥紐之韻(乃)	常語	雙聲
		12. 而後/乃	泥紐之韻(乃)	常語	·
		13. 而且	·	·	·
		14. 乃	泥紐之韻	同義	·
		15. 則	精紐職韻	·	·

피훈석어	상고음	훈석어	상고음	본문에서의 설명	상고음간의 관계
5. 尒{今作爾} (爾)	日紐脂韻	1. 詞之必然	·	·	·
		2. 詞之終	·	常語	·
		3. 然	日紐元韻	常語	雙聲
		4. 如此			
		5. 此	淸紐支韻	·	·
		6. 而已	·	·	·
		7. 矣	匣紐之韻	同義	·
		8. 焉	匣紐元韻	同義	·
6. 耳	日紐之韻	1. 而已	·	·	·
		2. 矣	匣紐之韻	·	疊韻
		3. 已矣	·	聲相近 (耳已)	·
7. 仍	日紐蒸韻	1. 乃	泥紐之韻	·	·
8. 聊(憀)	來紐幽韻	1. 願/且略之辭	疑紐元韻/·	·	·
9. 來	來紐之韻	1. 是	禪紐支韻	·	·
		2. 句中語助	·	·	·
		3. 句末語助	·	·	·

▮8권

피훈석어	상고음	훈석어	상고음	본문에서의 설명	상고음간의 관계
1. 雖(唯惟)	心紐微韻 (唯惟： 餘紐微韻)	1. 詞兩設	·	常語	·
2. 肆	心紐脂韻	1. 遂	邪紐微韻	聲相近	·
		2. 故	見紐魚韻	·	·
3. 自	從紐脂韻	1. 用	餘紐東韻	·	·
		2. 苟	羣紐侯韻	·	·
4. 兹(滋)	精紐之韻	1. 此	淸紐支韻	常語	·
		2. 斯	心紐支韻	同義	·
		3. 承上起下之詞	·	·	·

피훈석어	상고음	훈석어	상고음	본문에서의 설명	상고음간의 관계
5. 斯	心紐支韻	1. 此	淸紐支韻	常語	疊韻
		2. 則	精紐職韻	常語	·
		3. 乃	泥紐之韻	·	·
		4. 其	羣紐微韻	·	·
		5. 維	餘紐微韻	·	·
		6. 是	禪紐支韻	·	疊韻
		7. 然	日紐元韻	·	·
		8. 語已詞	·	常語	·
		9. 語助	·	·	·
6. 些	精紐歌韻 /精紐魚韻4)	1. 詞	·	·	·
7. 思	心紐之韻	1. 語已辭	·	·	·
		2. 發語詞	·	·	·
		3. 句中語助	·	·	·
8. 將	精紐陽韻	1. 且	淸紐魚韻	常語	·
		2. 其	羣紐微韻	同義	·
		3. 抑	影紐職韻	·	·
		4. 乃	泥紐之韻	同義	·
9. 且(徂)	淸紐魚韻 (徂：從紐魚韻)	1. 將	精紐陽韻	常語	·
		2. 尙	禪紐陽韻	常語	·
		3. 又	匣紐之韻	常語	·
		4. 抑	影紐職韻	同義	·
		5. 姑且	·	常語	·
		6. 未定之辭	·	·	·
		7. 借	精紐魚韻	·	疊韻
		8. 若	日紐鐸韻	同義	·
		9. 此/今	淸紐支韻(此) /見紐侵韻(今)	·	雙聲/·
		10. 指事之詞	·	同義	·

4) 각기 ≪廣韻≫의 蘇個切/寫邪切에서 유래한 것으로, 모두 어기사로 쓰인다. 따라서 둘
   다 채택하기로 한다.

피훈석어	상고음	훈석어	상고음	본문에서의 설명	상고음간의 관계
9. 且(徂)	清紐魚韻 (徂：從紐魚韻)	11. 夫	並紐魚韻	同義	疊韻
		12. 更端之詞	·	常語	·
		13. 發語詞	·	·	·
		14. 句中語助	·	·	·
10. 且 {子餘反}	精紐魚韻	1. 辭	·	·	
11. 徂	從紐魚韻	1. 及/至	羣紐緝韻(及) /章紐脂韻(至)		·
12. 作	精紐魚韻/ 精紐歌韻/ 精紐鐸韻5)	1. 始	書紐之韻	·	·
		2. 及	羣紐緝韻	聲相近(作徂)	·
13. 曾	精紐蒸韻	1. 乃/則	泥紐之韻(乃) /精紐職韻(則)	·	雙聲
		2. 乃是/則是	·	·	·
		3. 何乃/何則	·	·	·
		4. 何	匣紐歌韻	·	·
14. 曾 {音層}	從紐蒸韻	1. 嘗	禪紐陽韻	·	·
15. 朁 {音慘} (憯噆慘)	清紐侵韻	1. 曾	精紐蒸韻	語之轉	
16. 哉	精紐之韻	1. 言之閒	·	·	·
		2. 問詞	·	·	·
		3. 疑而量度之詞	·	·	·
		4. 歎詞	·	·	·
		5. 矣	匣紐之韻	·	疊韻
		6. 句中語助	·	·	·
17. 載(𢦔)	精紐之韻	1. 則	精紐職韻	·	雙聲
18. 則(卽)	精紐職韻 (卽：精紐質韻)	1. 承上起下之詞		古同聲 (則卽)	·
		2. 其	羣紐微韻	·	·
		3. 而	日紐之韻	·	·
		4. 乃	泥紐之韻		

피훈석어	상고음	훈석어	상고음	본문에서의 설명	상고음간의 관계
18. 則(卽)	精紐職韻 (卽：精紐質韻)	5. 若	日紐鐸韻	·	·
		6. 或	匣紐職韻	·	疊韻
		7. 何也	·	·	·
19. 卽(則)	精紐質韻 (則：精紐職韻)	1. 逮	邪紐微韻	常語/ 古同聲(則卽)	·
		2. 卽今	·	·	·
		3. 卽是	·	·	·
		4. 若	日紐鐸韻	·	·
		5. 或	匣紐職韻	古同聲	·
20. 嗞 {音玆} (玆子)	精紐之韻	1. 憂聲	·	·	·
21. 嗟 {今作嗟} (嗟瑳)	精紐歌韻	1. 嗞	精紐之韻	·	雙聲
		2. 歎詞	·	·	·
		3. 怒聲	·	·	·
		4. 語助	·	·	·
22. 呰 {音紫}(呰)	精紐支韻	1. 苛/呵	匣紐歌韻(苛) /曉紐歌韻(呵)	·	·

▌9권

피훈석어	상고음	훈석어	상고음	본문에서의 설명	상고음간의 관계
1. 終(衆)	章紐冬韻	1. 旣/已	見紐微韻(旣)/ 餘紐之韻(已)	·	·
2. 誰	禪紐微韻	1. 何	匣紐歌韻	常語	·
		2. 發語詞		一聲之轉 (誰疇)	·
3. 孰	禪紐覺韻	1. 誰	禪紐微韻	常語/ 一聲之轉	雙聲

---

5) 각각 ≪廣韻≫의 臧阼切/則筒切/則洛切에서 유래한 것이다.

피훈석어	상고음	훈석어	상고음	본문에서의 설명	상고음간의 관계
3. 孰	禪紐覺韻	2. 何	匣紐歌韻	複語	·
4. 者(諸)	章紐魚韻	1. 別事詞	·	常語	·
		2. 也	餘紐歌韻	·	·
5. 諸	章紐魚韻	1. 之	章紐之韻	常語	雙聲
		2. 於	影紐魚韻	常語	疊韻
		3. 乎	匣紐魚韻	·	疊韻
		4. 之乎	·	合聲	·
		5. 語助	·	·	·
6. 之	章紐之韻	1. 言之間	·	常語	·
		2. 指事之詞	·	常語	·
		3. 是	禪紐支韻	常語	·
		4. 諸	章紐魚韻	一聲之轉	雙聲
		5. 於	影紐魚韻	一聲之轉	·
		6. 其	羣紐微韻		·
		7. 若	日紐鐸韻	·	·
		8. 則	精紐職韻		·
		9. 與	餘紐魚韻	·	·
		10. 今	匣紐支韻	·	·
		11. 語助	·	·	·
7. 旃	章紐元韻	1. 之/焉/之焉合聲	章紐之韻(之)/ 匣紐元韻(焉)	聲相近/合聲	雙聲/疊韻
8. 是(氏)	禪紐支韻 (氏：章紐支韻)	1. 此	清紐支韻	常語	疊韻
		2. 於是	·	·	·
		3. 寔/實	禪紐錫韻(寔)/ 船紐質韻(實)		雙聲
		4. 之	章紐之韻	·	·
		5. 衹	章紐支韻	同義	疊韻
		6. 則	精紐職韻	·	·
		7. 夫	並紐魚韻	·	·
		8. 承上起下之詞	·	常語	·
9. 時	禪紐元韻	1. 是	禪紐支韻	·	雙聲

피훈석어	상고음	훈석어	상고음	본문에서의 설명	상고음간의 관계
10. 寔(實)	禪紐錫韻 (實：船紐質韻)	1. 是	禪紐支韻	古同聲 (寔實)	雙聲
11. 只 (旨咫軹)	章紐支韻 (旨：章紐脂韻)	1. 語已詞	·	·	·
		2. 句中語助	·	·	·
		3. 耳	日紐之韻	·	·
		4. 則	精紐職韻	·	·
12. 啻 (翅適)	書紐錫韻 (翅：書紐支韻)	1. 語時不啻/ 不啻，多	·/端紐歌韻 (多)	聲相近 (啻適)	·
13. 秖 {音支}(多)	章紐支韻 (多：端紐歌韻)	1. 適	書紐錫韻	常語	·
14. 適	書紐錫韻	1. 適然	·	·	·
		2. 是	禪紐支韻	·	·
		3. 若	日紐鐸韻	·	·
15. 識	書紐職韻[6]	1. 適	書紐錫韻	同義/不同音	雙聲
16. 屬 {音燭}	章紐屋韻	1. 適	書紐錫韻	·	·
		2. 適纔	·	·	·
		3. 秖	羣紐支韻	·	·
17. 止	章紐之韻	1. 辭	·	·	·
18. 所	生紐魚韻	1. 指事之詞	·	常語	·
		2. 可	溪紐歌韻	同義	·
		3. 若	日紐鐸韻	·	疊韻/·
		4. 語助	·	·	·
19. 矧	書紐眞韻	1. 況	曉紐陽韻	常語	·
		2. 亦	餘紐鐸韻	·	·
		3. 又	匣紐之韻	·	·
20. 爽	生紐陽韻	1. 發聲	·	·	·
21. 庶	書紐魚韻	1. 幸/尚	匣紐耕韻(幸)/ 禪紐陽韻(尚)	常語	·
22. 尙(上)	禪紐陽韻	1. 庶幾	·	·	·
		2. 猶	餘紐幽韻	常語	·

---

6) 章紐支韻와 書紐職韻 중에서 허사에 해당하는 것은 書紐職韻이다.

피훈석어	상고음	훈석어	상고음	본문에서의 설명	상고음간의 관계
22. 尙(上)	禪紐陽韻	3. 曾/詞之舒	精紐蒸韻	·	·
23. 逝(噬)	禪紐月韻	1. 發聲	·	·	·
24. 率	生紐微韻/ 生紐物韻7)	1. 用/由	餘紐東韻(用)/ 餘紐幽韻(由)	·	·
		2. 語助	·	聲近而義同	·
25. 式	書紐職韻	1. 用	餘紐東韻	常語	·
		2. 發聲	·	·	·

▎10권

피훈석어	상고음	훈석어	상고음	본문에서의 설명	상고음간의 관계
1. 彼	幫紐歌韻	1. 匪	幫紐微韻	·	雙聲
2. 末	明紐月韻	1. 無	明紐魚韻	常語	雙聲
		2. 未	明紐微韻	·	雙聲
		3. 勿	明紐物韻	·	雙聲
		4. 發聲	·	·	·
3. 蔑	明紐月韻	1. 無	明紐魚韻	常語	雙聲
		2. 不	幫紐之韻	·	·
4. 比	並紐脂韻/ 幫紐脂韻	1. 皆	見紐脂韻	·	·
5. 薄	並紐鐸韻	1. 發聲	·	·	·
6. 每	明紐之韻	1. 雖	心紐微韻	·	·
7. 不(丕否)	幫紐之韻 (丕：滂紐之韻, 否：幫紐之韻8))	1. 弗	幫紐物韻	常語	雙聲
		2. 辭	·	·	·
		3. 非	幫紐微韻	·	雙聲
		4. 無	明紐魚韻	·	·
		5. 勿	明紐物韻	·	·

---

7) 각각 ≪廣韻≫의 所類切/所律切에서 유래한 것이다.

8) 否의 상고음 재구로는 並紐之韻와 幫紐之韻 두 가지가 있다. 이 중에서 허사로 사용하는 것은 幫紐之韻이다. 따라서 이를 채택한다.

피훈석어	상고음	훈석어	상고음	본문에서의 설명	상고음간의 관계
8. 非	幫紐微韻	1. 不是	·	常語	·
		2. 不	幫紐之韻	·	雙聲
9. 匪	幫紐微韻	1. 非	幫紐微韻	常語	雙聲疊韻
		2. 不	幫紐之韻	·	雙聲
		3. 彼	幫紐歌韻	·	雙聲
10. 無 (毋 忞姿)	明紐魚韻	1. 勿	明紐物韻	常語	雙聲
		2. 發聲助	·	·	·
		3. 轉語詞	·	·	·
		4. 得無	·	·	·
		5. 得無	·	·	·
		6. 無乃	·	·	·
		7. 不	幫紐之韻	·	·
		8. 否	幫紐之韻	·	·
		9. 非	幫紐微韻	·	·
		10. 未	明紐微韻	·	雙聲
11. 罔	明紐陽韻	1. 無	明紐魚韻	常語	雙聲
		2. 不	幫紐之韻	·	·
		3. 得無	·	·	·
12. 微	明紐微韻	1. 無	明紐魚韻	·	雙聲
		2. 非	幫紐微韻	·	疊韻
13. 勿	明紐物韻	1. 無/莫	明紐魚韻(無)/ 明紐鐸韻(莫)	常語	雙聲
		2. 非	幫紐微韻	·	·
		3. 語助	·	·	·
14. 夫 {音扶}	並紐魚韻9)	1. 乎/歟詞	匣紐魚韻/·	·	疊韻
		2. 指事之辭	·	·	·
		3. 彼	幫紐歌韻	·	·
		4. 此	清紐支韻	·	·

---

9) 夫에 대한 상고음 재구로는 幫紐魚韻과 並紐魚韻 두 가지가 있다. 전자는 중고음의
   陰平聲에서 기원하였고, 후자는 陽平聲에서 기원하였다. 王引之의 音扶라는 自注에
   근거하여 후자를 채택하였다.

피훈석어	상고음	훈석어	상고음	본문에서의 설명	상고음간의 관계
14. 夫 {音扶}	並紐魚韻	5. 凡/衆	並紐侵韻(凡)/ 章紐冬韻(衆)	·	雙聲/·
		6. 發聲	·	·	·

인명 찾아보기

ㄱ

고염무(顧炎武) 52, 104
고천리(顧千里) 37
공양수(公羊壽) 30
공영달(孔穎達) 96, 99, 119, 153
곽박(郭璞) 52, 168, 174
郭錫良 27, 94

ㄴ

노이위(盧以緯) 65

ㄷ

단옥재(段玉裁) 36, 55, 63, 140, 175
대동(戴侗) 21, 45
대진(戴震) 22, 54, 113, 172
두예(杜預) 145

ㅁ

마서진(馬瑞辰) 22
모공(毛公) 153
毛毓松 178

ㅂ

방이지(方以智) 21, 49
배송지(裴松之) 72

ㅅ

서막(徐邈) 166
소진함(邵晉涵) 22, 175
소철(蘇轍) 15
손면(孫愐) 54
손염(孫炎) 41, 168
孫玉文 24
수온(守溫) 81

ㅇ

양수달(楊樹達) 180
완원(阮元) 14, 64, 74
왕념손(王念孫) 22, 49, 58, 92, 101, 122,
  163
王力 23, 27, 28, 79
왕선겸(王先謙) 37
왕인지(王引之) 13, 91, 108, 118, 187
왕필(王弼) 42, 166
우번(虞翻) 42, 148, 165
원인림(袁仁林) 68
유기(劉淇) 70
유협(劉勰) 71
유희(劉熙) 36
육덕명(陸德明) 39
이강재 35, 36, 92
李珍華 27
李學勤 86

ㅈ

전대흔(錢大昕) 56, 82, 159
정이(程頤) 166
鄭張尙芳 27, 94
정초(鄭樵) 168, 174
정현(鄭玄) 15, 21, 60, 62, 98, 99, 173
주희(朱熹) 15, 60, 155
증자(曾子) 60
지우(摯虞) 71

ㅊ

채침(蔡沈) 98, 157
최인(崔駰) 148

ㅎ

하휴(何休) 30, 51
학의행(郝懿行) 141, 175
허신(許愼) 63
형병(刑昺) 168
혜동(惠棟) 121
호문환(胡文煥) 66
호장유(胡長孺) 66

서명 찾아보기

ㄱ

≪가자신서(賈子新書)≫ 회난편(淮難篇)
86
≪경의술문(經義述聞)≫　16, 92, 112,
174
≪경전석문(經典釋文)≫　26, 39, 120
≪고훈회찬(古訓匯纂)≫　175
≪곡량전(穀梁傳)≫ 환공(桓公) 14년　160
≪공양전(公羊傳)≫ 은공(隱公) 원년　30
≪공양전≫ 장공(莊公) 28년　50, 51
≪공양전≫ 문공(文公) 13년　141
≪공자가어(孔子家語)≫ 호생편(好生篇)
106
≪관자(管子)≫ 백심편(白心篇)　103
≪관자≫ 치미편(侈靡篇)　148
≪광아(廣雅)≫ 석고(釋詁)　104, 163
≪광아소증(廣雅疏證)≫　22, 23, 49, 55
≪광운(廣韻)≫　24, 71
≪구경고의(九經古義)≫　121
≪국어(國語)≫ 진어(晉語)　86, 122

ㄴ

≪논어(論語)≫ 태백편(泰伯篇)　60
≪논어≫ 자로편(子路篇)　155
≪논어≫ 자장편(子張篇)　121

ㄷ

≪당운(唐韻)≫　54

≪당운정(唐韻正)≫　104, 105
≪대동원집(戴東原集)≫　55, 172
≪대리잠(大理箴)≫　148
≪독서잡지(讀書雜志)≫　92, 150

ㅁ

≪맹자(孟子)≫ 공손추편(公孫丑篇)　103
≪모시전전통석(毛詩傳箋通釋)≫　22
≪모정시고정(毛鄭詩考正)≫　113
≪묵자(墨子)≫ 법의(法儀)　152
≪묵자≫ 소취편(小取篇)　103
≪묵자≫ 천지편(天志篇)　148
≪문선≫　141
≪문심조룡(文心雕龍)≫　71
≪문장류별(文章流別)≫　71

ㅂ

≪방언(方言)≫　51, 112, 176
≪방언소증(方言疏證)≫　22

ㅅ

≪사고전서총목제요(四庫全書總目提
要)≫　40
≪사기(史記)≫　24
≪사기≫ 노세가(魯世家)　171
≪사기≫ 오제기(五帝紀)　150

≪사기집해(史記集解)≫ 150

≪삼국지(三國志)≫ 72

≪서≫ 강고(康誥) 146

≪서≫ 금등(金縢) 156, 171

≪서≫ 다방(多方) 98

≪서≫ 서백감려(西伯戡黎) 133

≪서≫ 요전(堯典) 101, 175

≪서경집전(書經集傳)≫ 157

≪서집전(書集傳)≫ 98

≪석명(釋名)≫ 26, 36

≪석명소증보(釋名疏證補)≫ 37

≪설문해자(說文解字)≫ 26, 35, 56, 63,
91, 140, 171, 174, 176, 178

≪설문해자주≫ 56

≪수경주(水經注)≫ 72

≪순자(荀子)≫ 애공편(哀公篇) 106

≪순자≫ 해폐편(解蔽篇) 148

≪순자≫ 왕패편(王霸篇) 180

≪시(詩)≫ 위풍·환란(衛風·芄蘭) 14,
147, 187

≪시≫ 당풍·유체지두(唐風·有杕之
杜) 99, 163

≪시≫ 대아·문왕(大雅·文王) 61

≪시≫ 대아·민로(大雅·民勞) 147

≪시≫ 대아·상유(大雅·桑柔) 100

≪시≫ 대아·영대(大雅·靈臺) 142

≪시≫ 대아·한혁(大雅·韓奕) 119,
141

≪시≫ 상송·현조(商頌·玄鳥) 104

≪시≫ 소남·초충(召南·草蟲) 61

≪시≫ 소아·남산유대(小雅·南山有臺)
86, 172

≪시≫ 소아·벌목(小雅·伐木) 141

≪시≫ 소아·빈지초연(小雅·賓之初筵)
105

≪시≫ 소아·사월(小雅·四月) 113, 171

≪시≫ 소아·채숙(小雅·采菽) 86

≪시≫ 왕풍·갈류(王風·葛藟) 168

≪시≫ 용풍·백주(鄘風·柏舟) 86

≪시≫ 용풍·재치(鄘風·載馳) 150,
153, 154

≪시≫ 위풍·갈구(魏風·葛屨) 171

≪시≫ 위풍·석서(魏風·碩鼠) 99

≪시≫ 위풍·죽간(衛風·竹竿) 140

≪시≫ 위풍·환란(衛風·芄蘭) 14,
147

≪시≫ 정풍·교동(鄭風·狡童) 147

≪시≫ 조풍·시구(曹風·鳲鳩) 172

≪시≫ 주남·부이(周南·芣苢) 61

≪시≫ 주남·인지지(周南·麟之趾) 61

≪시≫ 주남·갈담 62

≪시≫ 주남·규목(周南·樛木) 86

≪시≫ 주송·시매(周頌·時邁) 102

≪시≫ 주송·진로(周頌·振鷺) 150

≪시≫ 패풍·연연(邶風·燕燕) 86

≪시집전(詩集傳)≫ 155

≪십가재양신록(十駕齋養新錄)≫ 57

ㅇ

≪안씨가훈(顏氏家訓)≫ 풍조(風操) 72

≪안씨가훈≫ 음사(音辭) 74

≪어조(語助)≫ 27, 65, 83

≪역≫ 건괘(乾卦) 문언(文言) 103

≪역≫ 귀매(歸妹) 육오(六五) 165

≪역≫ 사(師) 초륙(初六) 175

≪역≫ 소축(小畜) 상구(上九) 165

≪역≫ 이(履) 육삼(六三) 148

≪역≫ 준(屯) 육삼(六三) 120, 166

≪역≫ 중부(中孚) 육사(六四) 166

≪역전(易傳)≫ 166
≪예기(禮記)≫ 21
≪예기≫ 제의편(祭義篇) 103
≪예기≫ 단궁(檀弓) 62 ,132
≪예기≫ 표기(表記) 44
≪육서고(六書故)≫ 육서통석(六書通釋) 45
≪음학오서(音學五書)≫ 54
≪의례(儀禮)≫ 173
≪의례≫ 사상례(士喪禮) 97
≪의례≫ 사혼례(士昏禮) 173
≪의례≫ 향사례(鄕射禮) 174
≪이아(爾雅)≫ 26, 31, 51, 163
≪이아≫ 석고(釋詁) 32, 97, 99, 144
≪이아≫ 석구(釋邱) 168
≪이아≫ 석기(釋器) 174, 176
≪이아≫ 석어(釋魚) 174
≪이아≫ 석언(釋言) 99, 141, 163, 175
≪이아정의(爾雅正義)≫ 22
≪이아주(爾雅註)≫ 168, 174
≪일지록(日知錄)≫ 53
≪일체경음의(一切經音義)≫ 141

ㅈ

≪장자≫ 대종사편(大宗師篇) 86
≪전국책(戰國策)≫ 조책(趙策) 148
≪전국책≫ 한책(韓策) 150, 152
≪절운(切韻)≫ 81
≪조어사(助語辭)≫ 65
≪조어사집주(助語辭集注)≫ 65
≪조자변략(助字辨略)≫ 20, 27, 70, 83
≪좌전(左傳)≫ 72, 86
≪좌전≫ 성공(成公) 16년 121
≪좌전≫ 소공(昭公) 24년 144

≪좌전≫ 애공(哀公) 3년 141
≪좌전≫ 양공(襄公) 29년 121
≪좌전≫ 정공(定公) 15년 89
≪좌전≫ 정공(定公) 5년 96
≪좌전정의(左傳正義)≫ 96
≪주역정의(周易正義)≫ 166
≪중국언어학사(中國言語學史)≫ 79
≪집운(集韻)≫ 24

ㅊ

≪춘추(春秋)≫ 은공(隱公) 원년(元年) 30
≪춘추≫ 장공(莊公) 28년 50
≪춘추≫ 환공(桓公) 6년 119
≪춘추공양전(春秋公羊傳)≫ 160
≪춘추좌전보주(春秋左傳補注)≫ 122

ㅌ

≪통아(通雅)≫ 21
≪통아≫ 방언설(方言說) 49

ㅎ

≪한서(漢書)≫ 24
≪한서≫ 오행지(五行志) 142
≪한서≫ 지리지(地理志) 141
≪한시(韓詩)≫ 104
≪한시외전(韓詩外傳)≫ 148
≪한어대사전(漢語大詞典)≫ 175, 183
≪한어사고(漢語史稿)≫ 27
≪허자설(虛字說)≫ 20, 27, 68, 83
≪후한서(後漢書)≫ 최인전(崔駰傳) 15

용어 찾아보기

ㄱ

가차(假借) 56, 93
감탄사 158
거성(去聲) 182
경전(經傳) 19, 43, 58, 132, 165, 168
경학(經學) 44
고동성(古同聲) 120
고성모(古聲母) 57
고운(古韻) 57
고음(古音) 56
고증학(考證學) 52, 58
금문(今文) 20

ㄷ

단어[사(詞)] 181, 183
독음(讀音) 24, 41
동성(同聲) 117
동음(同音) 32, 120, 123

ㅁ

망문생훈(望文生訓) 143

ㅂ

반절(反切) 40, 41
발성(發聲) 96, 101, 149, 168, 177
방언(方言) 49, 52
부동음(不同音) 121

부사(副詞) 180
비황(譬況) 40

ㅅ

사기(辭氣) 60
상어(常語) 131
성모(聲母) 81, 82, 110, 115, 123, 127, 159
성상근(聲相近) 28, 115
성훈(聲訓) 23, 39, 44
소학(小學) 19
실사(實辭) 13, 14, 38, 99
쌍성(雙聲) 32, 33, 34, 110, 112, 116, 123, 127, 162
쌍성첩운(雙聲疊韻) 127, 130

ㅇ

아언(雅言) 51
어기사(語氣辭) 179
어원학(語源學) 23
어조(語助) 145, 156
어조사(語助辭) 103, 179
어지전(語之轉) 112, 171
연자(衍字) 168
우문설(右文說) 23
우음(又音) 24
운(韻) 71, 83

육서(六書) 46
음의류(音義類) 40
음주(音注) 166
인성구의(因聲求義) 13, 18, 49, 108
일성지전(一聲之轉) 28, 32, 108, 170

ㅈ

자형(字形) 49
재구(再構) 94
접속사(接續詞) 16
중문(重文) 34, 44, 85, 89
중첩어(重疊語) 24
직음(直音) 40, 41

ㅊ

첩운(疊韻) 30, 32, 33, 37, 116, 123, 127, 129
탄사(歎詞) 96

ㅍ

평성(平聲) 182
표제어(標題語) 72
피훈석어(被訓釋語) 31, 37, 45

ㅎ

합음(合音) 171, 173, 177
해성(諧聲) 46
허사(虛辭) 13, 14, 61, 62, 63, 65, 73, 101, 140, 145, 156, 159, 169
훈고(訓詁) 21, 28, 31, 32, 38, 39, 42, 61, 140
훈석(訓釋) 26, 28, 33, 37, 39
훈석어(訓釋語) 31, 37, 45

저자 신원철(申杬哲)

서울대학교 언어학과 학사, 중어중문학과 석사, 박사. 관심분야는 언어학적 관점을 기반으로 하는 중국 고대 어학 전반, 문자학, 음운학, 훈고학 등이며, 특히 음과 의미 사이의 관계[音義關係]와 관련이 있는 인성구의(因聲求義)에 주목하고 있다. 시기적으로는 청대(淸代) 학자, 특히 대진(戴震)과 그의 제자인 단옥재(段玉裁), 왕념손(王念孫)과 그의 아들 왕인지(王引之) 등의 어학적 성과에 대해 하나하나 접근 중에 있다. 저서로는 『문헌과 주석』(공저), 논문으로는 「'仁'字에 대한 因聲求義的 硏究」, 「『經傳釋詞』에서 다루는 '經'의 범위와 그 성격」 등이 있다.

중국언어학연구총서 1

≪경전석사(經傳釋詞)≫에 나타난 인성구의(因聲求義) 연구

초판 인쇄 2014년 12월 22일
초판 발행 2014년 12월 31일

지은이 신원철
펴낸이 이대현
편 집 이소희
펴낸곳 도서출판 역락
　　　　서울 서초구 동광로 46길 6-6 문창빌딩 2층
　　　　전화 02-3409-2058(영업부), 2060(편집부)
　　　　팩시밀리 02-3409-2059
　　　　이메일 youkrack@hanmail.net
　　　　등록 1999년 4월 19일 제303-2002-000014호
　　　　역락 블로그 http://blog.naver.com/youkrack3888
ISBN 979-11-5686-141-6 94720
　　　　979-11-5686-140-9 (세트)
정 가 17,000원

* 파본은 구입처에서 교환해 드립니다.